语言接触视角下
汉语俄源词演变研究

The Study of the Evolution of Chinese
Russian Source Words from the
Perspective of Language Contact

刘定慧　著

ZHEJIANG UNIVERSITY PRESS
浙江大学出版社
·杭州·

图书在版编目（CIP）数据

语言接触视角下汉语俄源词演变研究 / 刘定慧著
. -- 杭州 : 浙江大学出版社，2023.9
　　ISBN 978-7-308-23992-9

　　Ⅰ. ①语… Ⅱ. ①刘… Ⅲ. ①汉语－语言演变－研究
②俄语－语言演变－研究 Ⅳ. ①H1-09 ②H35-09

中国国家版本馆CIP数据核字(2023)第120164号

语言接触视角下汉语俄源词演变研究
YUYAN JIECHU SHIJIAO XIA HANYU EYUANCI YANBIAN YANJIU

刘定慧　著

责任编辑	赵　静
责任校对	胡　畔
封面设计	林智广告
出版发行	浙江大学出版社

（杭州市天目山路148号　　邮政编码　310007）

（网址：http://www.zjupress.com）

排　　版	杭州林智广告有限公司
印　　刷	杭州高腾印务有限公司
开　　本	710mm×1000mm　1/16
印　　张	16.5
字　　数	270千
版 印 次	2023年9月第1版　2023年9月第1次印刷
书　　号	ISBN 978-7-308-23992-9
定　　价	78.00元

序

　　放在我面前的这部书稿——《语言接触视角下汉语俄源词演变研究》，是我指导的第一位博士刘定慧在其博士论文基础上修订而成，精益求精，颇历寒暑。2017年至2020年，刘定慧跟从我攻读语言学及应用语言学专业的博士学位。在读期间，她勤勉好学，踏实努力，善良积极，在指导她做学术研究的过程中，我们也结下了深厚的师生情谊。定慧拥有十分扎实的汉语言文字功底，还具有很好的俄语能力，曾赴俄罗斯从事过汉语二语教学工作。凭借她对语言的敏锐性和语言资源的优势，探索汉俄语言接触问题可谓游刃有余。定慧还擅长散文写作，她的文字读来如涓涓细流，令人赏心悦目，这对于她学术文章的写作更是起到了锦上添花的作用。

　　语言接触（language contact）是语言演变的根本动因。在长达一个多世纪的发展过程中，其从学科发展到理论建设，日臻完善。语言接触引起的语言演变也随之成为当前学界研究的热点问题。但是，由于语言接触现象本身的复杂性，学界对语言接触的研究存在着一定的不均衡现象。主要表现为对国内少数民族语言与汉语接触、普通话与方言接触着力较多，研究得也较为深入；而对汉语与外语之间相互接触的研究稍显薄弱，而且目前的研究多集中于对汉语与英语、汉语与日语的接触研究，对汉语与俄语等其他外语的接触研究关注不够。"五四"时期开始，很多充满时代色彩的俄源词批量进入汉语，其所携带的社会文化意义对中国社会产生了十分重要的影响。然而，学界关于汉语外源词的论著中，大多比较重视英源词和日源词的研究，对俄源词的研究则缺乏足够的关注。基于此，刘定慧在先学研究的基础上从语言接触的视角出发，以汉语中的俄源词为主要研究对象，对不同历史时期俄源词的引进特点、本土化规律和动因以及俄源词在汉语中的活力状态进行了全面细致的分析。这是国内第一部基于大型中俄文数据库对汉语俄源词的分布状态和活力特征进行系统性研究的专著。本书对深化汉俄语言接触性演变研究及非亲属语言之间的接触研究具有重要的指导意义。

全书在研究视角、研究方法和学术观点等方面，都有着较为鲜明的特色和创新。

（1）研究视角独特。国内汉外语言接触研究多关注汉英、汉日语言接触，对汉俄语言接触问题关注不够。本书以不同历史时期中俄（苏）交往的重要历史事件为线索，以汉语俄源词的引进背景为切入点，对恰克图边境贸易时期、中东铁路修筑时期、"五四"至解放前时期、中苏友好时期、苏联解体至今的新时期的汉俄语言接触与语言演变问题进行了全面系统的分析。这项研究成果既充实了汉俄语言接触的研究成果，也对进一步探索不同语言类型之间的接触规律提供了重要的参考。

（2）研究方法新颖。在已有的外源词研究中，充分利用大型数据库、网络等各类平台的大数据资源助力其研究的现象比较罕见。本书综合利用汉俄两种语言中的大型语料库、网络电子资源，对不同历史时期俄源词的引进特点、俄源词在汉语中的本土化规律及其在当代汉语中的活力状态作了定性与定量相结合的考察。这项研究不仅对汉语俄源词的特点有了更客观的描述，而且有助于进一步深化词汇学的相关研究。

（3）学术观点有创新。已有的俄源词研究多集中于对汉语俄源词进行静态的描述，而对俄源词进入汉语后的演变规律及动因等动态过程缺乏深入探讨。本书在汉俄语言对比的基础上，综合比较俄源词在汉俄两种语言大型数据库中的分布特点，对其进入汉语后的本土化规律和动因进行深入的剖析。不仅如此，本书还对当代汉语中俄源词的活力程度及影响活力的因素进行了细致的描写与分析，这又是不同于同类研究的一大创新之处。

本书的学术观点均基于丰富的语料和数据而得出，因此具有很强的说服力。

当然，本书也存在一些不足和值得进一步研究之处。本书对俄源词进入汉语后的本土化现象进行了较为全面的分析考察，总结出俄源词进入汉语后汉俄语言之间的一部分对应规律，但是我们相信这些规律远不止本书所列的这些，比如俄语重音、汉语声调在汉俄语言接触过程中是否会对俄源词进入汉语后的音系匹配产生影响；俄源词进入汉语后语义演变具有怎样的特征，是否有律可循；等等，这些问题都是需要继续研究的课题。我相信，本书的出版不仅会对汉语俄源词的研究起到抛砖引玉的作用，而且将推进与之相关的研究，如中俄交往史研究、哈尔滨混合语研究等。定慧还有一系列汉语俄源词研究计划，我和广大读者一道期待她今后为学术界贡献更多的优秀成果。

是为序。

黄玉花

2022 年 10 月 15 日于长春

目　录

第一章

绪 论

第一节　选题缘起

众所周知，20 世纪初期，没有哪个国家能够像俄（苏）那样，深刻影响中国历史的发展进程。这种影响始于"五四"前后。那一时期，中国知识分子，或引入俄国文学作品，或介绍俄国革命，在国内掀起了一次介绍俄苏文化的热潮。《新青年》更是辟专号介绍俄国社会与革命。正是这些知识分子的积极宣传，使得一些充满时代色彩的俄源词进入汉语中，其所携带的政治文化意义对中国社会产生了重要影响。然而，我国学者关于汉语外源词的论著中，大多比较重视英源词和日源词的研究，而对俄源词的研究往往一笔带过，所举例词也少得可怜，多半为"布尔什维克""苏维埃""喀秋莎"等，以致得出这样的结论："从俄语来的词语虽然不少，却并不惊人，真正进入汉语使用的则更为有限。"（徐来娣，2012）

那么事实真的如此吗？不同历史时期究竟有多少俄源词进入了汉语中？有何特点？俄源词进入汉语后受到了怎样的同化？表现出了哪些变化形式？随着时代的发展，哪些俄源词最终完成使命消失在历史的洪流中，又有哪些俄源词在汉语中获得了长足的生命力？这些消失或者生存下来的俄源词有何特殊之处？俄源词进入汉语有何规律可循？总之，俄源词进入汉语以后的演变过程及其规律、特点，我们还没有认识清楚。正是在这样的背景下，本书选择了这个研究主题，即"语言接触视角下汉语俄源词演变研究"。

一、研究对象

本书研究对象为汉语俄源词。所谓俄源词是指随着汉俄语言接触，受到俄语原词影响而在汉语中所产生的、造词依据源于俄语原词的某个要素的汉语新词，包括音译词、意译词和音义兼借词（徐来娣，2012）。意译词是否属于外来词是学界一直争论不休的问题，本书认为可以用语言学中的能指和所指解释音译词和意译词的区别。它们皆是受外语影响而产生的外来影响词，其所指都是受外来事物影响而产生的新概念，音译词的能指如同穿上了可以明显看出其奇装异服色彩的物质外壳，如同洋人穿了改良版的洋装加汉服；意译词的能指则如同穿着不能从表面看出其外来色彩的本土物质外壳，如同洋人穿汉服。只是能指不同，所指却是一致的。所以，意译词和音译词一样也属于外源词的研究范畴。

本书中的"俄源词"用于宽义，主要包括俄语来源的词，还包括少量俄语来源的结构比较固定的词汇化词组。这些词组既不等同于词，又不等同于自由组合的词组。具有很多特点：在词法上具有可分析性，通常由若干词组成；在语义上具有完整性，表达的是一个不能分割的完整的概念；在使用上具有固定性，一般不能随意变动其组成成分的词序，如"历史唯物主义"（исторический материализм）、"辩证唯物主义"（диалектический материализм）等。而且，在两种语言的词汇互译过程中，源语中的词并非总是被译成词，而被译成词的词汇单位在源语中也并非总是词。源语中的词，有时候由于种种原因在译语中会被译成词组，如俄语原词"субботник"，由于内涵丰富而被译成词组"星期六义务劳动"；俄语原词"соцлагерь"是一个复合词，由两个词根复合而成，因而被译成词组"社会主义阵营"；俄语原词"НЭП"是一个字母缩写词，实质上由三个词"новая экономическая политика"缩写而成，因而也被译成词组"新经济政策"。反之，源语中的词组，在译语中有可能被译成词，如俄语"чёрная сотня"被译成"黑帮"一词；当然，也有可能仍然被译成词组，如"военный коммунизм"被译成词组"战时共产主义"。因此，要想全面分析、研究汉语俄源词，"俄源词"就必须用于宽义：既包括俄语来源的词，又包括俄语来源的词汇化词组（徐来娣，2007：41–42）。

二、研究意义

由于外源词产生于不断发展变化的社会生活，与人和社会有着十分密切的关系，其常常随着社会的发展而变化，是一种鲜活的语言现象，需要我们对之做出持之以恒的共时观察和系统的历时考察。因此，外源词的研究是词汇研究领域一个常新的课题。本书认为对汉语俄源词的研究主要具有如下几个方面的意义。

（一）理论意义

1. 深化非亲属语言接触研究

俄源词是汉俄语言接触的结果，从语言接触视角对俄源词进行研究，对揭示汉语和俄语的复杂关系，丰富非亲属语言之间、不同语言类型之间的接触研究具有重要的借鉴价值。

2. 延伸汉语俄源词研究的深度

俄源词进入汉语后发生的一系列变化，一方面体现出其对汉语语言系统的适应，另一方面则体现出汉俄两种语言系统之间的相互影响，尤其是俄语对汉语的影响。对俄源词进入汉语后的本土化情况进行研究，对于深入认识俄语对汉语的影响具有重要意义。

3. 拓展汉语俄源词研究的广度

俄源词进入汉语后由于受到诸多社会因素的影响，有的俄源词只是昙花一现，随后便消失在了历史的洪流里，有的俄源词则在汉语中始终保持勃勃生机，呈现出了完全不同的活力状态。本书不仅关心俄源词如何进入汉语，其进入汉语后如何变化，还关心其在当代汉语中的活力状态。将俄源词看作一个有机的生命体，对其在当代汉语中的活力状态进行研究，对认识俄源词在汉语中的生存特点和规律具有重要意义。

（二）应用意义

1. 对汉俄民族历史文化研究有重要参考价值

外源词的借入是一个历史过程也是民族交往的产物，是研究民族关系的一项重要材料。通过对汉语中的俄源词的研究有助于更进一步了解中俄（苏）两国社会发展的历史、商贸往来、政治交往、文化交流等情况，因此本书的研究具有一定的历史文化意义。本书拟从语言接触的角度出发，以中俄（苏）交往的重要历史事件为线索，研究不同历史时期汉俄语言接触情况对汉语俄源词引进的影响。因此，本书的研究可以为汉俄两个民族的历史文化交往研究提供参考。

2. 为汉俄语言互译提供借鉴

汉俄语言接触研究，不仅可以为语言接触理论提供丰富的有学术价值的研究资料，而且可以为汉俄语言之间的互译提供借鉴。本书将对俄源词进入汉语后的语音、词汇本土化情况进行研究。研究中所获得的汉俄语音匹配规律、词汇变化规律等成果能够为汉俄两种语言之间的互译提供参考意见。

三、研究内容

本书基于汉俄两种语言的接触材料，在先学研究的基础上，从语言接触视角出发，将汉语中的俄源词看成一个具有生命的有机体，拟对其怎样进入汉语、进入汉语后怎样变化、变化后的结果怎样等问题进行研究。大体说来，本书研究的问题主要有如下几个。

（一）不同历史时期汉语俄源词的引进特点

俄源词是什么时候开始进入汉语的？不同历史时期引进的俄源词在借用方式和分布上有何特点？这与不同时期的汉俄语言接触情况有何关联？本书拟以不同历史时期中俄（苏）交往情况为线索，以重要历史事件为时间节点，将汉俄语言接触分为不同的历史阶段，在结合相关文献资料、参考比对俄源词在相关数据库中分布情况的基础上，对其进入汉语的大致时间范围做出界定，并将其归入相应的历史阶段。通过探讨不同历史时期汉俄语言接触与俄源词引进之间的内在关联，对不同历史时期汉语俄源词的引进特点进行分析。

（二）俄源词本土化及动因

俄源词进入汉语后发生了哪些适应汉语语言系统的变化？其表现形式是什么？促使其变化的根本动因是什么？本书将在汉俄语言对比的基础上，以汉俄两种语言的大型语料库 "Национальный корпус русского языка"（俄语国家语料库，以下简称 "НКРЯ"）、"晚清、民国期刊全文数据库"、"北京语言大学语料库中心"（以下简称 "BCC 语料库"）、"北京大学中国语言学研究中心语料库"（以下简称 "CCL 语料库"）、"人民日报图文数据库" 为依托，对比其在汉俄两种语言中的分布情况，对其进入汉语后的本土化方式及规律进行研究，从而进一步对俄源词本土化的动因进行分析。

（三）俄源词在汉语中的活力状态及影响因素

俄源词在当代汉语中的活力状态怎样？有多少俄源词消失在了历史的洪流中，又有多少俄源词在汉语中继续保持活力？这些俄源词各有什么特点？造成其不同活力状态的原因各是什么？本书将结合已有俄源词在 "晚清、民国期刊全文数据库" "BCC 语料库" 和 "CCL 语料库" "人民日报图文数据库" 中的分布情况对其在汉语中的活力进行研究，并对影响其活力的因素进行分析。

四、语料来源

根据 "权威、真实、可靠、新旧结合" 的原则，本书搜集选用的语料主要来源于以下几个方面。

（一）外来词词典及专著

胡行之《外来语词典》（1936），刘正埮、高名凯、麦永乾、史有为等《汉语外来词词典》（1984），马思周、姜光辉《东北方言词典》（1991），李荣《哈尔滨方言词典》（1997），唐聿文《东北方言大词典》（2012），岑麒祥《汉语外来语词典》（1990、2015），徐来娣《汉俄语言接触》（2007）等，这些资料是本书选取俄源词的主要来源。

（二）俄语、汉语词典

"Толковый словарь русского языка С.И. Ожегова"（《奥热果夫俄语详解词典》，2000）、Порохоров А. М. "Советский энциклопедический словарь"（《苏联百科词典》，1980）、《现代汉语词典（第 7 版）》（2016）、《说文解字》（2014）、《辞海》（2001）等，这些资料是本书参考俄源词在汉俄两种语言中不同释义的

主要来源。

（三）语料库、数据库资源

（1）НКРЯ（网址为：http://ruscorpora.ru/new/index.html.）

（2）BCC 语料库（网址为：http://bcc.blcu.edu.cn/hc）

（3）晚清、民国期刊全文数据库（网址为：http://www.cnbksy.com/search/advance）

（4）CCL 语料库（网址为：http://ccl.pku.edu.cn:8080/ccl_corpus/index.jsp？dir=xiandai）

（5）人民日报图文数据库（网址为：http://data.people.com.cn）

这些语料库是本书参考俄源词在汉俄两种语言中具体使用情况的主要语料来源。

（四）网络资源

（1）Яндекс（https://yandex.ru/search）

（2）БКРС（https://bkrs.info/.）

（3）ВИКИПЕДИЯ（https://ru.wikipedia.org.）

（4）НАУЧНАЯ ЭЛЕКТРОННАЯ БИБЛИОТЕКА *КИБЕРЛЕНИНКА*（https://cyberleninka.ru/.）

（5）ZLibrary.Asia（https://b-ok.asia/?regionChanged）

（6）百度汉语（https://dict.baidu.com/s？ wd=.）

（7）说文解字（http://www.shuowen.org/view/256.）

（8）百度新闻（网址为：https://news.baidu.com/）

（9）百度百科（https://www.baidu.com）

这些网站资源为本书查找相关中外文资料提供了很大便利。

五、研究方法

（一）语言描写与解释相结合

本书引入语言接触相关理论，将在对汉语俄源词历史层次、本土化及其在汉语中的活力情况进行充分描写的基础上，对不同历史时期汉语俄源词的引进特点、本土化规律及生存规律做出进一步的分析解释。

（二）历时与共时研究相结合

本书将采取历时与共时研究相结合的方法，从历时角度考察不同历史时期进入汉语中的俄源词的具体特点，从共时角度考察俄源词在当代汉语中的具体活力情况，并对影响其活力的因素进行分析。

（三）定量考察与定性分析相结合

本书将基于大型语料库对汉语俄源词的具体分布情况作定量考察，并运用统计技术对语料数据进行科学的定性分析。

（四）静态研究与动态研究相结合

本书一方面基于已有的俄源词词表，对不同历史时期俄源词的特点进行静态考察；另一方面从动态视角出发，考察俄源词进入汉语之后在汉语体系实际运转中的使用情况。

第二节　已有成果研究综述

一、语言接触研究

语言接触是一种很普遍的社会现象，主要指不同民族、不同社群由于社会生活中的相互接触而引起的语言接触关系。自 20 世纪 70 年代以来，语言接触一直是国际语言学界研究的热点。了解语言接触的情况，有助于更充分地认识语言变异和变化的原因，加深对语言变异和变化过程的理解（徐大明，2006：239）。

（一）萌芽时期的语言接触研究

语言接触现象最早引起学界的关注，开始于人们对接触语言相似性的观察。语言谱系树理论创始人奥古斯都·施莱歇尔（August Schleicher）在构建谱系树理论时，敏锐地注意到了"地理邻接语言的相似性"问题。随后他的学生史密特

（Schimidt）也发现，印欧语系的某一个语支和其他很多语支有特殊的相似点，而这些相似点难以用谱系树理论来解释，因而提出了波浪说理论。

　　19世纪是殖民主义盛行的时期，伴随着殖民扩张，语言接触、语言影响乃至语言融合日益加剧，在这种情况下，混合语也应运而生。不过，这一时期有不少欧美语言学家却把混合语看成殖民地人民学习欧洲语言的"不良产物"，认为不值得研究。结构主义语法学派奠基人布龙菲尔德（Leonard Bloomfield）就曾经把皮钦语和克里奥尔语看成不规范的、变了形的欧洲语言，不值得对其进行学术研究。但是还是有一些学者主张，要以科学的态度对待这种语言现象。如美国语言学家内姆（V. Name）发表了著名的《克里奥尔语语法》（1869—1870），标志着有意识的语言接触研究的开始。德国语言学家舒哈特（H. Schuchart）于1880—1914年发表了以"克里奥尔语研究"为题的系列论文，为克里奥尔语研究奠定了理论基础，被后人尊称为"克里奥尔语研究之父"（张兴权，2013：49-54）。在这期间，丹麦威廉·汤姆逊的《哥特语支对芬兰语的影响》（1869）、《论日耳曼语对芬兰—拉布语的影响》（1870）和《芬兰语和波罗的语之间的接触》（1890）三篇论文在语言接触研究中具有里程碑式的作用（赵江民，2013：3）。

　　20世纪以来，语言接触与语言演变研究逐渐成为历史语言学关注的焦点。这一时期的学者主要对语言接触产生的结构变异、语言使用者对语言发展产生的重要意义、语言借代等方面的内容进行了阐释。也是从这一时期开始，通过实地调查研究语言接触情况逐渐盛行。比如，赖内克（J. Reinecke）发表了《边缘语：对于克里奥尔语及其他贸易次语的社会学研究》（"Marginal Languages: A Sociological Survey of the Creole Languages and Trade Jargons"），对当时有关克里奥尔语方面的研究成果进行了总结，并且深入探讨了社会因素对克里奥尔语形成的影响。在国内，张世禄先生在其《语言学原理》（1931）中第一次阐述了中国语言学家对语言接触的认识，这标志着我国语言接触研究的开始。罗常培先生的专著《语言与文化》（前7章为1949年前完成）中也有与语言接触有关的相同或类似的论述（张兴权，2013：5）。这些论著对语言接触现象进行了不同程度的探索，并取得了不少成果。但是由于各种条件所限，早期的语言接触研究是零星分散、不成体系的。

（二）初创与发展时期的语言接触研究

进入 20 世纪 50 年代，语言接触的理论研究得到了空前的发展，产生了大量的理论研究成果，对语言接触产生的语言转用、语言联盟、语言混合、语言干扰等现象进行了较为全面的研究，这为后来的语言接触研究奠定了坚实的理论基础。其中，尤以 Weinreich（1953）、Haugen（1953）的研究最具代表性。Weinreich（1953）的《接触中的语言：发现与问题》（*Language in Contact:Findings and Problems*）详细阐述了在语言各要素上所表现出的干扰现象和有关语言成分的借用问题。Haugen（1953）的《挪威语在美洲》（*The Norwegian Language in America*），描述了在美国生活的挪威人的语言兼用现象，阐释了在美国使用的挪威语中的借词及其在语音、形态和句法上的变化。此著作成功地显示对非亲属性、非单语型的言语共同体的语言进行共时性描写是完全可以做到的。这些论著的发表开启了真正意义上的语言接触研究。此外，苏联语言学家维列夏金用俄语发表的多篇有关语言接触的论文也是这一时期语言接触研究的重要组成部分。他曾著文阐明把研究语言接触的内容作为一门独立的学科来研究的必要性。后来，费什曼、兰伯特、麦凯、托马逊和考夫曼等欧美语言学家和赵元任、李方桂等美籍华人语言学家也纷纷著述有关语言接触理论的论文或著作。在国内，著名语言学家戚雨村、高名凯、赵振铎和周有光等在《中国语文》（1959）杂志上，就语言接触问题（包括语词借用、语言融合、语言溶合、语言混合、外来词的概念和分类等问题）进行了专题讨论，引起了语言学界对语言接触这一新课题的广泛关注（张兴权，2013：5）。

20 世纪 70 年代以后，语言接触的研究进入黄金时代。该时期的特点是将语言接触和语言影响作为普通语言学研究的主要领域，更作为社会语言学研究的有机组成部分。其中最有代表性的当属美国语言学家托马森与考夫曼（Thomason & Kaufman）（1988）合著的《语言接触、克里奥尔化和发生语言学》，该论著详细论述了语言接触中的语言保持（language maintenance）、语言迁移（language shift）及克里奥尔化（creolization）和洋泾浜（Pidgin）现象，是这一时期十分具有代表性的论著。也正是从这一时期开始,国内的语言接触研究逐渐繁荣起来。随着民族关系的改善和民族交往的日益频繁,汉语与其他各个民族语言之间的接触问题开始凸显出来。民汉交往的语言接触现象开始被越来越多的民族语言专家所关注,并进行了专门的研究。研究内容丰富而多元,既包括借词与同源词的区分、双语问题等,又包括语言接触对汉语或民族语结构的影响,还包括对影响语言接触的社会因素与语言因素、语言接触机制的探究,如喻世长(1984)、徐通锵(1991)、瞿霭堂(1992、2000)、孙宏开(1983、1988、2000、2009)、戴庆厦(1990)、梁敏(1995)、陈保亚(1996、1999)、罗美珍(2000)、余志鸿(2000)、史有为(2000)、孟达来(2001)、曾晓渝(2004)、游汝杰和邹嘉彦(2004)、意西微萨·阿错(2004)、黄行(2005)、李云兵(2005、2008)、吴福祥(2007、2009)等。这些学者结合亚洲地区语言关系错综复杂的实际,从不同角度研究语言接触问题,取得了很多有价值的研究成果(杜兆金,2013)。

此外,也是从这一时期开始,学界对语言接触规律有了更多的研究和更深层次的探讨。语言接触究竟是无界还是有界的?也就是说,语言影响只是词汇借用,还是涉及语音和语法层面?学界对这一问题的探索历程是十分曲折的。着眼于语言内部结构来讨论语言接触的学者认为语言的形态部分和音系部分不会受接触的影响,在他们看来,语言接触是有界的,如鲍阿斯(F. Boas)、梅耶(A. Meillet)、萨丕尔(E. Sapir)、布龙菲尔德(L. Bloomfield)、雅各布逊(A. Jakobson)、马丁内德(A. Martinet)、魏茵莱希(U. Weinreich)等都是有界论的坚定支持者。这种观点和理论影响了后来一大批学者。但是实际上,早在20世纪30年代,特鲁别茨科伊就根据乌拉尔语系中西芬兰语的 [p]、[t]、[k] 对应于印欧语系中东斯拉夫语的 [b]、[d]、[g],[p]、[t]、[kk] 对应于 [p]、[t]、[k],[a] 对应于 [o],[ɛ] 对应于 [e] 等的类推,提出了现代印欧诸语言并不同源,而是因接触形成的语言联盟的假设。而且,他还指出语音对应规律除了有共同来源外,也可以因相互借用而产生(彭嬿,2007)。特鲁别茨科伊提出的语言联盟理论对后世影响深远。我国学者李方桂(1945)也同样注意到了中国南方语言和一些台语方言(李方桂所谓"台语",是指东南亚及中国南部属今壮侗、苗瑶语族的一部分语言）间的语音相似性问题，他指出："地域相邻的语言之间一般都存在某些语言的相似性……由于地域原因，语言之间会存在某些语音相似。这些相似的出现可能没有任何历史原因可言。"（李方桂，2008）日本学者桥本万太郎（1977）的《语言地理类型学》一书根据东方语言接触发展史中的事实和材料，论证了东亚大陆语言的发展基本上是汉语缓慢同化周围语言的过程。这种同化离不开汉语与周边语言的接触，同化结果之一就是语言的区域趋同（桥本万太郎，2008：16-19）。此后，我国学者陈保亚（1996）在充分调查傣语和汉语接触的基础上提出了"无界有阶性"的观点，即接触可以深入语言系统的各个层面，社会因素决定了"度"，然而"度"的变化呈"阶"分布，这个"阶"取决于结构因素。这就是无界有阶性，他以此为基础建立起了语言联盟理论（罗国英，2000）。

这样看来，语言接触是无界的，也就是说，语言中的任何一个成分都可能在语言接触过程中发生借用，如果具备足够的接触强度和接触时间，语言中的任何特征［词汇、句法、音系（韵律）、形态］均可从一种语言移入另一种语言（Thomason and Kaufman，1987；Thomason，2001）。既然语言中所有成分都可以被借用，那么语言成分的借用是否具有某种规律或制约？很多学者基于语言成分的层次或语言结构的制约提出了各种"借用层级"。比较一致的看法是，语言成分的借用在社会因素均等的前提下具有一定的等级或顺序（吴福祥，2007）。主要体现在两个方面：一是借用的先后次序，次序在后的借用时间不可能先于次序在前的；二是借用的数量，数量多的必然是比较容易借的（苏金智，2014）。从观察到某种语言接触现象，到对这些现象进行系统研究，再到拓展语言接触研究的范围、丰富其内容，最后到关注语言接触的规律。可见，学界对语言接触的研究已经越来越深入。

（三）语言接触研究的新发展

近三十年来，语言接触与语言演变的研究开始成为国际语言学界关注的焦点，相关研究成果颇多，发展迅速，尤其在以下几个方面有较大的进展。

一是学者们不仅关注语言接触的结果，更关注由语言接触引发的语言演变的过程，尤其是语言演变的机制。如美国密歇根大学语言学系教授托马森（Thomason，2001、2003）的研究。为了更好地解释"接触性演变"是如何发生的，她提出了语码转换（code-switching）、语码交替（code-alternation）、被动熟悉（passive familiarity）、协商（negotiation）、第二语言习得策略、双语人的第一语言习得、蓄意决定等七个语言接触性演变机制（吴福祥，2007）。美国语言学家海涅（Heine）和库特瓦（Kuteva）提出的"语法复制"（grammatical replication）理论模型则是近年来取得的一项重要的理论成果，它比较深入地解释了一种语言是如何从另一种语言中获得语法意义或语法结构的。按照他们的主张，接触引发的语法演变可以分为"语法借用"（grammatical borrowing）和"语法复制"（grammatical replication）两类：语法借用是指一种语言（源语）的语法语素迁移到另一种语言（受语）之中；语法复制则是指一种语言（复制语）仿照另一种语言（模式语）的某种语法模式，产生出一种新的语法结构或语法概念。语法复制包括"接触引发的语法化"（contact induced grammaticalization）和"结构重组"（restructuring）两个方面，前者是指一种语言（复制语）对另一种语言（模式语）的语法概念或语法概念演变过程的复制，后者是一种语言（复制语）对另一种语言（模式语）语法结构的复制（吴福祥，2020）。国内有关语言接触机制比较有代表性的研究主要有：陈保亚（1996）的《语言接触与语言联盟》、江荻（2010）的《回辉语揭示的语言接触感染机制》等论著。它们分别提出了"母语干扰""语言转换"与"语言感染"机制，使人们更清晰地认识到语言接触性演变的内在过程。吴福祥（2014）基于中国境内南方语言的材料，又提出了"构式拷贝"机制，进一步丰富和完善了语法复制理论。黄玉花等（2019）从朝汉语言接触的实际情况出发，提出应立足于朝汉语言接触的历史与现状，全面探讨朝鲜语变异的无界有阶性及其演变机制，挖掘汉语变异的分布特征及其演变机制。此外，对语言接触引发语义演变的研究也是近年来的一个研究热点。国内对语言接触引发的语义演变理论关注较多的是学者吴福祥（2013）。他指出，语义演变的过程更类似于"牛生犊"而非"蚕化蛾"的过程，而语言接触是引发语义演变的重要因素。他基于对语料事实的描写分析提出语义复制有两种模式："同音复制"（指复制语的使用者对模式语中某个同音模式进行复制，从而导致复制语中出现与模式语相同的同音模式）和"多义复制"（指复制语的使用者对模式语中某个多义模式进行复制，从而导致复制语中出现与模式语相同的多义模式）（吴福祥，2014）。

二是学者们一直以来多关注强势语言对弱势语言的影响、通用语对民族语言的影响，而反向研究则比较薄弱。比如，戴庆厦等（2005）、李锦芳等（2014）分别探讨了汉语对苗语、仡佬语等民族语言的影响。但是，近些年来，少数民族语言影响汉语、弱势语言影响强势语言的现象逐渐引起了学者们的高度关注，主要有陈保亚（2005）的《语言接触导致汉语方言分化的两种模式》、谢晓安等（1996）的《甘肃临夏汉语方言语法中的安多藏语现象》、李崇兴（2005）的《论元代蒙古语对汉语语法的影响》、李锦芳（1990）的《论壮侗语对粤语的影响》等。陈保亚以西南地区汉语和傣语接触为例，指出弱势语言对强势语言的影响，或者说民族语言对汉语的影响是有系统和规则的，这种影响的机制除了特殊的词汇借代，更主要的是母语干扰和母语转换（陈保亚，2005）。谢晓安等根据实地调查材料指出，甘肃临夏汉语方言深受民族语言藏语的影响，在名词后缀，形容词、远指代词、副词的语法手段，表示方式方法的后置词、虚词的运用，语序，关联词，部分特指问，正反问句的结构等七大方面，出现了不同于普通话而跟藏语趋同的特点（谢晓安等，1996）。相关的还有，张赪（2014）指出了在 13 世纪的汉蒙语言接触中，元代缺省役事的使役句的语义变化是受蒙古语影响的结果。王晓梅、何元建（2016）指出，马来西亚华语疑问句尾的"的"受到当地粤方言的长期影响，它的形式和用法均发生了某种演变。

三是对语言接触理论的研究日趋完善。学者们紧密结合我国语言生活的实际情况，提出了不少有见地的理论，如戴庆厦、袁焱（2002）以被调查的阿昌语为语言实例，提出了互补与竞争的语言接触研究机制；江荻（2010）以海南省三亚市的回辉语为例，指出回辉语的声调类型从无声调转变为有声调，音节结构从多音节转变为单音节，这是由语言感染机制导致的；曾晓渝（2003）以侗台语汉语声调的发展历史为基础，研究出解释侗台语和汉语关系的"同源—分化—接触"模式；洪勇明（2007）、马小玲、洪勇明（2012）结合新疆民汉语言接触的特点提出了新疆民汉语言接触的圈层规律；苏金智（2014、2015）在研究香港的标准汉语同粤语和英语的接触过程中，分别建立了解释语言变体的"语言演变的连续变体"模式以及解释语言借用过程的"语言借用过程"模式等。

综上，可以看到，经过一个多世纪的发展，语言接触的研究经历了一个从不被重视到受到重视，从单角度、单层次到多角度、多层次的发展历程。不过本书认为，语言接触研究在理论构建方面还可以在现有基础上有更多提升。首先，国内学者大多集中于探讨亲属语言之间接触的规律，而对非亲属语言之间的接触规律尤其是汉语和外语接触的规律研究涉足较少。众所周知，从早期佛经翻译带来的梵语和汉语的接触算起，汉语和外语的接触已经有上千年的历史了，积极探索汉语和外语接触的相关规律对我们更清楚地认识汉语的发展演变具有十分重要的意义。其次，当前很多学者基于各自的研究领域提出的相关理论虽然对特定领域的语言接触研究具有十分重要的方法论指导意义，但是缺乏对语言接触规律的普遍指导性，因而，目前尚缺乏对语言接触总体规律进行把握的更多研究，在这方面，西方学者的研究就值得借鉴，如托马森提出的语言借用等级理论等。可见，有关语言接触的研究还需要学界同仁的更多努力。

二、语言接触引发的语言结构演变研究

语言演变是语言学研究经久不衰的话题。其主要是研究语言起源、发展、消亡的运动轨迹。语言演变有"内部因素促动的演变"（internally motivated change）和"接触引发的演变"（contact-induced change）两种类别。受西方结构主义语言学的影响，认为语言发展与演化的动力主要是语言内在因素驱使形成，语言的外在因素一直被排除在语言研究之外（吕文涛，2019）。直到索绪尔（Saussure）提出语言研究应该分为内部研究和外部研究的观点，语言的外在影响因素才为学界所关注。半个多世纪以来的语言调查成果还告诉我们：语言接触引起的语言演变不容忽视。语言接触的范围有大有小，大的可以影响到目的语的各个方面。即便是语言中的最基本成分，也会受源语的影响而发生变化（张兴权，2012：2）。由语言接触引起的语言演变包括两个方面的内容：一是语言结构的变化，这种变化既有词汇的变化，又有语音、语法的变化；二是语言功能的变化，其中包括语言功能的升降、语言兼用、语言转用等。其中，语言接

触引发的结构变化是研究的重点，结构变化中又以对词汇变化现象的研究最为
全面深入。语言接触引发语言结构的演变最直接的后果是受语系统发生不同程
度或不同方式的改变，典型的情形有如下几种：特征的增加（addition）、特征的
替代（replacement）、特征的消失（loss）、特征的保留（retention）等四个方面。

（一）特征的增加

特征的增加（addition）即受语系统通过接触引发的演变增加了新的特征。
这种特征的增加在受语的词汇、语法和音系等方面都有所体现，其中最简单的
被增加的特征在词汇上（包括词汇词和语法词），这是接触引发的演变最常见的
后果（戴庆厦，2004：87）。如历史上，汉语在同梵语、英语、日语、俄语等外
语接触的过程中增加了很多外语词汇。维吾尔语、藏语、壮语、水语、茶洞语、
哈萨克语、土家语、图佤语、东乡语、锡伯语等民族语言也在同汉语的接触中
增加了大量汉语词汇。词汇借用是语言接触引发受语特征增加一个十分重要的
方面，我们将在下文中对其取得的研究成果进行详细综述，此处暂不赘述。

语言接触引发受语特征的增加除了在词汇层面有所体现外，在语法和音系
层面也不例外。对语法而言，增加的特征中既有新的语法手段、语法功能，又
有新的语法范畴。比如历史上，汉语在同其他语言的接触中增加了新的语法手
段，如汉语受梵语影响增加了名词和人称代词的复数标记 "– 辈" "– 们"（朱庆
之，2014），受阿尔泰语（主要是蒙古语）影响出现了与先秦唐宋完全不同的
新句式（"X+ 似 + NP/VP" 比拟式）（江蓝生，1999），受印欧语的影响出现了
以动词为中心语的名词性偏正结构（贺阳，2006）等。国内少数民族语言受汉
语影响增加新的语法手段的情形也不少，如我国南方很多少数民族语言在汉语
影响下产生了原本没有的 "A– not–A" 型极性问句（吴福祥，2008），闽东罗源
畲话受汉语方言影响产生了独特的 "喊" 字问句（黄涛、陈泽平，2016）等。受
语言接触影响增加新的语法功能的情况也是比较常见的，如汉语受梵语影响，
"自" 产生了作领属语的新用法（朱冠明，2007），受阿尔泰语影响获得了第一
人称复数包括式和排除式的区别（胡敕瑞，2008），受英语影响产生了 "被" 字
结构作定语等这样的新用法（吴小夏，2011）等。一些方言在当地强势方言影
响下增加了新的语法功能，如福建省西北部的邵武话在闽方言的影响下用 "度"

作动态助词表示经历（郭必之，2008）等。相较之下，受语言接触影响增加语法范畴的情况则不多见，但是也有一些，如甘肃临夏回族自治州的河州话受蒙古语影响获得了格范畴（雒鹏，2004），四川境内的倒话从藏语借入了作格标记"ik"（意西微萨·阿错，2001），汉语北方方言受阿尔泰诸语言影响产生了复数词尾"们"（李圃，2017）等。

在语言接触中增加新的音系特征的情况在汉语与民族语言的接触中更为常见。如原本无声调的回辉语在汉语的影响下发展出了7个舒声调和2个促声调，由无声调的语言变成了有声调的语言（江荻，2010）；云南的维西普米语从纳西语和汉语借入大量词汇后，其语音逐渐发生了改变，声调增多（李兰兰，2013）；湘南江永瑶族所操的千家峒瑶汉语因受到湘南官话的影响，出现了连读变调现象（谭晓平，2012）；朝鲜语在汉语的影响下产生了长短元音的对立（申东月，2005）；南部土家语在汉语的影响下增加了明显具有汉语特色的撮口呼韵母系列（徐世璇，2010）；等等。

（二）特征的替代

特征的替代（replacement）即受语系统中固有的特征被新的外来特征所替代。这种情形大多见于语序模式和语法范畴的演变（吴福祥，2007）。语序模式的替代研究更多集中于汉语（方言）和民族语言的接触领域。如在同汉语的密切接触中，苗瑶语改变了原有的名词中心语在前、领属定语在后（N＋G）的语序类型，变成了和汉语趋同的名词中心语在后、领属定语在前（G+N）的语序类型（李云兵，2005）。东乡语从原有的SOV句式变为SVO句式（包萨仁，2006）；南方的侗台、苗瑶、南亚及南岛语中的关系小句和核心名词的固有语序由NRel变为RelN（吴福祥，2009）。拉祜语名词与形容词的语序、数量名词的语序等发生了和汉语趋同的变化（陈丽湘，2009）。苗瑶语在汉语的影响下，其指示词由后置型演变为前置型（王春玲，2018）。当然，汉语受少数民族语言影响产生语序变异的情况也十分常见。比如，历史上，汉语在蒙古语的影响下，出现了"动＋宾＋了"结构被"动＋了＋宾"结构全面取代的现象（李崇兴，2005）。当前的情况则是汉语方言受民族语言影响产生语序变异的情况更为突出，如新疆汉语方言由于受到维吾尔语的强烈影响，改变了原有的"主语＋不＋状语＋谓语"的基本句型模式，变为"主语＋状语＋不＋谓语"的句型模式，生成如"这个孩子好好儿不学习"（普通话为"这个孩子不好好儿学习"）这样偏离标准汉语的句子（闵爽、沈利德，2005）；在藏缅语和阿尔泰语影响下汉语河州话中的小句语序已由 SVO 变为 SOV（雒鹏，2004）；安南水磨房村汉语方言受藏语影响，基本句型由 SVO 变为 SOV（薛才德，2006）；粤方言受壮侗语影响，出现了状语后置、宾语句间接宾语前置、疑问句宾语前置、比较句谓语提前等现象（李锦芳，1990）；湖南龙山他砂汉语在当地土家语的影响下，出现了宾语大多置于动词或介词之前的情况（李启群、鲁美艳，2011）；甘青河湟方言在蒙古语的影响下出现了"Y+M+A"差比式（张安生，2016）；等等。

语法范畴的替代研究则更多地见于汉语与外语（尤其是英语）接触的研究领域。如在汉英语言接触中，香港地区的汉语出现了套用某些英语句式（如"我想没有人会反对说＋另一句子"）和词序（如把"基本上"这类副词置句首而不置句中）的现象（何自然、吴东英，1999）；还出现了形容词或名词作动词、名词或动词作形容词、不及物动词作及物动词、非谓形容词作一般形容词的词汇转类现象，这与英语的影响关系甚大（何自然、吴东英，1999）。事实上，不仅是香港地区的汉语，内地的汉语也在一定程度上受到了英语的影响，如长句的增加、长定语的出现和中心名词的改变（何烨，2004）。目前，除英语以外的其他外语同汉语接触后引发汉语语法特征替代的研究成果十分缺乏。

（三）特征的消失

特征的消失（loss）即某一语言由于语言接触而丧失固有的特征，但没有任何干扰特征可以作为所失特征的替代物。这种现象在语法和音系变异中出现较多。

在语法方面，有的语言失去了原有的语法功能，如受蒙古语影响，汉语中的"X＋似"不能再独立充当谓语（江蓝生，1999）；元代时出现的句义偏离使役义、句义完全没有使役义这两类句子在明代以后明显减少并有固化趋势（张赪，2014）。有的语言失去了原有的语法范畴，如甘肃境内的撒拉语和西部裕固语受汉语影响失去了名词与动词的人称范畴（黄行，2005）；朝鲜语中的口语（尤其是汉族人说的朝鲜语）受汉语影响出现了词尾的省略现象（冯公达，1983）。

在音系方面，有的语言从有声调的语言变为无声调的语言，如五屯话长期受到藏语或保安语的强烈影响，失去了原有的声调（意西微萨·阿错、向洵，2015）。有的语言在语言接触中失去了原有的音系规律，如甘肃境内突厥语族的撒拉语和西部裕固语受汉语影响丧失了元音和谐规则（黄行，2005）；有的语言丢失了浊音特征，如在同汉语的接触中北部土家话塞音、塞擦音声母中的浊音特征已经消失（徐世璇，2010）；有的语言丢失了原有的音系出现环境，如汶川当地的汉语在与羌语接触的过程中丢失了 /an/ 和 /aŋ/ 对立的有效环境（郑武曦，2009）等。

（四）特征的保留

特征的保留（retention）即一个语言跟其他语言接触但保留了原本有可能消失的特征。此类研究成果尚不多见。只有徐世璇（2010）指出，在同汉语的接触中，南部土家语保留了原本可能消失的塞音、塞擦音声母的清浊对立。

综上，本书从特征的增加、特征的替代、特征的消失和特征的保留几个方面对语言接触引发的语言结构演变情况进行了梳理。从上述情况来看，语言接触引发语言结构演变的情况是十分普遍的，在汉语（方言）与民族语、汉语与外语的接触中都有体现。相对而言，特征增加的现象最易观察，取得的研究成果也最多，特征保留的研究成果则十分有限。就研究现状而言，汉语（方言）与民族语言接触研究取得的成果不仅丰硕而且深入，这对于本书的研究有很好的借鉴意义。

三、语言结构演变中的词汇借用研究

李如龙（2013）指出："词汇是语言接触中最敏感、最容易变异的前沿，语音和构词法在语言接触变异中往往要经过大量词汇借用的积累。"我们在上文中大致梳理了语言接触引发语言演变的几种结果，其中最常见的结果是特征的增加，而这种特征的增加又更为直观地体现在词汇借用方面。据本书分析，学界主要从如下几个方面对词汇借用进行了研究。

（一）词汇借用原因

词汇借用是语言发展过程中一种十分普遍的现象。那么，为什么会产生词汇借用呢？魏茵莱希将原因概括为"需要论"（need）和"声望论"（prestige）（Weinreich，1953：57）。即从语言内部因素来讲，借用是语言系统需要一些特定的词语来指称新事物；而从语言外部因素来讲，如果一种语言被公认为是有"声望"的语言，那么使用者很可能从中借用，以彰显自己的学识和社会地位。豪根对其进行进一步阐述：由弱势语言向强势语言的借用是一种带有社会地位和社会名望的借用，反之则往往是一种必需的借用（Haugen，1956：210）。综合看来，他们都是从语内因素和语外因素两方面来探讨词汇借用的原因。那么，如何理解这两种因素呢？托马森（Thomason，1988、2001）对此有集中论述。他认为，语外因素主要包括接触强度（intensity of contact）、有无不完善的学习（presence vs. absence of imperfect learning）和语言使用者的态度（speakers'attitudes）等三个因素；而语内因素则包括普遍的标记性（universal markedness）、特征可并入语言系统的程度（degree to which features are integrated into the linguistic system）以及源语与受语之间的类型距离（typological distance between source and recipient languages）等三个因素（Thomason，2001：47–51）。

相对而言，语外因素是学界讨论最多、研究得最为深入的因素。其中，社会因素在语外因素中十分重要，其包括文化方面的（如文化接触）、政治方面的（如殖民化）、军事方面的（战争与侵略）、宗教方面的、种族方面的（如种族混合与同化）、个体与民族心理方面的等（邱采真，2002）。比较有代表性的研究有：车淑娅、周琼（2018）指出除政治与经济原因外，引起清末民初新加坡华文报章时点时间词历时变化的原因主要是语言接触过程中的语码转换与语码混用。黄革（2016）从语言接触角度探讨了平果客家话词汇发生变异的原因。从语言内部因素探讨词汇借用原因的成果不多，且多是从填补词汇空缺（lexical void）的角度对其进行分析，缺乏从语言自身发展演变规律角度对词汇借用原因进行更深层的探讨。

（二）词汇借用方式

词汇借用主要是用来引入本民族语言中没有或无法表达的词汇，在各类语言的相互借用中，大体可以将借用方式概括为以下几个方面。

借音，即借用非本族语的语音为本族语所用，这种现象在汉语中略见一斑，汉语借音就是用汉字按借词原来的读音写成一般不能按汉字组合解释的新词（姚雪椿，2002）。如汉语以借音的方式从英语中借用了"克隆"（clone）、"基因"（gene）、"镭射"（laser）、"卡通"（cartoon）等词；从日语中借用了"卡哇伊"（かわいい）、"榻榻米"（たたみ）、"欧巴桑"（おばさん）等词；从俄语中借用了"苏维埃"（совет）、"列巴"（хлеб）、"格瓦斯"（квас）等词。

借义，是一种借用非本族语的概念为本族语所用的方法，即不是按照原词的构成部分借用，而是按照原词的整个意义借用（姚雪椿，2002）。如汉语用这种方式从英语中借用了"峰会"（summit）、"热线"（hot line）、"牛仔"（cowboy）、"硅谷"（silicon valley）、"硬件"（hardware）、"鼠标"（mouse）、"软件"（software）等词；从日语中借用了"生鱼片"（刺身）、"便利店"（コンビニ）、"校园节"（祭り）等词；从俄语中借入了"政委"（комиссар）、"宇航员"（космонавт）、"少先队员"（пионер）、"专家"（специалист）等词。

音义兼借，也就是我们通常所说的半音译半意译的情况。如汉语通过这种方式从英语中借用了"因特网"（internet）、"呼啦圈"（hula-hoop）、"迷你裙"（miniskirt）、"冰淇淋"（ice-cream）、"踢踏舞"（tittup）、"拉力赛"（rally）、"保龄球"（bowling）等词；从日语中借用了"卡拉OK"（カラオケ）、"金小姐"（金さん）等词；从俄语中借用了"拖拉机"（трактор）、"法西斯主义"（фашизм）等词。

比喻，即借用非本族语来比喻本族语中的另一种新事物和新现象。如汉语借用英语的"sandwich class"来指"香港中等收入者"，这部分人既无权享受低价公房，又买不起香港高级公寓区的住房，就好像夹在三明治中的填料一样，这里就是借用了英语"sandwich"的比喻意义。

借形，即指原封不动地借用非本族语为本族语服务。如汉语从英语中直接借用了"Coffee Shop""Friendship Shop""For You"等商标名；从日语中直接借用了"寿司"（寿司）、"自动贩卖机"（自動販売機）、"短期大学"（短期大学）、"社会人"（社会人）、"写真"（写真）、"研修"（研修）、"便当"（弁当）等词。

（三）词汇借用过程

与以往多注重从静态角度对词汇借用进行分析的研究不同，近年来，学界已越来越认识到词汇借用是一个过程，而且是一个不断发展变化着的动态过程。基于词汇借用是一个过程这样的认识，一些学者将这一过程中外来语言形式从进入受语到最终融入受语所经历的变化划分为几个阶段，从而勾勒出词汇借用过程的阶段模式。如国外学者豪根（Haugen）把词汇借用看作一个从零到完全融入的过程，这个过程被划分为从纯粹外源词到未同化外源词，再到部分同化外源词，最后到完全同化外源词几个阶段。麦克阿瑟（McArthur）将外源词被英语吸收的过程划分为三个阶段：地方性词语、国内使用词语和国际通用词语。根据坎农（Cannon）对英语中的汉语外源词和马来语外源词的研究，其将处于不同吸收同化阶段的汉语外源词和马来语外源词根据是否有注释以及被词典收录的情况划分为多个不同的等级（党静鹏，2017）。

在国内研究成果中，将词汇借用看作一个动态过程的研究成果并不多。比较有代表性的有：方欣欣（2004）提出了语言接触和词汇借用的"三段两合"论，指出语言接触带来的词语变异或借用现象都遵循"三段两合"的演变轨迹，同时词语在"三段两合"模式的作用下进行交接与交融。"三段"指语言的接触、接纳、接续三个阶段；"两合"则指交接和交融两个过程。苏金智（2014）根据香港书面语大量语料建立了语言借用过程的模式。该模式强调语言借用研究必须放在言语社区的背景中进行。因此，语言借用研究必须考虑言语社区的影响，无论是书面的还是口头的借用形式，都要经过言语社区大多数成员根据他们的语言使用习惯进行选择、评价、本土化、传播和融入这样一个过程。这种模式为外来词的动态过程研究提供了很好的借鉴。随后，他在上述借用模式的基础上，对《汉语外来词词典》一万多个外来词的生存现状进行详细考察，发现"《汉语外来词词典》收入的一万多个外来词，至今发生了许多不同的变化。这些变化是与其建构的语言借用过程紧密相关的"（苏金智，2014）。陈胜利（2014）

将借词分为借入前、借入、借入后三个阶段，提出借词"动态过程论"构想并对英语中的汉源词进行了研究。党静鹏（2017）将外源词的借用过程阐述为跨语际的词汇创新与创新后的词汇在受语言社区的传播，并认为跨语际词汇创新的外源词借入汉语后在汉语社区内的传播是一个选择过程，外源词能否成功融入汉语，取决于汉语说话人的选择。此外，涉及该问题的研究成果还有：陈世明（2007）通过大量语言事实，论述了汉语借词进入维吾尔语的历史过程；曾小燕、郑通涛（2016）以《人民日报》作为主要的考察材料，总结了汉语词汇外源词系统具有的特征，适应性借用演变、有序性借用演变、关联性借用演变、开放性借用演变、经济性借用演变、趋同性借用演变等。可见，近年来，学界对词汇借用是一个过程的认识已经越来越普遍了。

（四）词汇借用结果

关于词汇借用结果的研究主要集中在两个方面：一是研究被借用的词汇进入受语系统后如何变化，也就是常说的本土化情况；二是研究词汇借用对受语系统产生的影响。下面分别对相关成果进行综述。

1. 词汇借用的本土化

借入受语中的词汇一旦进入受语就会发生本土化，会在受语的语音结构、语义结构和社会文化背景的影响下，逐渐变成受语的词汇。这种本土化现象主要体现在以下三个方面。

（1）语音本土化。语音本土化表现为从其他语言借入的词汇对受语语音系统的适应。如通过语言接触进入汉语中的词汇会被改造为汉语音节，而且会按汉字的特点加上特有的声调。比如，英语中的"lemon"（两个音节）进入汉语后变成了"柠檬"（两个音节）、"oh"（一个音节）变成"欧"（一个音节）等（谢丰帆，2014）。日语中的训读汉字词进入汉语后则会直接被汉语语音彻底替代（顾江萍，2007），这些皆是语音本土化的显著体现。

（2）语法本土化。语法本土化表现为借入词汇对受语语法系统的适应。有的外源词进入汉语后会丢失原有的语法特征。比如，英语原词"card""telephone"有单、复数形式，而其进入汉语被译为"卡片""电话"后则没有了数的变化。有的外源词进入汉语后语法功能会发生变化。比如，"OK"在英语中常作形容词或副词，相当于"all right"，表示"对、好、可以、行"等意思；也可作动词，表示"同意"的意思。但是"OK"进入汉语后，不仅词义和语用范围扩大，词类也发生了转变，语法功能大大超过了英语原本的"OK"（赖彦，2008）。有的外源词进入汉语后会产生新的构词方式，主要表现为成为汉语中能产的构词语素，比如，一些英源词可以整体用作一个语素，与其他语素或词一起构成合成词，如"啤酒节""尼龙绳"等（姜焱，2001）。

（3）表意本土化。表意本土化表现为借入词汇进入受语后发生一系列适应受语表意系统的变化，其中又以词义的变化最为显著。词义的变化主要表现为词义的扩大、缩小和转移三方面。比如，英语中的"fast food"指"速成的、简单饭菜"的意思，其进入汉语后被意译为"快餐"，即提取"速成"和"简单"两个义项，用来比喻追求速成的、通俗的、短期流行的、不注重内在深厚价值的文化思潮和文化现象。进而在汉语中出现了"文化快餐""电视快餐""科普快餐"这样的表达。同英语原词相比，汉语中"快餐"的词义扩大了。词义缩小主要是指借入词汇进入受语后丢失部分义项的情况。如日语中的"霸权"主要有两种含义：① 在国际关系上以实力操纵或控制别国的行为；②（运动的）冠军。其以"霸权"的汉字形式进入汉语后，只保留了第一个义项。和日语原词相比，汉语中的"霸权"出现了词义的缩小（冯裕智，2010）。词义转移主要是指借入词汇进入受语后语义所指发生转移，其在原词中用于指称 A 事物，进入受语后被用于指称 B 事物。如俄语中的"машина"主要指"汽车、机器、机床、计算机"等，其在东北方言中被音译为"马神"后，不仅用来指"种地的机器"，还用于指"缝纫机"，其语义所指发生了转移。

2. 词汇借用对受语系统的影响

词汇借用对受语系统的影响，在语音、词汇、语法及表意各个方面均有体现。如汉语在同其他语言接触中增加了很多词汇，其在丰富汉语词汇系统的同时，也对汉语的词汇系统产生了影响。汉语批量引进如"维他命"（vitamin）、"迪斯科"（disco）、"奥林匹克"（Olympic）、"歇斯底里"（hysteria）等多音节词，打破了汉语固有词以双音节为主的局面，一定程度上加强了汉语的多音化趋势，汉语的语音系统受到影响。随着英语前缀 "semi-" "pro-" "pan-" "quasi-" "multi/poly-" "super/over-" "un/in/im/dis-" "anti/counter-" "non/un/in-" 等被译成汉语 "半 -" "前 -" "泛 -" "准 -" "多 -" "超 -" "不 -" "反 -" "非 -" 等，英语后缀 "-ization/ize" "-ivity" "-ism" "-er/or/ist" "-gate" 被译成汉语 "- 化" "- 性" "- 主义" "- 者" "- 门" 等的情况日益普遍，汉语的语法系统受到影响，词缀化趋势日益增强（郭鸿杰，2002）。此外，受外源词影响的汉语还出现了构词词素多音节化的现象。如 "奥林匹克"（Olympic）是一个音译的英源词，其既可以作为独立的词在汉语中使用，又可以作为构词语素构成 "奥林匹克运动会" "奥林匹克公园" "奥林匹克精神" "奥林匹克大家庭" 等词组。

词汇借用除影响汉语的语音、词汇、语法外，还对汉语的表意系统带来影响。相比于其他语言结构受到的影响，表意系统受到的影响更加深层和隐晦。比如，"屋" 在日语中除了表示居住的 "房子"，还表示买东西的 "商店"，因而日语中经常出现 "茶屋、酒屋、花屋" 一类的表达。受此影响，汉语也出现了 "咖啡屋、甜品屋" 这样的表达方式（曾西萍，2016）。词还是汉语的，但是具体的语义却变了。综合看来，词汇借用对汉语表意系统的影响集中体现在如下几个方面。

（1）影响汉语词汇的意义。如英语中的 "virus"（病毒）本是医学领域的术语，但是其也被用于计算机领域，指 "computer virus"（计算机病毒）。汉语在对该词进行转译时，将其直译为 "计算机病毒"，于是汉语中的固有词 "病毒" 也随之增添了新义项，指 "计算机病毒"（张小平，2003）。汉语固有词受词汇借用影响增加了新的义项，词语的基本意义也发生了变化。

（2）影响汉语词汇的语法意义。如汉语将英语词 "software" 直译为 "软件" 后，受英语 "soft" 义项的影响，汉语中的 "软" 增加了 "借指生产、科研、经营等过程中的人员素质、管理水平、服务质量等" 这个义项，随即在汉语中出现了 "软技术" "软质量" "软管理" 这样的新搭配。汉语固有词 "软" 的语法意义受到影响。

（3）影响汉语词汇的语用意义。如在引进 "绿色革命"（green revolution）、"绿色建筑"（green building）等外来概念时，把英语中 "green" 的 "与农业、林业有关的，有利于节省能源和环境保护的"的义项也一同借用过来，汉语中的"绿色冰箱、绿色科技、绿色电脑、绿色管理、绿色食品、绿色能源"等正是受英语语义的影响产生的（徐江、郑莉，2008）。

（五）词汇借用规律探讨

学界最初认为词汇借用并无规律可循，如 Gleason（1961）的观点就认为词汇借用是"任意的、不成系统的过程"（more or less random and unsystematic process）。但随着语言接触研究的不断深入，人们对词汇借用有了更科学、更客观的认识。综合看来，主要集中在如下几个方面。

1. 词汇借用等级

语言在接触过程中哪些词汇最容易出现借用的现象？学界在这方面进行了很多探索。其中，词汇借用等级理论的构建是一个十分重要的突破。词汇借用等级理论是在语言成分借用等级理论研究的基础上产生的。Whitney（1881）在其《论语言的混合》一书中首次提出了"借用等级"（scale of adoptability）的概念，认为施惠语进入受惠语中的词汇是具有借用等级性的，他通过大量的语料考察统计发现词汇借用等级呈现由高到低的借用梯度，即"概念指称类名词＞动词＞形容词＞副词＞非成分词（介词、连词等）＞词法与句法＞语音"，同时也提出词汇借用等级与语言要素形式化的强弱有关。随后，不少学者基于语言成分的层次或语言结构的制约提出各种"借用层级"，目的是对语言成分借用的顺序、规律或制约做出概括。如 Haugen（1950）通过词汇借用等级分析统计出挪威语词汇体系中借入瑞典语词汇的借用等级序列，即"名词＞动词＞形容词＞副词和介词＞感叹词"。Muysken（2000）对南美洲奇楚亚语（Quechua）里的西班牙语借用情况进行研究，概括出"名词＞形容词＞动词＞介词＞并列连词＞数量词＞限定词＞自由代词＞接语代词＞从属连词"的借用顺序。

到了 2001 年，学者 Thomason 根据语言接触强度与词汇借用的关系提出词汇借用的等级理论。其理论基本可以概括如下："偶然接触"的词汇只借用非基本词汇；"强度不高的接触"的词汇借用的多为功能词（如连词及英语 then 这类副词小品词）和实义词，但其仍属于非基本词汇。在"较强接触"的词汇借用中，基本词汇和非基本词汇均可被借用，且更多的功能词被借用，同时派生词缀也可被借用。在"高强度接触"的词汇借用中，各类词汇被大量借用（张天宇、周桂君，2016）。概括起来就是：非基本词汇＞功能词＞实义词＞基本词汇＞派生形态＞屈折形态／黏着形态。此外，国外关于"借用等级"的理论中，影响力较大的成果还有："可借用性斜坡"（cline of borrowability）、借用层级、可借用共性（borrowing universal）、可采用性等级（scale of adoptability）等。

国内学者中比较有代表性的研究主要有：陈惠琼、陈佳荣（1997）研究了香港粤语借用外来语的情况，并统计出"名词（185）＞形容词（22）＞动词（18）＞数量词（13）"的词汇借用顺序。苏金智（2010）对"粤语中的英语借词数据库"进行统计，其结果是：名词（582）＞动词（45）＞形容词（33）＞量词（14）＞短语（14）＞词缀（2）＞副词（1）。江荻（2010）通过田野调查统计分析发现回辉语呈现"连词、介词、副词＞量词、数词＞名词＞形容词＞动词"的借用等级。这些研究从理论上对词汇借用等级进行概括，更进一步深化了词汇借用的研究深度。

2. 词汇借用机制

Thomason（2001）根据接触引发的语言演变提出了7个主要机制：语码转换（code-switching）、语码交替（code-alternation）、被动熟悉（passive familiarity）、协商（negotiation）、第二语言习得策略（second-language acquisition strategies）、双语人的第一语言习得（bilingual first-language acquisition）及蓄意决定（change by deliberate decision）（Thomason，2001：129-156）。

其中的语码转换、语码交替和协商对词汇借用机制进行了很好的概括。语码转换指的是同样的说话人在同样的会话里使用两种或两种以上的语言成分（张天宇、周桂君，2016）。语码交替是指同样的说话人跟不同的交谈对象（通常是单语人）使用两种不同的语言。协商则指的是母语为语言A的说话人改变语言模式以接近另一语言B的模式（吴福祥，2007）。这三种机制从理论上对词汇借用的方式进行了概括。国内学者对词汇借用机制也有所涉猎。其中比较有代表性的主要有：陈保亚（1996）通过长时间对傣语和汉语西南官话的接触进行追踪调查，发现傣语核心词出现了部分西南官话借词，而且符合严格的语音对应规律，并就此提出了"关系词阶理论"（陈保亚，1995）。该理论对核心词和基本词是否能被借用的问题予以了充分肯定的回答。此外，他还指出，如果一种语言向其他语言借用词汇，常见的情形主要有两种，即替换性借用和互补性借用（陈保亚，1996：86）。替换性借用是指受借语言中的词汇被施借语言中的词汇替代。互补性借用是指受借语言中的词汇从形式到意义都从施借语言中借入，在与施借语言接触之前，受借语言中没有该词，也就没有出现竞争的情况。

可见，从语言接触的视角出发对不同语言之间的相互影响的研究在学界已经取得了很多卓有成效的成果。这些成果为本书的研究提供了很好的理论基础和方法论指导。那么，关于汉语中的俄源词研究，学界取得了哪些成果呢？本书在这方面还能有哪些继续拓展和延伸的研究空间呢？下面本书就对这一研究领域的相关研究情况进行综述。

四、汉俄语言接触与俄源词研究

从当前的研究情况来看，学者们对汉语与民族语言、方言与方言之间的接触研究是比较全面且深入的，而对汉语与外语的研究主要集中于汉语与英语、日语的接触研究，对汉语与俄语的接触研究则缺乏足够的关注。事实上，在十月革命胜利至中华人民共和国成立初期的近半个世纪中，也就是在现代汉语形成和发展的重要时期，汉语同俄语有过十分频繁的接触（马菊红，2009）。但是，目前学界有关汉俄语言接触及汉语俄源词的研究成果十分有限。

（一）汉俄语言接触研究

就我们掌握的资料来看，已有的汉俄语言接触研究成果主要体现在以下三个方面。

1. 俄语对汉语的影响研究

在已有成果中，徐来娣的《汉俄语言接触研究》（2007）一书开创了汉俄语言接触研究的先河。该论著分别从词汇、词法、句法、语义角度探讨了俄语对汉语产生的影响。这是目前国内第一部也是唯一一部全面系统研究汉俄语言接触的学术专著。也是在该论著出版后，汉俄语言接触才逐渐引起更多学者的关注。徐来娣的研究表明，"俄语对汉语的多音节化、词缀化、词组词汇化产生了影响"（徐来娣，2007：87）。可见，俄语对汉语的影响已经深入语法和语义层面。随后，徐来娣（2008）又进一步对汉语中的仿译引进型和移植引进型俄源义项进行深入研究，更深层次地探讨了俄语对汉语语义产生的影响。其他研究成果则相对零散，且多是在静态分析汉语俄源词时对这一问题稍有提及。

2. 汉语对俄语的影响研究

汉俄语言接触研究中反向研究汉语对俄语影响的研究成果十分有限。比如，白萍的《从语言接触看中式俄语定语语序的变异》（2012）和《语言接触与新疆俄罗斯族母语语序的变异》（2015）分别探讨了新疆、内蒙古两个地区俄罗斯族的俄语受汉语影响发生语序变异的现象。其研究表明，新疆、内蒙古两地中式俄语定语语序的变异并不同步，内蒙古的中式俄语不具有"N + G → G + N""Dem + VP + N → VP + Dem + N"结构转换，而新疆的中式俄语则产生了这些变化。其研究用实证说明了语言接触环境，包括源语的类型和数量，对语言演变有制约作用。类似的还有张英姿的《额尔古纳市俄罗斯族村落语言现状调查分析》（2010）等。这些成果所选取的研究对象均为国内的俄罗斯族，其母语俄语是作为相对弱势的语言同汉语进行接触的，其产生的语言变异现象只能作为强势语言对弱势语言影响的例证。

汉语作为相对弱势的语言影响俄语的成果也有一些，但十分罕见。如王旭（2017）选择了俄罗斯远东地区作为语言接触研究的调查点，从出现年代、构词法、派生能力、借用途径、词义变化等几个方面对俄罗斯远东地区的俄语汉源词类型进行分析。这些语言事实能在一定程度上反映出汉语作为当地的弱势语言对俄语的影响。此外，王丛民的《浅谈俄语中的汉语外来词》（2016）、奥丽佳（Sokolovskaya Olga）的《汉俄语言接触研究》（2012）则是从俄语中引进汉语词的角度探讨了汉语对俄语的影响。此外再无更多研究成果问世。

3. 汉俄混合语研究

在汉俄两种语言接触过程中，曾产生过具有时代性意义的汉俄混合语：恰克图混合语和哈尔滨汉俄混合语。恰克图混合语是曾在中俄边境使用的商用汉俄混合语。奥丽佳（2012）指出："最初的恰克图混合语有规定性，有教材和词典，双方交流以教材和词典为标准。随着恰克图贸易的衰落和中东铁路的兴建，恰克图混合语的使用范围逐渐扩大，并得到了丰富和发展。"类似的还有马娜的《语言接触与文化交融——20世纪中期以前的中俄皮钦语研究》（2013），其对这一语言现象有所涉猎。关于恰克图混合语的研究成果很少，这与其已经消亡，并且原始材料缺乏同质性不无关系。

关于哈尔滨汉俄混合语的研究成果则相对多一些，但也十分有限。比较有代表性的成果有：荣洁（1998）详细论述了哈尔滨汉俄混合语的使用范围，并指出其主要用于街道名称，教堂名称，食品、烟、酒类的名称，乐器名称，西医、西药的名称，也是日常交际用语、工厂用语和詈语。杨春宇、邵大艳（2011）对哈尔滨汉俄混合语的发展趋势进行了研究，指出"大多数俄式洋泾浜语已经消亡，只有少量俄式洋泾浜语残存"，并认为"这少量残存的俄式洋泾浜语作为非物质文化遗产应该同东北方言一道被予以保护，而不是任其消亡"。赵鲁臣（2004）对哈尔滨汉俄混合语消亡的原因进行了研究，指出"使用范围有限和没能反映太多的先进科技成果是导致其消亡的主要原因"。

从本书对汉俄语言接触研究成果的梳理来看，学界对汉俄语言接触的研究已经有了一定的探索，并取得了一些成果。但是也存在不少问题。大体看来主要有以下两个：重历时研究，轻共时研究；重俄语对汉语的影响，轻汉语对俄语的影响。此外，有关汉俄语言接触的研究成果多集中于对汉俄语言接触的结果进行分析，缺乏对汉俄语言接触过程进行研究进而揭示其规律。可见，汉俄语言接触研究还有十分广阔的研究空间。

（二）汉语俄源词研究

俄源词作为汉语外源词大家族中的一员，一方面丰富了汉语的词汇体系，增强了汉语的语言表现力，另一方面也为我们研究中俄两国之间的历史文化交往提供了很好的素材。学界在俄源词的研究方面已经取得了一些很有学术价值的成果，这些成果为我们深入研究汉语俄源词提供了很好的借鉴。下面本书对汉语俄源词研究现状及有待改进之处进行梳理。

1. 汉语俄源词研究现状

俄源词自汉俄语言接触伊始就以各种各样的方式陆陆续续进入汉语中，但是学者们开始真正对其关注比较晚。王恩圩《源于俄语的汉语外来词》（1987）一文是当前关于俄源词研究的最早成果。该文最先对俄源词的借用原因、渠道、本土化及不同类别的俄源词在汉语中的生存状态做了探讨。徐来娣的专著《汉俄语言接触研究》（2007）在已有研究成果的基础上整理出了比较翔实的现代汉语俄源词词表，为以后的俄源词研究提供了重要的参考。书中不仅从语音、词汇、语法、语义方面对俄源词的本土化进行了研究，并且就俄源词对汉语词汇和词法系统的影响进行了较为深入的研究，这是目前汉语俄源词研究中最为全面的研究成果。随后，史春惠的硕士论文《建国初期俄源外来词研究》（2014）则主要从语音、语义、语法、语用、书写几个方面对俄源词的特点进行研究，并从语言因素和非语言因素分析了俄源词进入汉语的原因。

俄源词进入汉语后的变化，也就是我们常说的本土化，是目前关于俄源词研究的一个重点。徐来娣（2007）对这一问题的探究算是比较全面的，她指出俄源词进入汉语后，语音本土化主要体现在：辅音音节化、词尾吞噬化、音节声调化、音素异体化；语法本土化主要体现在：词形固定化、词法结构复合化、词性异化；词义本土化主要体现在：词义扩大、缩小和转移；书写本土化主要体现在：书写汉字化、择字表意化（徐来娣，2007：51—61）。其他研究成果则比较零散，如克里斯提娜（Kristina. S.，2015）对俄源词进入汉语后发生的词义褒贬变化、义项增加现象进行了研究。王尧（2016）则对俄源词中音译形式被意译形式取代的现象做了最初探讨。此外，黄春蕊（2013）还另辟蹊径，对俄源词进入汉语后本土化的原因进行研究，并指出"语言的社会功能、汉语造词和构词模式与俄语的相似性原则、民族文化等因素是造成汉语新词中俄源词本土化的主要原因"。

值得注意的是，学界已有一些关注俄源词在汉语中的使用情况的研究成果，如苏春梅、胡明志（2007）通过问卷调查的形式考察了哈尔滨方言中俄源词的知晓度情况，并从社会变迁的角度分析了俄源词知晓度越来越低的原因。不过，此类实证性的研究在俄源词的研究中实在有限。

2. 汉语俄源词研究有待改进之处

从上面的情况来看，对于汉语俄源词，学界已从多个角度进行了一些研究。

但是本书认为，就目前的研究现状来看，汉语俄源词研究还有不少可以拓展的研究空间。

首先，从研究内容来看，汉语俄源词研究主要存在以下几方面问题：一是重静态分析，轻动态研究。已有成果多集中于对汉语俄源词进行静态结果的分析，缺乏从动态视角对其借用背景、借用过程和借用后发展变化进行全面考察。二是重历时研究，轻共时研究。已有成果多集中于从历时角度考察汉语俄源词的引进情况，从共时角度考察俄源词在当代汉语中的具体活力情况的研究成果尚属空白。从历时与共时相结合的角度进行研究更是无人问津。三是重浅层现象描写，轻深层规律探讨。已有成果多集中于对汉语中的俄源词进行现象描述，而对俄源词进入汉语后的演变规律及其对汉语的深层影响缺乏深入探讨。四是重整体概述，轻个案分析。已有成果多集中于对汉语俄源词的情况进行宏观概述，而从个案角度对俄源词在汉语中的演变情况进行微观分析的研究成果则十分缺乏。目前只有刘定慧的《俄源词"列巴"在汉语中的发展演变研究》（2020）一文尝试结合现代的语料资源，以东北方言中的俄源词"列巴"［俄语"хлеб"（面包）的音译］作为个案考察对象，对其在当代汉语中的具体使用情况进行详细分析，并对其与固有意译词"面包"的竞争做了微观细致的考察。五是零散成果有限，系统研究成果缺乏。据笔者考察，目前还没有系统研究俄源词的专门性研究成果，已有研究也只是对这一问题的浅尝辄止或有所涉及，成果非常零散，而且即便是这样零散的研究成果也并不多见。可见，对于汉语俄源词的研究还有十分广阔的延伸空间。

其次，从研究方法来看，当前汉语俄源词研究主要存在以下几方面问题：一是重定性研究，轻定量研究，定性与定量相结合的研究更是少之又少。从上述研究情况来看，关于汉语俄源词的研究主要以定性研究为主，定量研究成果相对不足。从我们掌握的资料来看，学界在俄源词的量化研究上已有一些成果，如徐来娣（2007）根据刘正埮等的《汉语外来词词典》、岑麒祥的《汉语外来语词典》、胡行之的《外来语词典》以及我国部分学者的有关论文和专著编制的"现代汉语俄源词词表"共收录了1200余个俄源词，对现代汉语俄源词的样貌做了比较全面的勾勒。克里斯提娜（2015）的《汉语俄源外来词的形式与意义变化考察》一文从 1984 年版《汉语外来词词典》中统计出俄源词 415 条，从 1990 年版《汉语外来词词典》中统计出俄源词 146 条，从 2012 版《现代汉语词典》中统计出俄源词 72 条等。从这里我们可以看到，有关汉语俄源词的定量研究主要集中在对汉语俄源词数量的统计上，这种统计是粗线条的、宏观的。而对汉语俄源词在结构、词类、语义、语体等方面进行精细的、深层次的量化研究则比较罕见。本书认为，只有进行更精细、更深层次的量化研究才能更客观地反映出俄源词在汉语中的具体生存情况和演变规律。二是结合现代语料库、数据库、网络资源等大数据技术对俄源词进行研究的成果匮乏。本书认为，随着现代信息技术的日趋完善和发达，充分利用这些现代资源对俄源词进行研究可以获得更客观、更科学的研究数据，从而得出更可靠的结论。这对于我们科学、客观地认识外源词在汉语中的演变规律具有重要意义。

可见，汉语俄源词研究还有很多可以扩展和深化的研究空间。

第二章

不同历史时期汉俄语言接触与俄源词的引进

中国与俄（苏）的文化交流，自有文字记载以来，已有 300 多年的历史（文记东，2009）。1727 年中俄《恰克图条约》签订后兴起的恰克图中俄边境贸易，在促进中俄两国经贸往来的同时，也直接促进了汉俄两种语言的接触，恰克图混合语的产生正反映了这一时期汉俄语言接触的最初风貌。19 世纪末 20 世纪初，伴随着中东铁路的修筑及之后的全线通车，大批俄侨曾三次大规模地涌入我国的哈尔滨，与当地居民生活在一起，逐渐形成了俄侨与当地居民杂居的分布格局，刺激了汉俄语言的高频度、密切接触。哈尔滨汉俄混合语正是这一时期汉俄语言接触的实际产物。1917 年，俄国十月革命后，由于共产主义者的宣传教育、孙中山先生"以俄为师"的号召以及对苏联社会主义文化的向往，中俄两国人民之间的交往不断增多（刘正埮、高名凯，1958：98）。五四运动爆发后，伴随着马列主义思想的传播、大批俄国著作的译介，掀起了汉俄语言书面接触的第一次高潮。1949 年，新中国成立后，中苏两国关系进入史上最友好的时期，在全国自上而下"向苏联学习"的号召下，我国掀起了从中央到地方、从城市到农村、从机关到学校，涉及政治、经济、科技、文化等多领域的"学习苏联"的热潮。这一时期，汉语和俄语的接触也是全方位、多领域的，因而达到了史无前例的接触高潮。后来，随着苏联的解体，国际政治形势风云变幻，原有的中苏关系被全新的中俄关系所取代。汉俄语言接触也随之呈现出新的特点（刘定慧，2019）。下面本书将以中苏（俄）比较有影响的交往事件为线索，探讨不同历史时期汉俄语言接触与俄源词引进之间的内在关联。

第一节 恰克图边境贸易兴起时期俄源词的引进

1727 年，中国和俄国签订了《恰克图条约》。该条约标志着恰克图地区大规模中俄贸易的开始。由于恰克图是"茶叶之路"与"丝绸之路"的必经之地，其逐渐从一个边疆的小村落变成了中俄贸易中心。随着当时的清朝与俄帝国之间在恰克图边境贸易的日趋频繁，为了便于中俄商人之间的沟通交流，一种由汉语和俄语混合而成的语言逐渐形成，俄罗斯语言学家称之为"кяхтинский язык"（恰克图混合语）（马娜，2013）。

一、"恰克图混合语"的形成与汉俄语言接触

恰克图位于今俄罗斯布里亚特自治共和国与蒙古国边境，为俄蒙边贸重镇。历史上的恰克图由新、旧两城组成，分别位于蒙古国和俄罗斯境内。如今俄罗斯境内部分仍称恰克图（Кяхта），蒙古国境内部分则称阿尔丹布拉克，如今的蒙古国在清朝时属中国领土，称喀尔喀蒙古或漠北蒙古，因此，恰克图在当时是中俄边境城镇。康熙二十八年（1689），中俄两国签订《尼布楚条约》。条约第五条规定："凡两国人民持有护照的，俱得国界来往，并没有贸易互市。"自此，中俄之间开始了正式的贸易往来（冯博，2011）。在随后频繁的商贸往来中，俄罗斯的恰克图和中国的"买卖城"之间逐渐形成了一种特殊的"商业用语"——"恰克图混合语"。

这是一种特殊的语言形式，其词汇基本上是俄语，而语法结构是汉语结构。恰克图混合语最重要的用途是促进俄罗斯人与中国人的交流，其次是促进俄罗斯人与朝鲜人、蒙古人等的交流。亚历山德罗夫（А. Александров，1884）强调，恰克图混合语的主要使用者是中国人，一般情况下，俄罗斯人说俄语，中国人回答用恰克图混合语（奥丽佳，2012）。恰克图混合语的中国使用者用汉字记下了恰克图混合语的词，例如："тоже"（也）用"多热"两个汉字记录。很多俄语词的意义和形式进入恰克图混合语之后没有变化，例如："或"（或者）、"воля"（意志）、"люди"（人）等。

这种语言产生之初，主要通行于俄国的恰克图和中国的"买卖城"。后来，

随着贸易路线"恰克图—乌兰巴托—北京、西伯利亚"的延伸，恰克图混合语逐渐扩展到乌兰巴托、北京、西伯利亚这些地区。19世纪以来，尤其是20世纪的前10年，由于中国和俄罗斯、俄罗斯和蒙古的联系愈加紧密，恰克图混合语的使用范围得到进一步扩大（马娜，2013）。20世纪下半叶，随着恰克图边境贸易的衰落，恰克图混合语也消失不见。恰克图混合语的产生反映了汉俄语言接触的最初面貌。

　　在这一时期的汉俄语言接触中，俄语因为占有较高的经济地位而成为强势语言，汉语则成为弱势语言。恰克图混合语中的词汇大部分为俄语，汉语仅为很小的一部分。这是经济因素对语言接触产生影响所表现出的典型特征。这一时期汉俄语言接触突出地体现了出于商业目的直接、自然接触的特点。并且由于当时交通、信息等条件的限制，汉俄语言接触的范围只局限于与俄毗邻且联系相对较多的个别地区。这就在很大程度上制约了这一时期汉俄语言接触的强度。

二、俄源词的引进与特点

　　这一时期进入汉语中的俄源词主要为一些表示地名、人名及与贸易相关的经济类俄源词，具体例举如下。

　　表示俄国地名的："特罗伊茨克"（Троицк）、"伊尔库茨克"（Иркутск）等；表示俄国特定事物的："伊兹巴"（изба，俄国农村木屋）、"古比尔纳托尔"（губернатор，俄国官职，相当于中国的巡抚）、"匡苏勒"（консул，清政府对恰克图负责官员的称呼）等（米镇波，2003：88）。

　　表示长度的"维尔勺克"（вершок，俄寸，1俄寸等于4.4厘米）、"沙绳"（сажень，俄国长度单位，1沙绳合2.134米）、"阿尔申"（аршин，俄尺，旧俄长度单位，1俄尺等于0.71米）、"呼多"（фут，英尺，1英尺等于30.48厘米）、"维尔斯特"（верста，俄里，1俄里等于1.067千米）。

　　表示体积的"古磅"（куб，立方）。

　　表示容量的"奥西米那"（осьмина，旧俄容量单位，1奥西米那约等于105升）、"赤特维里克"（четверик，旧俄容量单位，1赤特维里克约等于26.24升）、

"什卡利克"（шкалик，酒类的容量单位，1 什卡利克约等于 0.06 升）。

表示质量的"普特"（пут，质量单位，1 普特等于 16.38 千克）、"贝尔科维茨"（берковец，旧俄质量单位，1 贝尔科维茨等于 10 普特等于 163.8 千克）、"分特"（фунт，俄磅，1 常衡俄磅等于 409.51 克，1 药衡俄磅等于 358.32 克）、"康塔里"（контарь，古罗斯时代质量单位，1 康塔里等于 41 千克）。

表示货币的"阿尔丁"（артин，1 阿尔丁等于 3 戈比）、"戈比"（копейка，辅币名，100 戈比等于 1 卢布）、"卢布"（рубль）、"格罗什"（грош，在古俄罗斯 1657 年至 1838 年，1 格罗什相当于 2 戈比；在 1838 年至 1917 年，1 格罗什相当于半戈比）等。

据本书分析，这一时期进入汉语中的俄源词主要有如下几个特点。（1）从借用规模看，这一时期引进的俄源词数量并不多，有数十个。（2）从借用方式看，这一时期引进的俄源词以音译为主，并且是纯音译占据绝对地位。如将原词"консул"音译为"匡苏勒"，将"изба"音译为"伊兹巴"，将"губернатор"音译为"古比尔纳托尔"等。（3）从借用领域看，这一时期借用的俄源词主要是与贸易有关的俄国独有的各类度量单位及货币名称，部分为与俄特有事物相关的专有名词。（4）从借用渠道看，这一时期引进的俄源词以口语为主。

根据以上分析可知，这一时期汉俄语言接触十分零星且不成规模，体现出临时性和偶然性的特点。正因为如此，这一时期引进的俄源词不仅数量有限，而且借用渠道和方式也十分单一，借用领域也只局限于非常狭窄的经济领域。

第二节　中东铁路修筑时期俄源词的引进

19 世纪末，随着《中俄密约》（1896）的签订，沙俄取得了在中国东北修建中东铁路的特权。中东铁路（俄语为"Китайско-Восточная железная дорога"，简称"КВЖД"）是"中国东方铁路"的简称，亦作"东清铁路""东省铁路"。日俄战争结束后称中东铁路，即中国东省铁路之意。中东铁路为 19 世纪末 20 世纪初沙皇俄国为攫取中国东北资源、称霸远东地区而修建的一条"丁"字形铁路，于 1897 年 8 月开始施工，1903 年 7 月正式通车运营。随着中东铁路的修建，大批俄国铁路工程技术人员、管理人员、工人、护路军官兵涌入我国东北地区，紧随其后的则是来投资经营的俄国商人。他们多分布于中东铁路沿线，特别是哈尔滨、长春、齐齐哈尔、满洲里、海拉尔等开埠通商的地方，大部分人集中于哈尔滨。由此，哈尔滨成为当时中国最大的俄侨聚居中心（马蔚云，2010：42–43）。据《大哈尔滨案内》统计，1918 年，哈尔滨有俄国侨民 60 200 人，1920 年增至 131 073 人，1922 年则增至 155 402 人。据俄罗斯学者统计，1923 年，在哈尔滨定居的俄侨一度多达 20 万人，甚至超过了当地中国居民的人数。到 1928 年，"哈尔滨的俄侨已占哈埠居民总数的 65% 以上"（李德滨，1987：139）。大批俄侨长期侨居哈尔滨，必然给当地带来从器物到精神、从行为方式到价值观念、从文化教育到语言风习等诸多方面广泛而深刻的影响（石方、高凌、刘爽，2003：609）。

一、"哈尔滨汉俄混合语"的形成与汉俄语言接触

这一时期在哈尔滨的俄侨遍布各个领域，工业、商业、金融业、服务业、教育、文学、艺术、出版及印刷业中都有俄侨的身影。随着俄侨社会活动范围的不断扩大，其与当地国人的交往也愈加密切。一开始，俄侨和当地国人之间并没有共同的语言。为了消除和俄侨沟通的语言障碍，哈尔滨人在自己的语言中夹杂音译的俄语，于是在哈尔滨便产生了一种特殊的语言——哈尔滨汉俄混合语（荣洁，2011：97）。这种语言以俄语词汇为主，夹杂少量汉语词汇，其词汇有限，语法简单，只有口语形式，书面语形式只在一些商店的招聘和广告中零星出现。它作为一种特别的交际手段，是中俄跨文化交际的产物（荣洁，1998）。下面这段顺口溜正是 20 世纪二三十年代流行于哈尔滨一带的汉俄混合语，是"地道"的汉俄洋泾浜词汇的真实写照。

哈尔滨一到，说话毛子调儿，握手"拿国姆"，"达拉斯其"好。奶油"斯米旦"，"列巴"大面包，水桶"喂得罗"，"戈兰"拧水到，谢谢"斯巴细"，"把脚抹"走掉。大官"戈比旦"，"木什斗克"叼，旅馆

开"孬门儿"，"玛达姆"卖俏。工人"老脖带"，"咕食"不老好。"骚达子"买货，嗑唧少两毛，鼻溜儿打歪，巴篱子等着。顶好是"上高"，捏肚"哈拉少"（王忠亮，1995）。

瞿秋白先生在 1920 年冬天经过哈尔滨赴苏联考察时，在他的旅途游记《饿乡纪程》中也曾提道："哈尔滨的人上上下下都能讲几句'洋泾浜'的俄国话。"那时候，精通俄语的人固然不少，而只是会应付几句蹩脚俄语的就更多了。人们的日常口语常常掺杂外来语的成分。其中有一些虽然应用范围越来越小，但现在仍然在口头沿袭流传（潘润阁、李激扬，1996：9）。

朱自清先生在 1931 年的《西行通讯》中也留下了一段描写当时哈尔滨语言状况的文字：

这里人大都会说俄国话，即使是卖扫帚的。他们又大都有些外国规矩，如应诺时的"哼哼"，以及保持市街清洁之类。但他们并不矜持于他们的俄国话和外国规矩，也没有卖弄的意思，只看作稀松平常，与别处的"二毛子"大不一样。

从当时留下的顺口溜和两位学者的描述中我们可以隐约感到，在当时的哈尔滨，说汉俄混合语的情况已经十分普遍。事实上，哈尔滨汉俄混合语在当时不仅用于哈埠的中国居民与俄侨之间的跨文化交际，还用于中国居民之间的交际。它被广泛地用于街头交易、服务行业、家庭对话以及各种购物和提供服务的场所（Александровна. О. Е, 2009）。荣洁（1998）在其《中俄跨文化交际中的边缘语》一文中对哈尔滨汉俄混合语的使用范围做了十分详细的分类，大体包括：（1）街道名称，如将俄文命名的"Саманная ул."直呼为"霞曼街"，将"Городок Депо"称为"地堡小市"；（2）教堂名称，如"Соборсвятой Софии"被哈尔滨人称作"圣索菲亚教堂"；（3）食品、烟、酒类的名称，如"马合烟"（махорка）、"毛八谢"（монпасье，一种俄国产的水果糖）；（4）乐器、舞蹈的名称，如"巴扬"（баян）、"华尔兹"（вальс）、"探戈"（танго）；（5）西医、西药的名称，如"安瓶"（ампула）等；（6）日常交际用语，如要想买东西，得去"八杂市儿"（базар），想做买卖就得会讲"卢布力"（рубль）、"戈别卡"（копейка）；管买卖人叫"谷瘪子"（купец），女人们穿"布拉吉"（платье），男人们戴"吉布克"[кепка，（方言）鸭舌帽，便帽]，冬天穿"毡疙瘩"（катанки，谐音别解音译），烟民们抽"木什斗克"（мундштук，烟斗），用"喂得罗"（ведро，打水）等；（7）工厂用语，如"哪掐依克"（начальник，厂长、分厂长）、"麻细儿"（мастер，工段长）、"巴拉窝子"（паровоз，蒸汽机车）、"咋喔特"（завод，工厂）、"瓦罐"（вагон，棚车或放在某处做休息室用的客车车厢）等；（8）詈语，如："鼻溜儿打歪！"（Пилюлидам，错用命令式"давай"，即"揍死你！给你点颜色看看！"）、"基别嘎夫诺留基！"（Тебе гавно люди，你是臭大粪！）、"胡里干"（хулиган，流氓）、"马神克"（мошенник，骗子）、"丘什卡"（чушка，猪崽子）、"杜拉克"（дурак，傻瓜）、"马嘎嘎"（макака，猴子）等（王忠亮，1995）。

　　根据以上分析可知，相比于"恰克图混合语"时期，"哈尔滨汉俄混合语"时期的汉俄语言接触无论在接触强度上还是规模上都有了进一步的发展。由于大批俄侨的涌入，作为中东铁路枢纽的哈尔滨成为新的汉俄语言接触阵地。接触范围也由原先的商业贸易领域进一步扩大到日常生活领域。接触方式也更加多样，既有商业领域的主动接触，也有与俄侨混居带来的被动接触。这个时期的汉俄语言接触还有一个十分突出的特点，就是汉俄语言接触以当时文化程度不高的中东铁路修筑工人为中介。中东铁路修筑时，正值我国的康熙年间，该时期的清政府将东北地区视为龙兴之地，对东北地区实行封禁，禁止山海关以南的汉人进入东北地区打猎、采人参和定居垦荒。同时，筑柳条边以封禁。广袤的东北大地聚集了大量来自山海关内外的"闯关东"流民。哈尔滨是流民北上的必经之地，也是必停之地。沙俄利用流民困难、急于找归宿的心理，廉价招募修建中东铁路的工人。这些工人是哈尔滨汉俄混合语的使用主体，并且随着汉俄混合语使用人数的增多，逐步扩大了其在当地的使用范围。但是总体上看，这一时期的汉俄语言接触依旧是局部的，并且影响范围也十分有限，局限于中东铁路沿线地区。

二、俄源词的引进与特点

中东铁路修筑并全线通车后，不少俄源词随着俄侨大规模迁入和哈尔滨混合语的形成而进入汉语，尤其是哈尔滨方言中。由于俄国人在中东铁路沿线所拥有的特权，俄国文化在这一地区的传播处于十分有利的地位。通过传教、建东正教堂、办报刊、开办学校、建立文化团体和文化设施，俄国文化得到广泛传播。俄国人将其生活习惯带到铁路沿线各地，通过各种途径，或是强制，或是潜移默化地影响了当地的中国人。如俄国人到来后，铁路沿线的农民开始种植俄国人喜爱的西红柿和甘蓝，这些食物也很快为中国人所接受。俄式食品，如面包、香肠、啤酒、糖果、糕点之类，不仅为俄国人所喜爱，也受到中国人的欢迎。也正是在同俄国人的密切交往中，一些俄源词得以进入汉语，并且有些至今还在流行（吴振刚，1998）。这一时期引进的俄源词大体说来可以分为如下几类。

（1）与俄侨饮食习惯相关的饮食类俄源词，如"列巴"（хлеб，面包）、"西米旦"（сметана，酸奶酪）、"布乍"（Буза，俄国人喜欢喝的一种用小米、荞麦配制的酒）、"彼瓦"（也作"毕威"，пиво，啤酒）、"毛八谢"（монпасье，水果糖）、"苏合力"（сухарь，面包干）、"斜么子儿"（семечки，葵花子儿）、"苏波汤"（суп，一种用肉、洋白菜、西红柿等做的西式肉菜汤）、"马林果"（малина）、"玛组卡饼"（мазурка）、"博尔食汤"（又名"红菜汤"，борщ）、"马合烟（махорка）等在当时是十分常见的词汇。而且，俄侨吃饭时说的 кушать，也被中国人译成"咕食"进入了哈尔滨汉俄混合语中（马娜，2013）。

（2）与俄侨日常生活相关的俄源词，如："布拉吉"（платье）、"喂得罗"（ведро，一种上大下小的镀锌铁皮桶）、"波金克"（ботинка，指半高腰的皮鞋）、"克罗斯"（калошка，里面可以穿皮鞋的，下雨天穿的套鞋）、"拦包"（лампа，灯泡）、"戈兰"（кран，自来水龙头）、"木式斗克"（мундштук，烟斗）、"马神"（машина，机器）、"嘎斯"（газ，乙炔气）、"巴拉窝子"（паровоз，火车头）、"壁里砌"（печь，带火墙的炉子）、"笆篱子"（полиция，警察局、监狱）、"八杂市儿"（базар，市场）、"瓦罐车"（вагон，特指火车中的客车）、"巴扬琴"（баян，俄罗斯手风琴）等词带着浓厚的东北方言色彩，成功跻身当时哈尔滨人的语言生活中。

俄侨在将其生活习惯带到中东铁路沿线之际，还利用其宗主权在经济领域对我国的东北地区强制性地施加影响，如质量单位使用"普特"，长度单位使用"沙绳""阿尔申"等。这一时期，俄国的卢布成了市面流通的硬货币，不仅铁路员工的工资用卢布支付，甚至旅客购买车票、支付运费亦需要使用卢布，商人交易也往往使用卢布（郭蕴深，1994）。因此，"卢布""戈比""西伯利亚临时帖子""克伦斯基票""霍尔瓦特票""罗曼诺夫票"等都曾在哈尔滨成为司空见惯的词汇。

此外，俄侨还把他们信仰的宗教也带到了哈尔滨，由此构成其生活方式中特殊而重要的一项内容。一些与其宗教信仰有关的词汇也进入了当时的汉语，如"东正教"、"巴斯赫"（逾越节、复活节）、"莫罗勘教"、"巴吉斯特教"、"圣索菲亚教堂"、"圣古拉教堂"等与宗教、教堂相关的名称。还有如"利图尔吉亚"（一种祈神保佑的宗教仪式）一类的宗教仪式名也一同进入汉语中（张绥，1986：195）。

此外，还有一些店铺街道的名称也呈现出十分浓厚的俄源色彩。俄国人常以街路居住人的籍贯或其他一些特征来给街路命名，如高加索街（今道里西三道街）、华沙街（今道里安平街）、阿尔巴津街（今道里安发街）、布里亚特街（今道里安达街）等。另外，以居住者身份命名亦是俄侨命名街路的一种方式，如炮队街（今道里通江街）、哥萨克街（今道里高谊街）、莫斯科兵营街（今道里兵马街）等街路名称的缘起，均与中东铁路护路队及1900年俄军萨哈罗夫救援哈尔滨兵团驻扎营地有关。另如取俄语"Базар"（意为集市、闹市）音译"八杂市"命名的"新八杂市"（今南岗南市街），取俄语"Депо"（意为车辆汇集、检修的地方）音译"地包"命名的"地包头道街"（今道里地锦街）、"地包二道街"（今道里地节街）等，因东正教阿列克赛耶夫教堂的建立而命名的教堂街"（今南岗革新街）等均呈现出浓厚的俄源色彩（石方、高凌、刘爽，2003：579）。

还需要指出的是，中东铁路的修筑为马克思主义在中国的传播创造了历史条件。一般认为，1917年俄国十月革命后，马克思主义才真正开始在中国传播。实际上，早在 19 世纪末 20 世纪初，随着中东铁路的修筑，不少俄国布尔什维克党人就进入哈尔滨及中东铁路沿线一带，该地带是我国接受马克思主义思想最早的地区。由此，马克思主义和共产主义思想、民主和平等观念在当时中东铁路沿线的中国工人和少数知识分子中间传播开来（马蔚云，2010：52）。根据我们对"晚清、民国期刊全文数据库"的检索情况来看，诸如"无政府主义""沙皇""唯物史观""殖民主义""共产主义""托尔斯泰主义"等社会政治领域的词均在俄国十月革命前就已经出现在了汉语中，本书推测，这些词语很有可能是中东铁路修筑时期随着中东铁路的延伸进入汉语中的。

综合看来，这一时期引进的俄源词主要有如下特点。

（1）引进数量多、涉及范围广。和前一时期相比，中东铁路修筑时期引进的俄源词不仅数量更多，涉及范围更是进一步扩大，既有商业领域的诸如"西伯利亚临时帖子""克伦斯基票""霍尔瓦特票"等，又有日常生活领域的"列巴""布拉吉""格瓦斯""戈兰""嘎斯""拦包"等，还有宗教领域的"巴斯赫""莫罗勘派""巴吉斯特教派""圣索菲亚教堂"等，更有不少街道和店铺名称也采用俄文音译命名。

（2）语音本土化，随意吞噬音节，体现浓厚的东北方言色彩。如果我们将这些经由哈尔滨汉俄混合语进入汉语中的俄源词与其俄语原词进行对比，就会发现这些俄源词在语音上突出地表现出浓厚的东北方言色彩。这是这一时期引进俄源词的一个重要特点。如东北方言常常是"萨""沙"不分，因此俄语中的"союз"被音译为"沙油子"（〈方言〉工会），"сайка"被音译为"沙一克"（一种橄榄形咸面包），"самавор"被音译为"沙莫瓦尔"（俄式茶炊）等（王恩圩，1987），这均是将俄语原词中的 c[s]，按照东北方言的发音习惯音译成 [ş]。此外，随意吞噬音节也是这一时期引进俄源词的一个十分突出的特点。如"戈比"一词若根据俄语原词"копейка"逐音节转译，应是"戈比卡"，"卢布"（рубль）则应是"卢布利"，"布拉吉"（платье）则应是"布拉吉耶"。这些词的词尾均被吞噬了，这正是口口相传所造成的。

（3）音译为主，择字充满创造性。本书通过对这一时期俄源词的整理和分析发现，这一时期引进的俄源词依旧是音译方式占了绝大多数。不过同前一时期相比，这一时期的音译词在择字方面更具创造性。如将俄文"плита"（搭砌在墙里供取暖用的炉子）音译为"壁里搭"，将俄文"мадам"（太太、夫人）音译为"马大妈"，这种谐音显示出我国人民群众丰富的想象力、智慧和幽默感，激发人们对外源词含义的联想，使之易学易懂。但是有一些俄源词因为人们在择字创造性方面发挥得太过，出现了择字不考究的现象。如将俄文的"плохо"（不好的、坏的）音译为"不老好"，还有一些音译则是为了谐音牵强附会，甚至个别词粗俗难听，难登大雅之堂，如将俄文"ведро"（口大底小的铅桶）音译为"歪打锣"，将"лапша"（面条）音译为"拉不下"，将"воскресенье"（星期日）音译为"袜子搁在鞋子里"，将"до свидания"音译为"打死，位打你呀"，将"капитан"（上尉、军官）音译为"狗皮蛋"，将"солдат"音译为"骚达子"等。这样一来，就在无形之中造成了对俄语原词词义的偏离。

（4）借用情形中增加了替换性借用。从本书对这一时期引进的俄源词进行分析的情况来看，这一时期虽然依旧以引进表示俄特有事物的文化词为主，呈现出互补性借用为主的情况，如"苏波汤""马林果""马合烟"等的借用都属于此类，但是这一时期也出现了少量替换性借用的情况，如用"笆篱子"替换汉语固有词"监狱"，用"八杂市儿"替换汉语固有词"市场"等。

本书认为，这一时期引进的俄源词呈现出的这些特点与这一时期汉俄语言接触的特点不无关系。第一，从汉俄语言接触的规模和强度来看，相比于"恰克图混合语"时期的汉俄语言接触，这一时期引进的俄源词不仅数量更多，而且涉及的范围更广，集中体现为日常生活领域的俄源词急剧增加，甚至出现了用俄语音译命名街道、店铺的情况。这与这一时期俄侨大规模涌入我国哈尔滨地区，客观上形成汉俄杂居的局面有直接关系。第二，由于这一时期汉俄语言接触的范围主要是中东铁路沿线，并且集中体现在与俄侨密切接触的哈尔滨，这一时期引进的俄源词也就在语音上更多地体现出东北方言色彩。第三，这一时期汉俄语言接触的主体主要为参与修筑中东铁路的工人。工人受自身文化水平所限，对于这些新出现的俄语采用最直接、原始的音译无疑是最方便的，因而这一时期的俄源词更多地体现出音译特点。又由于其自身文化素养所限，其在介绍或者说引进俄源词时往往根据自己有限的语音、词汇知识对这些陌生的俄源词进行理解，因而出现了上文中个别音译词粗俗难听、难登大雅之堂的情况。第四，这一时期增加的替换性借用情况，与汉俄杂居环境下当地居民与俄侨交往十分频繁，汉俄语言接触程度加深关系密切。

第三节 "五四"至解放前时期俄源词的引进

"五四"至解放前这段时期，给汉语的发展打上了深深的时代烙印。在这期间，激烈的社会动荡、变幻的文化思潮，伴随着大量翻译作品的出现，使得汉语必须有大量的新词汇来应对不断涌现的新事物，于是人们引进了相当数量的外源词，同时也依照新义创造了大量的新词。而随着 1917 年俄国十月革命的胜利和马克思主义在中国的传播，俄苏作品的译介更是在这一时期占据了举足轻重的地位。

一、大批俄苏译著出版发行与汉俄语言接触

外源词的历史是与翻译史相行并进的。一个民族有多长的翻译史就有多久的外源词历史。由于汉语与世界其他语言文字之间的差距很大，其在口头语和书面语上吸收外源词有一定的难度，因此，从古至今，汉语外源词的引进方式都以翻译转写为主（朱一凡，2011：1）。1917 年俄国十月革命的胜利使中国人民看到了新的希望，找到了一条救国新路，开始以俄为师。而尽可能多地了解俄国相关情况，最便捷的方式便是译介俄苏作品，因此，这一时期掀起了译介俄苏作品的风潮。

《新青年》从 1920 年起，就开辟了"俄罗斯研究"专栏，从第一卷第一期起就刊载了俄国现实主义作家屠格涅夫的《春潮》和《初恋》（陈暇译，王克非，1997：189），以俄为师的大幕就此拉开。据《中国新文学大系·史料·索引》统计，1917—1927 年国内出版翻译的近 200 种外国文学著作中，俄罗斯文学著作有 65 种，大幅超过了其他国家的文学著作。1928—1937 年，俄罗斯文学著作的译介保持了良好的发展势头，10 年所出版的新译著作达 140 种。随着中国革命形势的不断变化，这一时期俄罗斯文学著作的翻译和出版逐渐由俄罗斯古典

文学著作向苏联文学著作过渡，苏联文学著作开始在中国得到广泛传播（王国庆、宋媛，2016）。仅据《中国现代文学大系（1927—1937）·史料·索引二》粗略统计，这一时期翻译的俄苏中长篇小说就有 120 部左右（同一作者，不同译著的也算在内），其中苏联中长篇小说约占二分之一。有的作品还有好几个译本。（文记东，2009）从 1941 年到 1949 年，时代出版社共计出版 168 种，合计 379 650 册苏联文艺理论和文艺作品（王国庆、宋媛，2016）。

　　到了抗战时期，译介苏联文学作品更是备受重视，被视为可以直接为抗日战争和解放战争服务，俄苏文学的汉译出现了新的热潮。一批著名的翻译家如耿济之、姜椿芳、梅益、俞荻、董秋斯、林淡秋、胡仲持等翻译了大批优秀的俄苏文艺作品，如《卡拉马佐夫兄弟》《索溪》《时间呀，前进！》《被开垦的处女地》《钢铁是怎样炼成的》《小金牛》《孤独》《小夏伯阳》等。苏联文艺作品成为进步文化人士用作抵制日伪奴化教育、汉奸文学的有力武器（李随安，2003：14）。这一时期，俄苏作品译介的中心，从地域上可划分为三大块：解放区、国统区、沦陷区。其中延安、重庆、上海是中苏文化交流的三个中心。延安的报刊对苏联文艺作品多有刊载。这些报刊中首推中共中央机关报——《解放日报》，该报从 1941 年到 1946 年共登载了 180 篇左右的俄苏文艺作品、文艺评论、政论等（李随安，2003：10–11）。

　　这一时期除了大批俄苏文学作品被译介，与无产阶级革命相关的马列主义著作译介更是蔚然成风。中国共产党早期革命家瞿秋白、李大钊、蒋光慈等十分积极地译介俄苏著作，以期从中寻找马克思主义思想和理论的源泉（陈建华，1998：66）。1918 年夏，孙中山曾致电列宁和苏维埃政府，祝贺俄国十月革命胜利，并指出："因为有了俄国革命，世界人类便生出一个大希望。"据统计，从 1917 年俄国十月革命到 1921 年中国共产党成立，我国共译载《伟大的创举》等列宁著作数十余种。在第二次国内革命战争时期，中央苏区和国民党统治区翻译出版了《共产主义运动中的"左派"幼稚病》《二月革命到十月革命》《论国家》等列宁著作 40 余种（臧仲伦，1991：73–79）。此外，还有一些重要的苏联无产阶级文论开始通过刊物的译介传入中国，如卢那察尔斯基的《唯物论者的文化观》《艺术是怎样产生的》《艺术之社会的基础》《现代资产阶级的艺术》，列宁的《致阿·马·高尔基》，普列汉诺夫的《无产阶级运动和资产阶级艺术》，弗里契的《艺术社会学》，高尔基的《高尔基对布洛克的批评》等。这种情形显然与苏联十月革命后无产阶级的国际地位提高有关，也与中国共产党领导的革命斗争影响急剧扩大密切相关（孙霞、陈国恩，2008）。

根据以上分析可以看出，同前两个时期相比，这一时期汉俄语言接触的突出特点是以间接的书面语接触为主，并且由于报刊等纸质媒体的兴起，汉俄语言接触突破了地域的局限，范围逐渐扩大。由于十月革命胜利的影响，承载俄苏文化的俄语更是处于优势地位，因此，这一时期汉俄语言接触的方向依旧是俄语影响汉语，而且是更为深远地影响汉语。这突出表现在，俄语不仅通过俄苏作品译介向汉语输出了更多词汇，而且对汉语的句法层面也产生了影响，比如俄语"长句子"的表达方式对汉语句子的加长起到了进一步的促进作用。对比关系句式"如果……那么……"、形容词最高级外延扩大化句式"最……之一"、程度结果关系句式"如此……以至……"等汉语欧化句式也主要是受俄语的影响而产生（徐来娣，2007：118）。

二、俄源词的引进与特点

"五四"至解放前这段时期是汉语词汇的大转变时期，在文化融合和语言接触的社会大背景之下，批量引进外源词是造成这一时期词汇大变革的重要原因。古今中外各种文化的交流与碰撞，各种社会思潮的激荡与更迭，为现代汉语的最终形成提供了社会基础，这一时期也由此成为现代汉语的开端。而俄源词批量进入汉语也正是从这一时期开始的。鉴于这一时期俄源词引进主要以书面翻译为主渠道，本书将以俄源词在"晚清、民国期刊全文数据库""BCC语料库"中出现的年份为参考，大体对这一时期出现在汉语中的俄源词进行界定。"晚清、民国期刊全文数据库"主要包括"晚清期刊全文数据库"（1833—1911）和"民国时期期刊全文数据库"（1911—1949）（以下简称"民国数据库"）。该数据库是由上海图书馆（上海科学技术情报研究所）编辑部制作并推出的数字化产品，收录从1833年至1911年出版的期刊300余种，从1911年至1949年出版的期刊25 000余种，文献一千多万篇，涵盖了这一时期出版的绝大部分期刊，集中反映了这期间政治、军事、外交、经济、教育、思想文化、宗教等各方面的内容（上海科学技术情报研究所，2015）。通过对其的相关限定检索，可以了解俄源词在 1833 年至 1949 年这段时间的使用情况。"BCC 语料库"是由北京语言大学语料库中心（BCC）开发的以汉语为主、兼有其他语种的大规模在线语料库（荀恩东等，2016），通过对其的历时检索可以了解俄源词在 1946 年至 2015 年在报刊中的使用情况。这两个大型数据库的资源和强大的历时检索功能，可以为本书研究俄源词在汉语中的最早出现时间提供更客观的参考。因此，本书所界定的"五四"至解放前期进入汉语中的俄源词，主要是这两个数据库中最早用例出现在 1919 年至 1949 年这段时间的俄源词。

据本书分析，"五四"至解放前期引进的俄源词总体上呈现出如下特点。

（1）集中分布于社会政治领域。从我们对这一时期俄源词的分析情况来看，社会政治领域引进的俄源词占了绝大多数。如"苏维埃"（意为代表会议，特指工农兵代表会议，苏联的国家权力机关）、"布尔什维克"（①意即多数派，1903 年俄国社会民主工党第二次代表大会召开期间，在投票选举党中央机关时，列宁的拥护者获得了多数票，称布尔什维克；②共产党人的代称）、"孟什维克"（意即少数派，是俄国社会民主工党内反对列宁建党路线的机会主义派别）、"普罗列塔利亚特"（无产阶级）、"杜马"（国家议会）、"格别乌"（国家政治保安局，1922 年成立的承继全俄肃反委员会工作的苏维埃政权惩罚和侦查机关）、"多数主义"、"法西斯主义"、"历史唯物主义"、"辩证唯物主义"、"殖民主义"、"十月革命"、"新经济政策"、"五年计划"、"达瓦里希"（同志）、"专门化"、"专业"、"自我批评"、"自由竞争"、"组织性"、"暗害分子"、"富农"、"工农通讯员"、"工人反对派"、"共产主义教育"、"高士泼林"（苏联国家计划委员会）、"官僚主义"、"关门主义"、"国家计划委员会"、"国有化"、"取消派"、"平均主义"、"取消主义"、"配给制"、"票证供应制"、"阿克梅派"（高峰派、高峰派主义、阿克梅主义）、"半孟什维克集团"、"半民族主义者"、"半社会主义"、"崩得分子"、"苏联"、"拉布分子"（列宁对英国工党党员的称呼）、"里加博物馆"、"布尔什维主义"、"罗曼诺夫王朝"、"康民团"（又译作"赤色国际"）、"普罗奋团"（"赤色职工国际"的略称译名）、"斯巴达克派"、"塔斯社"、"托匪"、"司徒卢威派"、"克雷斯丁团"（又译作"赤色农民国际""农民国际"）、"全民所有制"、"克鲁泡特金主义"、"剪刀恐慌"（苏俄在行新经济政策之初因城市食粮缺乏，农产物价格比战前腾贵，工业品价格却下跌。到 1922 年 8 月，这种情形完全改变，即工业品价格腾贵，农产物价格反而下跌。这种农产物与工业品价格不平衡的状态，就称为"剪刀恐慌"）等百余个词或词组在这一时期大规模涌入汉语。

（2）专有名词开始成批进入汉语。这一时期很多有影响力的俄苏名人称呼和特有事物的名称开始随着俄苏作品的译介进入我国大众视野。如"安德列耶夫"①"爱罗先柯"②"保尔－柯察金"③"德波林"④"丹娘"⑤"客里空"⑥"克鲁泡特金"⑦"巴甫洛夫"⑧"法捷耶夫"⑨"门捷列夫"⑩"米丘林"⑪"马尼洛夫"⑫"乌里扬诺

---

① 俄国著名作家，写有《省长》《饥饿之王》等。他在俄国戏剧创作中是象征主义的典型代表。源俄 "Андреев Леонид Николаевич" （1871—1919）（《汉语外来语词典》1990：23）。

② 俄国眼盲诗人，曾以世界语和日语写过童话多种，1921 年从日本来中国，在北京大学教授世界语。源俄 "ерошенко" （《汉语外来语词典》1990：18）。

③ 苏联作家奥斯特洛夫斯基名作《钢铁是怎样炼成的》中的主人公，20 世纪 50 年代中国青年心目中的英雄人物学习榜样。源俄 "Павел Корчагин" （《源于俄语的汉语外来词》1987：92）。

④ 苏联哲学家，德波林学派的创始人。他的唯心主义学说曾在苏联造成很大的混乱，对我国也曾带来极坏的影响。源俄 "Деборин Абрам" （1881—1963）（《汉语外来语词典》1990：85）。

⑤ 苏联卫国战争中的一位女英雄，共青团员。1941 年 6 月参加游击队，被德国法西斯绞死，后被追认为 "苏联英雄"。源俄 "Таня" （《汉语外来语词典》1990：83）。

⑥ 苏联戏剧《前线》中一个捕风捉影、捏造事实的新闻记者。新闻界用来指新闻报道中不尊重事实的坏作风。泛指生活中无中生有的现象。源俄 "крикун" （《汉语外来语词典》1984：189）。

⑦ 俄国著名无政府主义理论家，提倡互助论，又作 "克鲁巴金"。源俄 "Коропоткин Пётр Алексеевич" （1842—1921）（《汉语外来语词典》1990：196）。

⑧ 俄国著名生理学家，曾根据实际经验建立条件反射和第一、第二信号系统等关于高级神经活动的学说，称为巴甫洛夫学说。巴甫洛夫学说在医学和心理学等方面很有价值。源俄 "Павлов Иван Петрович" （1849—1936）（《汉语外来语词典》1990：33）。

⑨ 苏联著名小说家，主要作品有《毁灭》《青年近卫军》等，曾获得斯大林奖金和两枚列宁勋章。源俄 "Фадеев Александр Александрович" （《汉语外来语词典》1990：107）。

⑩ 俄国著名化学家，于 1869 年发现化学元素周期律，并把它绘成化学元素周期表，为全世界所应用。源俄 "Мендерев Дмтрий Иванович" （1834—1907）（《汉语外来语词典》1990：249）。

⑪ 苏联生物学家，曾创立一种遗传学说，认为生物体和生活条件是辩证统一的，改变生活条件可以改变生物遗传性，创造新类型，获得性也是可以遗传的。源俄 "Мичурин Иван Владимирович" （1855—1935）（《汉语外来语词典》1990：254）。

⑫ 俄国作家果戈理所著小说《死魂灵》中的一个人物。他是一个多愁善感、游手好闲的地主，对人阿谀逢迎，喜爱吹牛拍马，总是痴心妄想，不切实际。后来人们就把这种性格叫作马尼洛夫精神。源俄 "Манилов" （《汉语外来语词典》1990：238）。

夫"①"肖洛霍夫"②"托尔斯泰"③"屠格涅夫"④"契诃夫"⑤"普列汉诺夫"⑥ 等人名，"苏联""阿布哈兹""吉尔吉斯斯坦""乌克兰""土库曼斯坦"等国名，"阿依尔""布哈拉""鄂木斯克""费尔干纳""伏尔加格勒""堪察加""克里木""萨哈林""诺物哥罗特""斯坦尼茨""托克马克"等地名都是这一时期引进汉语的。

（3）音译词音节随意吞噬现象减少，择字更为考究。例如，当我们提到苏联共产党党史时，称列宁的多数派为"布尔什维克"，他们的主张、策略、思想体系为"布尔什维主义"，而称少数派为"孟什维克"，其思想体系为"孟什维主义"。这里不难看出，当谈到人的时候，有"克"字，当谈到思想体系的时候，"克"字不再出现，而加上"主义"。这与原俄语词在语音、构词方面协调一致。此外，经笔头借入词汇时，对择字十分谨慎，能音义结合的，努力结合，但决不牵强附会。这方面有些成功的范例，如"拖拉机"——既能拖又能拉的机器，"客里空"——本应客观报道，却违背事实，指说空话、假话的作风。如果难于音义结合，就只好音译，但要注意不造成与其他汉语词谐音，避免引起混乱（王恩圩，1987）。

（4）多种形式并存情况突出。本书在对这一时期俄源词进行分析的过程中还发现，这一时期同一原词出现多种形式汉译的情况比较突出。既有多种音

---

① 列宁的本名，常用来指列宁。源俄 "Ульянов"（《汉语外来语词典》1990：387）。

② 苏联著名作家，主要著作有《静静的顿河》《被开垦的处女地》《他们为祖国而战》等。源俄 "Шолохов Михаил Александрович"（1905—1943）（《汉语外来语词典》1990：4）。

③ 俄国著名批判现实主义作家，写有《战争与和平》《安娜·卡列尼娜》《复活》等长篇小说。他早期比较激进，对一切国家制度、教会制度、社会制度和经济制度都予以激烈的批判，晚年却极力鼓吹"不用暴力抵抗邪恶"。源俄 "Толстой Лев Николаевич"（1828—1910）（《汉语外来语词典》1990：373）。

④ 俄国著名小说家，写有《猎人笔记》《罗亭》《前夜》《父与子》等。源俄 "Тургенев Иван Сергеевич"（1818—1883）（《汉语外来语词典》1990：370）。

⑤ 俄国著名作家，作品有小说《小公务员之死》《套中人》等，以幽默的笔调讽刺了公务人员和知识分子的粗暴行为与庸俗作风，还有剧本《海鸥》《三姐妹》《樱桃园》等，描写俄国现实生活的黑暗面。他是俄国批判现实主义作家的杰出代表。源俄 "Чехов Антон Павлович"（1860—1904）（《汉语外来语词典》1990：312）。

⑥ 俄国社会活动家，对马克思主义在俄国的传播起过一定的作用，后变成孟什维克社会沙文主义者，最后彻底背叛马克思主义。源俄 "Плеханов Георгий Валентинович"（1856—1918）（《汉语外来语词典》1990：307）。

译形式并存的情况，如俄语原词"большвик"被同时译为"鲍尔雪维克""鲍尔札维克""布尔塞维克""布尔什维克"等多种形式，俄语原词"катюша"被译为"喀秋莎""喀秋沙""卡秋霞""卡秋莎"等多种形式，俄语原词"Бунд"被译为"崩得""班得"，俄语原词"ГПУ"被译为"格别乌""戒白伍"，等等。还有音译与意译形式并存的情况，如俄语原词"комиссар"有音译"康密沙"和意译"政治委员"两种形式，俄语原词"царь"有"沙尔""扎尔""沙皇"三种形式，俄语原词"меньшевик"有"孟什维克""门塞维克""少数派"三种形式，俄语原词"колхоз"有"科尔火支""科尔火支集体农庄""协同经营""集体农场""集体农庄"等多种形式。

（5）意译的情况十分普遍。这一时期意译的俄源词突出表现为多利用汉字的基本意思选择更接近原词意义的汉字进行组合，旧瓶装新酒，具有无限的再造力。如将"пионерский отряд"意译为"少年先锋队"，简称"少先队"，从字面便能推断出其基本内涵。将"специалист"意译为"专家"，即专业的行家。

（6）引进数量多，涉及范围广，流通范围大。经本书初步估算，这一时期引进的俄源词数量在几百个以上，除社会政治领域的词语和专有名词外，还有军事领域的："红军""工农联盟""赤色少年团""突击队""白匪""白军""白色暴动""白卫分子""边防军""白卫政府""不可战胜的""赤卫队""火箭炮""喀秋莎""工农兵""红海军""阿芙乐尔号巡洋舰"[①]等；农业领域的："康拜因""拖拉机"等；日常生活领域的："托儿所""保育院""街区"等；教育领域的："专业""文化宫""冬令营""课间操""墙报""少先队""帕西林果阿"（一种人造国际辅助语）、"印贴利更追亚"（知识分子）等；文学艺术领域的："标准语""套中人""虚无主义"；等等。多领域的俄源词进入了汉语。而且随着这一时期报纸、杂志等纸质媒体的兴起和繁荣，其流通范围更是突破了前两个时期的地域限制，逐渐向全国扩散。

这一时期引进的俄源词之所以会呈现出这些特点，与这一时期的汉俄语言接触情况密切相关。（1）从这一时期汉俄语言接触的范围来看，报纸、杂志等

---

① 俄罗斯波罗海舰队的一艘巡洋舰，起义参加十月革命，1917 年 11 月 7 日，向冬宫发出了进攻的第一炮。源俄"крейсер Аврора"。

新兴纸质媒体的出现，为汉俄语言接触由直接的口头接触转向间接的书面语接触提供了更为便利的条件，加之书面语不受时空限制等诸多优点，也就促成了汉俄语言接触范围的进一步扩大。随着汉俄语言接触范围的不断扩大，汉语从俄语中引进俄源词也就变得更加便利，并且随着纸媒的扩散，俄源词不断获得在汉语中出现的机会，从而也扩大了其自身的流通范围。（2）从这一时期汉俄语言接触的载体来看，俄苏译介作品是这一时期汉俄语言接触的载体，而这一时期译介的俄苏作品主要为文学作品和无产阶级文论及马列主义著作。这些译著是为了满足我国民众在当时以俄为师、寻求救亡图存的基本诉求而产生的。结合这样的社会背景，我们就不难理解这一时期为什么会引进大量的社会政治领域俄源词。这些俄源词在向我国民众传达新事物、新概念的同时，也为汉语带来了更多新鲜的补给。而批量表示人名、地名、国家名的专有名词也正是随着俄苏文学作品的批量译介而产生的。（3）从这一时期汉俄语言接触的主体来看，"五四"时期汉俄语言接触的主体主要为耿济之、姜椿芳、梅益、俞荻、董秋斯、林淡秋、胡仲持等一大批具有较高文化水平和文学造诣的文学家、翻译家。他们不仅精通俄语，而且在汉语上的造诣在当时更是首屈一指，因而这一时期俄源词的引进更多地体现为意译。即便是音译，也更多地体现出与原词语音最大程度的贴合。这一时期俄源词出现多种形式的情况则与"五四"时期汉俄语言接触主体数量多、缺乏统一的中文译写规范有关。

第四节　中苏友好时期汉俄语言接触与俄源词的引进

这里所说的中苏友好时期，主要是指1949年中华人民共和国成立到1960年中苏决裂这段时间。1949年10月1日，中华人民共和国宣告成立，第二天苏联政府即致电表示承认，双方决定建立外交关系并互派大使，与此同时，苏联政府还发出照会，宣布断绝同国民党政府的外交关系，从此中苏关系又进入了一个新时期。中华人民共和国的成立使中国历史进入了一个崭新的阶段，社会性质发生了根本性的变化，随着这一社会变革以及中华人民共和国的发展，汉语的语音、语法，尤其是词汇发生了显著的变化，新的词语大量涌现，一些旧的词语逐渐衰亡，许多词语词义发生演变（郭伏良，2001：6）。这一时期，由于以美国为首的资本主义国家对中国实行封锁政策，以及我国实行独立自主、自力更生的方针，使得汉语从西方语言特别是从英语吸收外源词的机会和数量比起新中国成立前大大减少。由于意识形态的原因，俄语是当时我国能接触到的唯一外语。在自上而下全面学习苏联的大背景下，驻苏留学生的大量派遣、苏联专家的大批援华以及各行业领域多照搬苏联模式，使得俄语成为汉语吸收外源词的主要来源，特别表现在有关生产、技术、科学、文化、管理体制等方面的词语大量借自俄语（郭伏良，2001：29-30）。

一、自上而下的"苏联热"与汉俄语言接触

新中国成立之初，毛泽东等党和国家领导人就大力倡导向苏联学习。在1953年2月全国政协一届四次会议闭幕会上，毛泽东呼吁"我们要进行伟大的国家建设，我们面前的工作是艰苦的，我们的经验是不够的，因此，要认真学习苏联的先进经验。无论共产党内、共产党外、老干部、新干部、技术人员、知识分子以及工人群众和农民群众，都必须诚心诚意地向苏联学习。我们不仅要学习马克思、恩格斯、列宁、斯大林的理论，而且要学习苏联先进的科学技术。我们要在全国范围内掀起学习苏联的高潮，来建设我们的国家"（毛泽东，1990）。这样一来，全国就开启了全面学习苏联先进经验的群众运动，也由此拉开了一场轰轰烈烈的、自上而下的"苏联热"的序幕。这主要体现在如下几个方面。

（一）社会政治领域的"苏联热"

1. 成批苏联专家来华

新中国成立后，我国的科技人才，特别是高级技术人才奇缺。到1952年，中国科学院所属机构也只有研究人员7200多人。当时，很多事关国家建设的重点工程，由于技术复杂，需要大批高级专业的技术人才。而单单实施第一个五年计划，全国国民经济各部门就急需补充专门人才100万、熟练工人100万，其中仅工业和交通运输业就需要增加技术人员39.5万（中华人民共和国教育部，1999）。在这种情况下，向苏联派遣留学生，聘请苏联专家来华，以解决国内人

才不足的问题，就显得尤为重要。

事实上，苏联专家来华早在新中国成立之前就开始了。1948 年夏，当时中国革命胜利的大局已定，苏联应毛泽东的要求，派遣铁路专家技术小组到东北帮助修复被内战破坏的铁路。这个铁路专家组包括抢修铁路的工程师 50 名、技师 52 名，另有技术人员和熟练工人 220 名（鲍里索夫，1982：26）。在修复东北铁路桥梁的过程中，苏联专家还对新组建的人民解放军铁道兵部队进行了培训，仅 1948 年夏季，就为中国培训了各类专家和技术人员 4 600 多名。1949 年 8 月，苏联又应中共中央的要求，派遣约 250 名苏联专家随刘少奇访苏回国来到中国，帮助中国恢复生产和建立国家管理机构（鲍里索夫，1982：47）。据沈志华先生估算，从 1949 年 8 月到 1954 年 10 月赫鲁晓夫访华的五年时间，来到中国的苏联专家和顾问总共有 5000 多人（沈志华，2003：58）。苏联专家以丰富的经验和先进的技术对中国政治、经济、军事、文化等各方面的发展发挥了举足轻重的作用。

2. 留学苏联的热潮

为了解决新中国成立初期科技人才严重缺乏的问题，除了聘请苏联专家来华外，派遣留学生去苏联学习也是一条十分重要的路径。1951 年夏，毛泽东根据周恩来的建议向斯大林提出，为了适应大规模经济建设的需要，希望苏联为中国培养技术人才，并提出中国准备派遣 375 名学生和 88 名干部赴苏学习和实习的建议（中共中央文献研究室等，1997：165）。这年 8 月 19 日，首批 375 名留苏生启程，其中有研究生 136 名（中华人民共和国教育部，1999：45）。从此，留学苏联成为 20 世纪 50 年代出国留学的主流，形成了 20 世纪 50 年代的"留苏热"。

在新中国成立后的三年时间里，中国共向苏联派出留学生 1178 名。1951 年和 1952 年以在职机关干部为主体，1953 年以高中毕业生和大学生为主体，其中党、团员占 90% 以上（李涛，2006：58）。

据统计，1950—1960 年，苏联共接收 38 000 多名前去学习或实习的中国公民，1949—1966 年，苏联的学院和研究机构共培养中国大学生、研究生和实习生 11 000 多人（沈志华，2003：405）。

据苏方统计，1951—1965 年，在苏联学习的中国人员中有 1.8 万多名技术工人、1.1 万名各类留学生、900 多名中国科学院各研究所的科学家和按科技合作合同在苏联了解技术成就及生产经验的 1500 名工程师。三者相加，20 世纪50—60 年代，即"冷战"期间的 15 年里，中国公民在苏联学习的人数可能达到3 万左右（鲍里索夫，1982 : 152）。

（二）教育领域的"苏联热"

1. 学习苏联教育体系

新中国成立后，在全国自上而下学习苏联的大背景下，教育界也开始学习苏联更为先进的教育体系。当时最先开始相关工作的是东北老解放区。东北人民政府教育部组织力量编译苏联十年制中学教科书，并从初中一、二年级开始逐步采用，不仅学习其教学、管理方法，连学生成绩的评分也由百分制改为苏联习惯用的五级分制。这些活动随后逐步在全国各地展开，经验也在全国各地传播。为了学习和引进苏联高等教育的经验，1949 年 12 月 16 日，中国政府决定成立中国人民大学，并聘请苏联教授讲学，还规定其教育方针为"教学与实际联系，苏联经验与中国情况相结合"。此后，中国人民大学及当时仍由中苏共管和由苏联教授主教的哈尔滨工业大学，就成为中国高校学习和模仿苏联高校的楷模（新中国对外文化交流史略编委会等，1999 : 436）。

在全面学习苏联教育的过程中，通过大规模、全方位地聘请苏联顾问和专家来华，将苏联的教育制度、经验、方法、技术等引进中国是学习苏联经验的最好办法。从 1949 年到 1960 年，中国先后聘请了 848 名苏联顾问及专家在教育行政部门和高等学校、中等技术学校工作。新中国成立后 8 年，在高校任教的苏联专家为中国讲授课程 1197 门，编写教材 685 种，建立实验室、实习工厂676 个，培养研究生 3600 多人，培养青年教师 3200 多人。1949—1959 年的 10年时间里，苏联专家帮助我国培养教师、研究生共 14 132 人，其中多数人后来成为中国高等学校的教学、科研骨干；苏联专家亲自讲授的课程 1327 门，指导中国教师讲授的课程 635 门。这些专家为中国教育事业的发展做出了积极的贡献，他们的工作对当时乃至以后很长一段时间的中国教育都产生了深远的影响。

在苏联专家的帮助下，以苏联的高等教育制度为蓝本，中国对高等教育制度进行了全面改组，对全国数百所高等院校进行了大规模的院系调整。在这次大改组、大调整中，中国实行了多年的欧美模式被彻底摒弃，一切均按苏联的经验办。一是将高校分成三大类，即综合大学、专门学院和专科学校，强化专业意识，使学生一入学便开始接受专业训练。二是参照苏联高校的教学内容，对全国所有高校的教学大纲和教学计划予以改编或改订。不少高校干脆直接搬用苏联高校的教材。如东北农学院，就将包含140多门课程的所有苏联教学大纲翻译过来，不仅供本校各专业使用，而且分发给全国各个农学院（鲍里索夫，1982：48）。此外，幼儿教育亦不例外，按苏联经验创办的"实验幼儿园"，迅速推广到全国各大城市（骆晓会，1991）。

2. 俄语教育的普及

教育领域的"苏联热"还突出表现在俄语教育的普及方面。从20世纪20年代到60年代的近半个世纪内，中国共产党始终大力提倡和支持俄语教学。20世纪30年代末、40年代初的延安时期，俄语教学在革命根据地蓬勃展开，延安大学、抗日军政大学、延安外国语学校的主要外语语种都是俄语。到了解放战争时期，解放区也掀起了一阵又一阵的"俄语热"，除了哈尔滨外国语专门学校的正规俄语教学，群众性的俄语教学遍及解放区各城市。1949年新中国成立以后，我国外语教学更是"一边倒"的俄语教学，俄语几乎成为当时中国外语教学中的唯一语种。在解放初期的10年里，"俄语热"在中国的教育界乃至各行各业达到了"白热化"的程度，几乎可以说是"全国学俄语，全民学俄语"（徐来娣，2007：25）。

1949年至1960年，俄语在中国备受推崇，人们都以学习俄语为时尚。人们对俄语学习投入了极大的热情，认为学习俄语是学习苏联的重要工具和途径。对俄语的极度推崇，促进了各种不同层次的俄语学习班、培训班，专业系科、学校等的快速发展。与此同时，各种不同版本以及适合不同层次学习者的俄语教材应运而生，探讨俄语学习方法的文章也随处可见。许多人在此期间都或多或少地掌握了俄语的基本知识。通过学习俄语，学习者们在情感上贴近了苏联，也增强了对苏联文化的热爱和了解（史春惠，2014）。

为了更好地学习苏联，学习俄语的群众运动广泛开展，整个教育界乃至各行各业都掀起了"俄语热"。仅新中国成立头两年时间里，全国即开办了 12 所俄语专科学校，在校学生达到 5000 多人。此外，还在 57 所高校设立了俄语专科和俄语训练班。东北的所有中学、北京和其他城市的许多中学都开设了俄语课。1952 年以后，"俄语热"又进一步升温。除正规学校及各种业余学校外，根据 1954 年北京、天津、上海等 16 个城市的统计，仅跟随广播电台的"俄语广播讲座"进行学习的、有组织的听讲人就有 19 万人（彭明，1957：284）。至 1956 年底，高校俄语教师有 196 人，俄文系共招生 12 477 人，至 1957 年，毕业生有约 13 000 名（李明滨，1998：351）。到了 20 世纪 50 年代末，全国 80% 以上中学生的第一门外语均改为了俄语（孙其明，2002：207）。

（三）文化艺术领域的"苏联热"

1. 俄苏作品的译介

伴随"中苏蜜月"的到来，俄国和苏联文学作品在中国大量翻译出版，并且在中国人民中间产生了巨大的影响。20 世纪 50 年代，翻译苏联文学作品蔚然成风。除 1952 年译作为 12 种以外，其余年份均在 20 种以上，1950 年甚至高达 38 种。前六年年均 26 种，后四年年均也有 12 种（李明滨，1998：297）。人们怀着崇敬的心情看待苏联文学作品，苏联文学作品成为 20 世纪 50、60 年代中国人民的重要精神食粮。据统计，仅从 1949 年 10 月到 1958 年 12 月，我国翻译出版的苏联（包括俄国）文学艺术作品共 3526 种，占这个时期翻译出版的外国文学艺术作品总数的 65.8%，总印数 82 005 000 册，占整个外国文学译本总数的 74.4%（卞之琳、叶水夫、袁可嘉等，1959）。苏联的出版物在中国受到广大群众的热烈欢迎，产生了巨大的影响。苏联著名的小说《钢铁是怎样炼成的》《日日夜夜》《恐惧与无畏》《真正的人》《青年近卫军》等，在中国人民志愿军和中国人民解放军中成为指战员们最喜爱的读物，并发挥了极大的鼓舞作用。在医院里，工作人员经常把《钢铁是怎样炼成的》《真正的人》等小说读给伤员们听。许多伤员在故事主人公感人事迹的激励下，更加坚定了斗志。当时在学校里的学生也曾广泛地讨论了这些作品。《青年近卫军》中的奥列格的英勇形象已成为他们光辉的榜样。他们在这些动人事迹的鼓舞下，曾组织了以"保尔·柯察金""奥列格""卓娅"等命名的战斗队，踊跃地响应了祖国的号召，参加了国防建设（陈应楠，1954）。20世纪50年代介绍到中国的俄苏文学著作的种类超过了过去几十年的总和，"从1949年10月到1958年12月，中国出版的苏联文艺著作共3526种，共计8200万册以上，它们分别约占同时期全部外国文学作品译介种数的三分之二和印数的四分之三"（陈建华，1998：184）。

2. 苏联歌曲的传播

音乐作为重要的艺术门类，是最具国际性的艺术形式。音乐交流是中苏文化交流的重要内容之一。新中国成立之后，一方面，积极引进苏联的音乐教育专家，派出留学生，迅速培养音乐人才；另一方面，邀请许多苏联的音乐团体、音乐家来华演出，使许多优秀的苏联歌曲，如《共青团员之歌》《莫斯科郊外的晚上》《三套车》《喀秋莎》《小路》《白桦林》《山楂树》等在我国广泛传播。新中国成立后，对外音乐的学习是以苏联为主。在此期间，中央音乐学院、上海音乐学院分别延聘了大批来院授课的苏联音乐专家，在教学上采取全面学习苏联的方针，教学大纲和各学科的教材都是从苏联的音乐学院照搬过来的（文记东，2009）。

20世纪50年代，学唱苏联歌曲在当时成为一件值得追捧的事情。各行各业赴苏求学的留学生中广泛传唱着许多苏联歌曲，他们回国之后成为传播苏联歌曲的一股重要力量。俄苏歌曲的译介更是在这一时期呈现出史无前例的繁荣之势。如钱仁康译介的《有谁知道他》《神圣的战争》《等着我》《苏联国歌》《祖国进行曲》《歌唱斯大林》《青年团员之歌》《莫斯科—北京》《保卫和平歌》《丰收之歌》《红莓花儿开》《从前是这样》等。薛范译介的《莫斯科郊外的晚上》《海港之夜》《窑洞里》《遥远的地方》《孤独的手风琴》《从哪里认识祖国》《瓦夏，好瓦夏》《歌唱动荡的青春》《我心儿不能平静》等更是在这一时期风靡全国（刘莹，2010）。

3. 苏联电影在中国的广泛放映

新中国成立后，苏联电影在中国广泛放映，深受中国观众喜爱，有着极高的评价和深刻的影响，促进了中国人民对苏联人民革命斗争和建设成就的了解。中国人民热爱贯穿在苏联电影中的爱国主义和国际主义精神、高度的艺术性以及社会主义共产主义的崇高理想。如反映十月社会主义革命、国内战争和卫国战争，歌颂爱国主义和革命英雄主义思想的《斯大林格勒战役》《攻克柏林》《区委书记》《丹娘》《带枪的人》《夏伯阳》，歌颂无产阶级革命领袖的《列宁在十月》《列宁在一九一八》《难忘的一九一九》，描写俄国工人在布尔什维克党培养下成长起来的《马克辛青年时代》《革命摇篮维保区》，记述苏联人民建设时期生活和斗争的《政府委员》《乡村女教师》，文学名著改编的《钢铁是怎样炼成的》《被开垦的处女地》《我的童年》《我的大学》《在人间》《母亲》《复活》《安娜·卡列尼娜》《静静的顿河》《一个人的遭遇》《上尉的女儿》《共产党员》《第四十一》等（《新中国对外文化交流史略》编委会，1999：504-505）。

　　1949年10月，苏联赠送了15部优秀故事片给中苏友好协会，其中有《青年近卫军》《斯大林格勒战役》《易北河会师》等中国观众所喜爱的影片。1951年和1952年，全国各大城市举办了"苏联电影展览"，使苏联的影片在中国观众中产生了深刻的影响，促进了中国人民对苏联革命斗争和建设成就的了解。苏联影片受到中国观众的普遍欢迎。苏联电影的放映遍及中国的穷乡僻壤。观众看到的多是反映苏联革命时期、卫国战争的优秀影片，或是表现工农业生产面貌、社会主义新气象的佳作，观众对那里面描写的"新的任务和新的世界"表现了极大的兴趣。同时，苏联电影还被各级学校和社会团体用作群众思想教育的教材，起到了很大的宣传鼓动作用（李明滨，1998：295）。在1952年11月7日至12月6日的"中苏友好月"中，据不完全统计，全国67个举办苏联影片展览的城市，有4000万人以上观看了苏联影片，在拥有540多万人口的上海，苏联影片的观众达590万人次（文记东，2009）。自新中国成立至1954年11月，在中国共放映苏联影片120万场以上，观众在8亿人次以上。有些影片如《难忘的一九一九》《库班哥萨克》等的观众达2000万人次左右（《新中国对外文化交流史略》编委会，1999：31）。

　　从上面的情况中我们可以看到，随着新中国的成立，全新的中苏友好关系得以确立。我国开启了从政府到民间自上而下、全方位、多领域学习苏联的热潮。也正是在这样的背景下，汉俄语言接触迎来了史无前例的高潮。这一时期的汉俄语言接触呈现出全面爆发、遍地开花的特点。随着中苏两国友好关系的不断加深，两国除了在政治、经济、文化等领域深化合作和交流外，在军事和科技等其他领域的合作也逐步加强。中国实行第一个五年计划期间，为了帮助中国快速实现工业化，大规模进行经济建设，苏联在资源勘探、企业设计、设备供应、技术资料等方面都予以很多援助（孙其明，2002：166）。因而汉俄语言接触的范围也拓展到了这些领域。和前几个时期相比，这一时期汉俄语言接触的主体来源也更加多样。既有接触俄苏文艺作品、电影、歌曲的译者，又有和俄语教学直接相关的老师和学生，也有与苏联专家接触的各领域普通民众，还有去苏联留学的批量留学生。这一时期由于电视、广播、电影等新型传播媒介的出现，汉俄语言接触的载体也更加丰富生动，进一步促进了汉俄语言接触范围的扩大。

二、俄源词的引进与特点

同样地，在这部分内容中，本书依旧以"晚清、民国期刊全文数据库"和"BCC 语料库"历时检索的比对结果及相关文献资料的查阅结果为参考，将最早出现在 1949—1960 年这段时间的俄源词界定为这一时期引进的俄源词。根据本书对这一时期俄源词的分析情况来看，其主要具有如下特点。

（1）引进数量多，涉及范围广。和前三个时期相比，这一时期引进的俄源词最突出的特点就是引进数量多，涉及政治、化工、日常生活、自然、教育、科技、医药、文化艺术等多个领域。如政治领域的有："共产主义星期六义务劳动""暗害分子""反党分子""工农速成中学""黑帮""计划外""计划指标""计划调配""红色专家""政治学习日""全民所有制""一长制""影子经济"①"经互会"② 等；化工领域的有："阿留米特"③"阿莫尼特"④"爱特罗尔"⑤"奥帕诺耳"⑥"奥司脱拉特"⑦"达那猛"⑧"法奥利特"⑨"赫罗拉契"⑩"卡波立"⑪"卡尔道克斯"⑫"阿尔西非合金"⑬"诺列斯"⑭"维洛西特"⑮"康秉纳"⑯"沃里托李"⑰"矽洛克西康"⑱"康达克特"⑲"奥克索尔油"⑳"巴卡拉玻璃"㉑"贝尔基纳克斯胶"㉒"德纳立

---

① 指那些未在官方机构注册的各种经济活动，它游离于法律视野之外，不向国家申报收入，其产值不能纳入国内生产总值，国家也无法对其实行税收管理和监控。源俄"теневая экономика"（《汉俄语言接触》2007：283）。

② 1949 年 1 月，为了在经济上与西方资本主义国家抗衡，并加强彼此间的经济合作，苏联和保加利亚、匈牙利、波兰、罗马尼亚、捷克斯洛伐克 6 国代表在莫斯科举行会议，决定成立经济互助委员会。1949 年 4 月，在莫斯科举行第一次会议，总部设在莫斯科，民主德国、蒙古、古巴、越南先后加入。1989 年东欧剧变，经互会走向解体。源俄"СЭВ"。

③ 一种矿山炸药。源俄"алюмит"（《汉语外来词词典》1984：7）。

④ 同"安猛拿特"词条，即"阿芒炸药"，又作"阿莫尼特"。源俄"амоннит"（《汉语外来词词典》1984：9）。

⑤ 一种纤维酯（醚）塑料。源俄"этрол"（etrol）（《汉语外来词词典》1984：17）。

⑥ 同"奥潘诺尔"词条。聚异丁烯橡胶、异丁橡胶。源俄"оппанол"（《汉语外来词词典》1984：23）。

⑦ 一种红色玻璃合金；二硝基甲苯炸药。源俄"астралит"（《汉语外来词词典》1984：24）。

⑧ 一种硝铵炸药，又作"狄那猛基拿蒙"。源俄"динамон"（《汉语外来词词典》1984：70）。

⑨ 石棉酚醛塑料，由酚醛树脂加耐酸填料制成。源俄"фаолит"（《汉语外来词词典》1984：94）。

⑩ 炸药的一种。源俄"хлорадит"（《汉语外来词词典》1984：138）。

⑪ 磺烃酚醛塑料，又作"卡包立"。源俄"карболит"（《汉语外来词词典》1984：168）。

⑫ 一种矿山炸药，爆炸时无火焰。源俄"кардокс"（《汉语外来词词典》1984：169）。

⑬ 铁硅铝合金，也叫"三达斯特"。源俄"альсифер"（《汉语外来词词典》1984：4）。

⑭ 纺织厂里用精梳机精梳羊毛时脱落下来的短纤维。这些羊毛的梳屑不像羊毛那样适宜纺织。源俄"ноллес"（molles）（《汉语外来语词典》1990：286）。

⑮ 润滑用的一种高级机油，又作"维洛夕"。源俄"велосит"（《汉语外来词词典》1984：356）。

⑯ 联合企业，联合工厂，综合工厂。源俄"комбинат"（《汉语外来词词典》1984：176）。

⑰ 一种高黏度的润滑油，又作"伏利托利"。源俄"вольтоли"（《汉语外来词词典》1984：360）。

⑱ 氧碳化硅，硅碳耐火材料。源俄"силоксикон"（《汉语外来词词典》1984：368）。

⑲ 石油磺酸的商品名，用作纺织工业的洗涤剂。源俄"контакт"（《汉语外来词词典》1984：176）。

⑳ 一种干性油。源俄 оксоль（ossoli）（《汉语外来词词典》1984：23）。

㉑ 一种高级玻璃或高级玻璃制品。源俄"баккара"（《汉语外来词词典》1984：27）。

㉒ 同"焙结纳克斯胶"词条。电木的一种。源俄"пертинакс"（《汉语外来词词典》1984：40）。

脱炸药"① "尼格罗尔"② "维克萨钦油布"③ "维斯考金油"④ "西尔赫洛姆铁"⑤ "西拉尔铁"⑥ "席乐夫钻头"⑦ 等。日常生活领域的有："伏尔泰椅"⑧ "布尔冈红酒"⑨ "戈兰尼托皮"⑩ "广播体操""光荣榜""硬卧""硬座""街道委员会""生产定额"⑪ "生产指标"⑫ "记工员""先进分子""义务劳动日""先进工作者"等；自然领域的有："阿法林"⑬ "塔尔羊""比曲格马""达克斯狗""费兰德兔""品捷狗""奇尔鱼""乌达勃诺古猿""阿尔法草"等；教育领域的有："教研室""副博士""红领巾""教学大纲""课间操""墙报""少先队""少先队辅导员""少先队营地""少先队员""习明纳尔"⑭ "帕西林果阿"⑮ 等；科技领域的有："蓝威斯曼"⑯ "雷电欧"⑰ "斯普特尼克"⑱ "人造地球卫星""信号系统""航天站""空间站""宇航员""宇宙飞船"等；军事领域的有："米格式"⑲ "导弹""雅克战斗机""伊柳辛飞机"等；医药领域的有："非那丁"⑳ "盖克塞纳"㉑ "盖帕龙"㉒ "卡博

① 矿山炸药的一种，又作"多纳炸药"。源俄"донарит"（《汉语外来词词典》1984：77）。
② 黑油，齿轮油，胶状汽缸润滑油，又作"尼格罗丹"。源俄"нигрол"（《汉语外来词词典》1984：256）。
③ 一种不透水的织物，可用作防水材料。源俄"виксатин"（《汉语外来词词典》1984：356）。
④ 一种黏渣油，精制残油。源俄"вискозин"（《汉语外来词词典》1984：356）。
⑤ 一种硅铬合金。源俄"сильхром"（《汉语外来词词典》1984：365）。
⑥ 一种含硅耐热铸铁。源俄"силал"（《汉语外来词词典》1984：365）。
⑦ 一种经改进的麻花钻头，用于高速钻孔。源俄"свеорло Жирова"（由改革者 В.И Жиров 而得名）（《汉语外来词词典》1984：369）。
⑧ 一种高背深座的安乐椅。源俄"Вольтеровское кресло"（《汉语外来词词典》1984：106）。
⑨ 一种法国产的红葡萄酒。源俄"бургонское"（《汉语外来词词典》1984：57）。
⑩ 假皮的一种。源俄"гранитоль"（《汉语外来词词典》1984：117）。
⑪ 源俄"производственный показаль"（《十年来汉语词汇的发展和演变》1959：303）。
⑫ 源俄"производственная норма"（《十年来汉语词汇的发展和演变》1959：303）。
⑬ 海豚的一种，长达五米，学名 tursiops tursi。源俄"афалина"（《汉语外来词词典》1984：4）。
⑭ 课堂讨论，学校的一种教学方式，又作"习明那尔"。源俄"семинар"（《汉语外来词词典》1984：369）。
⑮ 一种未曾通行过的人造国际辅助语。源俄"пасилингва"（《汉语外来词词典》1984：266）。
⑯ 飞行中的飞机在保持高度的情况下，往后急转180度。源俄"ранверсман"（《汉语外来词词典》1984：201）。
⑰ 一种高阻线。源俄"радиом"（《汉语外来词词典》1984：204）。
⑱ 卫星，人造卫星。源俄"спутник"（《汉语外来词词典》1984：324）。
⑲ 喷气机苏联制造的一种喷气式战斗机。源俄"миг"（《源于俄语的汉语外来词》1987：91）。
⑳ 一种降血压和解痉挛的药剂。源俄"фенатин"（《汉语外来词词典》1984：98）。
㉑ 一种全身麻醉剂。源俄"гексенал"（《汉语外来词词典》1984：112）。
㉒ 一种治贫血症的肝脏制剂。源俄"гепалон"（《汉语外来词词典》1984：113）。

霍林"①"奎耶塔尔"②"阿克利亨"③"德荷林"④"沙尔苏林碱"⑤ 等；文化艺术领域
的有："巴扬"⑥"杜塔尔"⑦"喀马林"⑧"克拉科维克"⑨"里拉"⑩"密切里查"⑪"祖尔
那"⑫"奥苏奥海舞"⑬"卡巴尔达舞"⑭"沙康舞"⑮ 一类的乐器舞蹈名称；"虚无主
义"⑯"解冻文学"⑰"阿克梅主义"⑱"托加喜剧"⑲"玛佳玛体诗"⑳"斯坦尼斯拉夫斯
基体系"㉑ 等的文学艺术流派表达；"卡拉苏克文化"㉒"塔加尔文化"㉓"特里波里

---

① 一种治高血压等病的药。源俄"карбохолин"（《汉语外来词词典》1984：169）。
② 一种安眠药。源俄"квиетал"。（《汉语外来词词典》1984：194）。
③ 苏联一种治疟疾的药。源俄"акрихин"（《汉语外来词词典》1984：5）。
④ 一种医治胆囊炎及胆道炎的药。源俄"дехолин"（《汉语外来词词典》1984：76）。
⑤ 一种降血压、镇静神经的药剂。源俄"сальсолин"（《汉语外来词词典》1984：305）。
⑥ 一种键钮式的大手风琴，又作"巴阳风琴"。源俄"баян"（《汉语外来词词典》1984：31）。
⑦ 中亚民间弹奏乐器，形如长柄瓢，有两根弦。源俄"дутар"（《汉语外来词词典》1984：86）。
⑧ 一种俄罗斯民间歌曲和舞蹈。源俄"камаринская"（《汉语外来词词典》1984：167）。
⑨ 一种 2/4 拍子的波兰圆舞曲和舞蹈，又作"鼓拉科维亚克"。源俄"краковяк"（《汉语外来词词典》1984：185）。
⑩ 古代希腊的一种七弦琴；乌克兰一种有键的弦乐器。源俄"лира"（《汉语外来词词典》1984：206）。
⑪ 一种流行于俄罗斯、乌克兰、白俄罗斯的民间舞蹈和舞曲。源俄"метелица"（《汉语外来词词典》1984：240）。
⑫ 唢呐。源俄"зурна"（《汉语外来词词典》1984：411）。
⑬ 俄罗斯联邦东北部雅库特的一种民间舞蹈。源俄"осуохай"（《汉语外来词词典》1984：24）。
⑭ 一种流行于北高加索的男子民间舞蹈。源俄"кабардинка"（《汉语外来词词典》1984：168）。
⑮ 19 世纪俄国流行的一种交际舞。源俄"шакон"（shoko）（《汉语外来词词典》1984：306）。
⑯ 19 世纪中叶俄国小说家屠格涅夫在他所著小说《父与子》里，描写主人公巴扎洛夫绝对要求自由，否定一切，不屈服于一切的态度，称为"虚无主义"。源俄"нигилизм"（《外来语词典》1936：275）。
⑰ 在赫鲁晓夫执政时期，意识形态对文学的限制有所放宽，苏联出现了所谓的"解冻文学"，以爱伦堡的中篇小说《解冻》为代表。源俄"оттепельная литература"（《汉俄语言接触》2007：269）。
⑱ 十月革命前后纯艺术主义的文学流派之一。源俄"акмеизм"（《源于俄语的汉语外来词》1987：92）。
⑲ 古罗马的一种喜剧，因托加长衣而得名。源俄"тогата"（《汉语外来词词典》1984：348）。
⑳ 格鲁吉亚古代的一种抒情诗体。源俄"маджама"（《汉语外来词词典》1984：228）。
㉑ 即斯坦尼斯拉夫斯基表演体系，包括表演、导演戏剧教学和方法等系统专业知识的演剧体系。该体系的戏剧美学思想——真实反映生活，强调戏剧的社会使命和教育作用，继承了 19 世纪俄罗斯革命民主派朴素唯物主义的美学观点。源俄"станиславского система"（《源于俄语的汉语外来词》1987：91）。
㉒ 苏联西伯利亚南部的青铜时代文化，年代约为公元前二千年代末至前一千年代初。源俄"Карасукская культура"（《汉语外来词词典》1984：170）。
㉓ 苏联西伯利亚早期铁器时代文化，分布于叶尼塞河上中游，年代约为公元前 8 世纪至前 2 世纪。源俄"тагарская культура"（《汉语外来词词典》1984：334）。

文化"①"安诺文化"② 等；

从汉俄语言接触的环境来看，这一时期由于我国实行了比较特殊的外交政策，俄语是这一时期汉语所能接触到的唯一外语，因而也为俄源词进入汉语减少了来自其他外源词的竞争阻力。这是这一时期汉语引进俄源词数量比较多的一个客观原因。另一个更主要的原因是汉俄语言接触的规模和范围都比前几个时期更大。由于新中国成立后中苏两国全新、全面友好关系的建立，处在新生中的中国开启了自上而下学习苏联的"苏联热"。那一时期，学习苏联的运动在各行各业都有所开展，涉及工业、商业、教育、医疗卫生等多个领域。正是在这样的社会背景下，汉俄语言接触的范围自然得到了空前的扩大，因而这一时期进入汉语中的俄源词突出地呈现为涉及范围广的特点。

（2）集中分布在化工、文化艺术领域。和"五四"时期集中引进政治领域的俄源词不同，这一时期进入汉语的俄源词以化工和文化艺术领域的最多。这与这一时期的社会背景有很大关系。这一时期，我国需要开始全面进行社会主义建设，首要目标就是实现工业化。而刚刚结束战乱，尚处在一穷二白情境中的新生的中国想要快速实现工业化的困难可想而知。在这样的情况下，来自盟友苏联的帮助就显得极为迫切了。由于苏联专家来华主要是对我国提供和工业有关的钢铁、有色冶金、煤矿、石油、各种重型机器制造、汽车制造、拖拉机制造、飞机制造、电力站等领域的援助（中国科学院，1958），因而汉俄语言接触也主要在这些领域展开，这一时期进入汉语中的俄源词就自然而然偏重于化工领域了。这一时期进入汉语的文化艺术领域的俄源词也比较多，这是因为俄苏作品在这一时期出现了"五四"以来的又一次出版和译介高潮，并且随着苏联歌曲、电影等在中国的广泛传播，又增加了新的传播渠道，加之这一时期中苏两国在文化交流上十分频繁，这些都为汉俄两种语言在文化艺术领域的接触创造了很好的条件。

---

① 苏联地区属铜石并用时代的一种文化，约公元前 3000 年至前 1800 年。源俄 "Трибольская культура"（《汉语外来词词典》1984：340）。
② 苏联土库曼斯坦南部新石器时代和青铜时代的文化，是苏联境内最早的农业文化。源俄 "Анауская культура"（《汉语外来词词典》1984：19）。

（3）音译的情况突出。据本书分析，这一时期引进的俄源词音译的情况很普遍。这与汉俄语言接触的领域主要为化工、医药及文化艺术领域有关。这些领域的词汇要么具有很强的专业性，很难意译，要么是代表俄苏文化中的特有事物，很难在汉语中找到对等的词汇。

在本章的最后，我们需要说明一下，1991年以后，随着苏联解体，全新的中俄关系取代了过去的中苏关系，汉俄语言接触的情况也出现了新的变化。与前几个阶段俄语总是作为相对强势的语言向汉语输出词汇的情况不同，这一阶段随着我国经济实力的增强和国际地位的提高，汉语正在成为汉俄语言接触中的强势语言。这主要表现在汉语从俄语引进俄源词的数量急剧下降，并开始向俄语输出词汇。尤其是在中俄两国人民交往频繁的远东地区，俄语中出现了不少汉语词汇。除了表示与中国传统文化有关的"даосизм"（道教）、"Инь"（阴：哲学概念）、"кунфу"（功夫）等词，还有如"Вэйшэнцзень"（卫生间）、"вэйчат"（微信）、"Таобао"（淘宝网）（王旭，2017）等近年来才出现的汉语新词也进入了俄语。

这一时期汉语引进的俄源词数量极少，据本书统计只有"禁官令"（俄罗斯前总统梅德韦杰夫发布的要求政府高官退出国有企业管理岗位的命令）、"僵尸枪"（俄罗斯研制的一种新式武器，被击中者会变得像僵尸一样，失去反抗能力）（安洋，2018）、"独联体"（СНГ）等十分有限的几个词。造成这种现象最主要的原因是，这一时期的汉俄语言接触呈现出了新的特点，由原有的俄语总是影响汉语的情况转变为汉语开始影响俄语。除了这个最主要原因，这种现象的出现还与这一时期汉俄语言接触所处的环境改变有关。同中苏友好时期俄语是汉语能接触到的唯一外语的情况不同，这一时期，我国与其他国家尤其是美国、日本等的交流逐渐增多，英语和日语开始成为汉语吸收词汇的主要对象。因此，这也是造成这一时期俄源词进入汉语数量极少的客观原因。

本章小结

恰克图边境贸易形成时期，汉俄语言接触是在清政府与沙俄政府官方协约促动下、边境贸易之繁盛背景下进行的。受到当时交通及传媒方式等诸多因素的限制，该时期的俄源词无论是引进规模还是传播范围，都十分有限，仅限于与贸易相关的货币、官职等名称，且仅在中俄边境贸易频繁的边境地区局部传播。中东铁路修筑时期，俄侨几次大规模迁入造成的俄汉杂居环境，催生了哈尔滨汉俄混合语的形成，这是这一时期汉俄语言接触的背景。同前一时期相比，这一时期进入汉语中的俄源词范围有所扩大，不仅涉及日常生活、经济等领域，还涉及宗教领域，并且哈尔滨的各类地名也被打下了深深的俄源印记。五四运动后，随着俄国十月革命的胜利和马列主义思想在我国的传播，出现了俄苏作品译介的第一个黄金时期，很多政治领域的俄源词正是随着俄苏文学作品、无产阶级文论的译介发行进入汉语中的，并且在引进方式上也更为多样，除了原有的音译外，更多地使用了意译和音义兼译的方式。与以汉俄混合语作为传播媒介多引进口语词汇的形式不同，这一时期引进俄源词主要以俄苏作品的译介为手段，并以报刊、书籍、杂志等近现代媒介为传播载体，以至于这一时期引进的俄源词突破了地域限制，向更多地区传播。新中国成立后长达10年的"中苏友好"时期是俄源词进入汉语的黄金时期，除了比"五四"时期更大范围、更大规模地译介发行俄苏作品，在举国上下全面学习苏联的感召下，汉俄语言的接触也随着各领域开展的学习苏联运动而向多个领域延伸，如政治、经济、文化、科技、教育、生产生活等。

本章以中俄（苏）交往中有影响力的历史事件为线索，将汉俄语言接触按照从古至今的时间顺序分为四个不同的历史阶段，在参考相关文献资料和语料库数据的基础上对不同历史时期进入汉语的俄源词进行了历史层次研究。研究表明，汉俄语言接触范围、接触程度、接触主体及具体接触环境的不同是导致不同历史时期俄源词呈现多种特点的主要原因。

第三章

俄源词语音本土化及主要动因

　　俄语属于印欧语系，是多音节、重音型语言，既有单音节词，如"мир"（世界）、"раб"（奴隶），又有双音节及其以上的多音节词，如"кукла"（洋娃娃）、"матрёшка"（套娃）、"литература"（文学）。重音在俄语中具有十分重要的区别意义的作用。汉语属于汉藏语系，是单音节、声调型语言，即"1个字1个音节1个概念"（徐通锵，1997：128）。声调在汉语中具有区别意义的作用。可见，汉俄两种语言在语音方面的差异是比较大的，因而在引入俄源词的过程中，汉语母语的干扰就会比较突出。俄源词进入汉语后，要成为汉语词汇中的一员，需符合汉语词汇的语音、音系要求，并具有与其他汉语词汇一致的形态结构、书写形式等。这就促使其进入汉语后发生一系列适应汉语语音系统要求的改变，这种改变正是其语音本土化的具体体现。

　　近年来，借词音系学（Loanword Phonology）成为音系学的一个重要研究领域。借词音系学主要研究词汇借用过程中，所借词汇在尽可能保留源语言词汇信息的同时又满足一系列制约条件，从而更符合目标语音系结构要求所发生的一系列成系统的变化（于辉，2008）。该理论对于研究借用过程中目标语相对于源语言结构所做的音系调整具有重要的方法论指导意义。本章将以汉俄语音对比为依托，以俄语原词和汉语译词的音节结构对比、音系匹配为基础，全面细致地描写俄源词语音本土化的事实，并结合语料分析结果对俄源词语音本土化的内在动因进行分析。

第一节　俄源词音节结构类型演变及方式

音节是听觉上最容易分辨的最小语音片段，也是音位与音位组合构成的最小语音结构单位。一般人能很自然地感觉到的母语中的最小语音单位就是音节（张树铮，2012：109）。关于什么是音节的问题说法很多，但每一种理论、每一种主张都只是从音节的某个方面或某几个方面去看问题，而不能解释音节的所有方面，因而到目前为止还没有一个统一的、大家公认的说法。由古印度和古希腊流传下来的最古老的说法认为，音节是由元音确定的，凡有一个元音就有一个音节，或者说一个音节里只有一个元音。这种说法有它的合理部分。事实上，许多语言的确是这样的，俄语就是这样（诸葛苹，2001：1），如"луна"（月亮；两个元音，两个音节）；"университет"（大学；5个元音，5个音节）。与俄语不同的是，汉语（汉语普通话）中有二合元音和三合元音。这样一个音节里就可能有两个甚至三个元音，如"fan"（翻；一个元音，一个音节）；"diao"（掉；三个元音，一个音节）。不过由于汉语用汉字书写的缘故，我们可以认为一个汉字对应的就是一个音节（儿化韵除外）。从音节方面来看，汉俄音节的异同主要有如下几点。

汉俄音节在结构上的相同之处：

（1）都是辅音＋元音，但它们的名称不同。汉语的典型结构是声母＋韵母。声母指音节开头的辅音，韵母指声母之后的有声调的元音或元音音组，但韵母中也常常有辅音 n[n]、ng[ŋ]。汉语音节里可以没有声母，但不会没有韵母。俄语音节的情况也是这样，一个音节里不能没有元音，却可以没有辅音，只是这些元音和辅音都不再有其他的名称（诸葛苹，2001：3）。

（2）都有开音节、闭音节。需要注意的是，由于字母常与实际的发音不一致，所以判断音节是否属于开音节应以音节的实际发音为准，而不应该以收尾的字母为准（张树铮，2012：110）。汉语里的开音节可以作韵腹的 ɑ、e、o、i、u、ü 和作韵尾的 i、o、u 结尾，也就是说，汉语里的大部分单元音都可以是开音节的韵尾，如"bu-zu"（不足）、"lao-lu"（劳碌）、"ba-shou"（把手）、"di-zhi-xue"（地质学）、"dui-liu-yu"（对流雨）等。俄语中 a[a]、o[o]、y[u]、э[ɛ]、ы[ɨ]、и[i]

可以是开音节的结尾，如"во-да"（水）、"мо-да"（时髦）、"имя"（名字）、"до-ли-на"（谷地）、"фа-ми-ли-я"（姓）、"пе-ре-да-ча"（广播节目）等。

（3）都有秃首音节和非秃首音节。秃首音节指以元音开始的音节，非秃首音节指以辅音开始的音节。汉语的无声母秃首音节可以是词里的任何音节，也就是说，无声母秃首音节可以在词首、词中和词末（诸葛苹，2001：8–9），如"ou–fen"（藕粉）、"tu–ya"（涂鸦）、"xi–an"（西安）、"zhang–ye–ye"（张爷爷）、"yin shui si yuan"（饮水思源）等。俄语则和汉语不同，其秃首音节主要在词首，因为俄语辅音和元音的结合力很强，在具体的单词里，元音之前只要出现辅音，这个辅音就会和紧随它的元音拼读，形成一个音节，只有当辅音和元音之间有隔音符号"ъ""ь"时才不拼读。这样一来，俄语的词中或词末出现秃首音节的机会就不多了。除非两个元音相邻，如"а-лый"（鲜红的）、"о-ко-ло"（大约）、"э-ра"（纪元）、"ва-ку-ум"（真空）、"хон-дри-ом"（线粒体）、"а-у-ди-то-ри-я"（教室）等，但这种情况在俄语词里很少见。

汉俄语言在音节上的不同点：

（1）俄语音节中有汉语所缺乏的"辅音连缀"现象。俄语任何辅音都可以处在元音之前或元音之后，而且可以有不止一个辅音，这样就形成了"辅音连缀"现象。辅音的连读会产生一些音变，如同化、异化等（诸葛苹，2001：6）。俄语两个元音之间如果只有一个辅音，那它必然和后面的元音构成音节，如"го-ро-да"（城市）、"хо-ро-шо"（好）。

（2）俄语一个音节只能有一个元音，而且是单元音。而汉语中一个音节则可以有不止一个元音，如"xiao"（小）。

（3）在俄语的快速口语里，音节中即使没有元音，响辅音也可以形成音节，这个响辅音就是音节的核心，如"жи-знь"（生活）。

（4）俄语的音节末尾可以是任何辅音，而汉语的单音节末尾只能是"n"[n]、"ng"[ŋ] 两个辅音之一，并且以开音节结尾的情况居多。

（5）汉俄固有词的音节类型不同。汉语的音节类型有 11 种：V（"e"饿）、CV（"ta"塔）、VC（"an"安）、CVC（"lan"兰）、CVV（"lao"老）、CVVV（"xiao"小）、CVVC（"guan"关）、VV（"ya"鸭）、VVV（"yao"腰）、VVC（"wan"

湾）、VVC（"yuan"圆）。其中"C"代表辅音，"V"代表元音。俄语的音节类型有19种：V（"a"，连词，而）、CV（"да"，是的）、VC（"он"，他）、VCCC（"остр"，尖锐）、CVC（"год"，年）、CCV（"сто"，一百）、VCC（"акт"，活动）、CCCV（"пое-здка"，旅行）、CCVC（"клуб"，俱乐部）、CVCC（"мост"，桥）、CCCCV（"встре-чать"，见面）、CCCVC（"скрип"，吱吱声）、CCVCC（"хвост"，尾巴）、CVCCC（"пункт"，项目）、CVCCCC（"чувств"，感觉）、CCCCVC（"всхлип"，呜咽声）、CCCVCC（"страсть"，热情）、CCCCVCC（"всплеск"，水花溅起的声音）、CCCVCCCC（"про-странств"，空间）（诸葛苹，2001：7）。总体来看，元音在汉语音节中占优势（易洪川，2001），辅音则在俄语音节中占优势。

（6）汉语音节中音的数量是有限的，无论是否有声母，也无论韵母中是否有辅音，汉语一个音节的元辅音不超过4个。俄语对音节中音的数量没有限制，一个音节中的元辅音总和有时候可以多达8个以上。

（7）汉语的三合元音之后不能再有辅音，所以凡音节中有三合元音的，都是开音节。俄语的开、闭音节没有限制（诸葛苹，2001：7）。

（8）汉语音节都是有意义的，只要进行交际、使用语言，最小的单位就是具有意义的音节（其实就是单音节词或词素）。汉语的词素都是独立的音节，都有相对应的方块字（儿化属于两个汉字对应一个音节的情况，属例外）。由此可见，汉语音节是一个很特殊的单位，每个音节都具有词汇意义或语法意义。正因为汉语音节是意义的载体，所以汉语的音节是固定的，音节的界限是不能随意更动的，音节的语音形象是不能随意改变的，否则就会改变词义，影响交际。俄语的音节也是词的组成部分，它们可以组成单音节词、双音节词及多音节词。但俄语音节和汉语音节不同，俄语音节是不具有意义的，无论是词汇意义还是语法意义，都不具备（诸葛苹，2001：11-12）。

（9）汉语音节无论在什么情况下都带有声调，汉语没有不带声调的音节，所以说声调是汉语音节不可分割的部分。俄语音节没有固定的声调，一个音节或一个词可以读成任何调，且无论读成升调、降调、升降调，还是降升调，都不会改变这个词的意义（诸葛苹，2001：14）。

（10）从词的语音结构看，汉、俄语词大都是由音节组成的，但音节的结构方式不同，一个词里音节的数目也不同。现代汉语的词以双音节词为主。据《现代汉语频率词典》统计，使用度最高的前 9000 个词中，单音节词为 2400 个，多音节词为 6600 个，其中双音节词为 6285 个（邵敬敏，2016：89）。而俄语中主要是二音节词、三音节词、四音节词。《奥热果夫词典》中收录的 37 794 条词例，其双音节词为 8260 条，占总数的 21.86%，三音节词、四音节词则占到了总数的 57%（可见俄语里主要是二音节词、三音节词、四音节词）。但是就双音节词的情况来看，俄语中双音节词远没有汉语中的普遍。而且从音节结构来看，俄语音节结构又比汉语音节结构更为复杂多样。

所以，从音节对比的情况来看，汉俄两种语言的不同之处远远多于其相同之处。正是这种差异决定了俄语音节进入汉语后只有按照汉语的特点进行本土化才能够更好地融入汉语。从音节的角度来看，俄语主要通过改变音节结构来实现语音本土化。

上文说过，现代汉语固有词的音节类型有 11 种，而现代俄语固有词的音节类型则有 19 种之多。通过对汉俄音节类型的比较来看，俄语固有词的音节结构里可以出现辅音丛"CC"，但不可以出现元音丛"VV"；汉语音节结构里不仅可以出现元音丛"VV"，也可以出现三个元音相连的"VVV"，但不可以出现辅音丛"CC"。可见，汉俄语言的音节结构类型特点具有明显差异。从汉俄基本音节类型对应的整体情况来看，大体可分为以下三类。

A 类：汉俄语都有的音节类型。主要有 4 种：V、CV、VC、CVC。

B 类：汉语有，俄语没有的音节类型。主要有 7 种：CVV、CVVV、CVVC、VV、VVV、VVC、VVC。

C 类：俄语有，汉语没有的音节类型。主要有 15 种：VCCC、CCV、VCC、CCCV、CCVC、CVCC、CCCCV、CCCVC、CCVCC、CVCCC、CCCCVC、CCCVCC、CCCCVCC、CVCCC、CCCVCCC。

就汉语引进俄语词的情况来说，A 类音节类型对于汉语母语者而言个别标记性低，C 类音节类型则个别标记性高。类型学研究表明，"CV"音节结构是人类语言中普遍存在的音节类型。这表明"CV"音节的类型标记性低（杜兆金，

2013）。由于汉语中不存在辅音丛"CC""CCC"或"CCCC"，因此对汉语母语者来说，俄语音节中的这些辅音丛也是个别标记性高的音丛。本书对 291 个纯音译俄源词的俄语原词和汉语译词进行音节切分比对后，发现俄语音节进入汉语后音节结构类型改变的情况十分普遍，不仅俄语中特有的 C 类音节结构发生了改变，连汉俄语言中共有的 A 类音节结构也同样发生了改变。

一、俄语 A 类音节结构在汉语中的演变

通过上文所做的汉俄音节结构的对比来看，汉语和俄语都有的 A 类音节类型主要有 4 种：V、CV、VC、CVC。从本书的考察情况来看，这 4 种音节结构进入汉语后，除保留原有音节类型外，其结构类型还会根据汉语的语音特点发生相应变化。根据最终的分析结果，笔者绘制了表 3-1。

表 3-1　俄语 A 类音节结构进入汉语后的演变情况

俄语音节类型	进入汉语后演变的类型	出现次数	示例
V	V → VV	12	俄语"эфеб"的音节类型为"V+CVC"，音译为"艾费勃"后，变成了"VV+CVV+CV"，原词音节类型中的"V"（э）变成了"VV"（ai）
CV	CV → CVV	35	俄语"дача"的音节类型为"CV+CV"，音译为"达恰"后，变成了"CV+CVV"，原词音节类型中的"CV"（ча）变成了"CVV"（-qia）
CV	CV → CVC	5	俄语"комиссар"的音节类型为"CV+CV+CCVC"，音译为"康密沙"后，变成了"CVC+CV+CV"，原词音节类型中的"CV"（ко）变成了"CVC"（kang）
CV	CV → VV	4	俄语"халва"的音节类型为"CVC+CV"，音译为"哈尔娃"后，变成了"CV+V+VV"，原词音节类型中的"CV"（ва）变成了"VV"（ua）
VC	VC → VV+CV	6	俄语"паёк"的音节类型为"CV+VC"，音译为"排雅克"后，变成了"CVV+VV+CV"，原词音节类型中的"VC"（ёк）变成了"VV+CV"（ia+ke）
VC	VC → V+CV	4	俄语"Украина"的音节类型为"VC+CV+V+CV"，音译为"乌克兰"后，变成了"V+CV+CVV"，原词音节类型中的"VC"（Ук）变成了"V+CV"（u+ke）
VC	VC → V+V	3	俄语"аршин"的音节类型为"VC+CVC"，音译为"阿尔申"后，变成了"V+V+CVC"，原词音节类型中的"VC"（ар）变成了"V+V"（a+er）

俄语音节类型	进入汉语后演变的类型	出现次数	示例
VC	VC → V	2	俄语 "миарсенол" 的音节类型为 "CV+VC+CV+CVC"，音译为 "米阿塞诺尔" 后，变成了 "CV+V+CVV+CVV+V"，原词音节类型中的 "VC"（ар）变成了 "V"（a）
CVC	CVC → CV+CV	47	俄语 "парик" 的音节类型为 "CV+CVC"，音译为 "巴立克" 后，变成了 "CV+CV+CV"，原词音节类型中的 "CVC"（рик）变成了 "CV+CV"（li+ke）
	CVC → CV+V	26	俄语 "бурда" 的音节类型为 "CVC+CV"，音译为 "布尔达"（一种浑浊无味的饮料）后，变成了 "CV+V+CV"，原词音节类型中的 "CVC"（бур）变成了 "CV+V"（bu+er）
	CVC → CVV+CV	23	俄语 "бешкеш" 的音节类型为 "CVC+CVC"，音译为 "别什凯什" 后，变成了 "CVV+CV+CVV+CV"，原词音节类型中的 "CVC"（беш）变成了 "CVV+CV"（bie+shi），"CVC"（кеш）变成了 "CVV+CV"（kai+shi）
	CVC → CV	20	俄语 "маллил" 的音节类型为 "CVC+CVC"，音译为 "玛立尔" 后，变成了 "CV+CV+V"，原词音节类型中的 "CVC"（мал）变成了 "CV"（ma）
	CVC → CVV+V	11	俄语 "бибер" 的音节类型为 "CV+CVC"，音译为 "比别尔" 后，变成了 "CV+CVV+V"，原词音节类型中的 "CVC"（бер）变成了 "CVV+V"（bie+er）
	CVC → CVV	9	俄语 "Енисей" 的音节类型为 "V+CV+CVC"，音译为 "叶尼塞" 后，变成了 "VV+CV+CVV"，原词音节类型中的 "CVC"（сей）变成了 "CVV"（sai）
	CVC → VVV+CV	5	俄语 "меньшевик" 的音节类型为 "CVC+CV+CVC"，音译为 "孟什维克" 后，变成了 "CVC+CV+VVV+CV"，原词音节类型中的 "CVC"（вик）变成了 "VVV+CV"（uei+ke）
	CVC → VVC	3	俄语 "вонка" 的音节类型为 "CVC+CV"，音译为 "万卡" 后，变成了 "VVC+CV"，原词音节类型中的 "CVC"（вон）变成了 "VVC"（uan）
	CVC → VV+CV	2	俄语 "завод" 的音节类型为 "CV+CVC"，音译为 "咋喔特" 后，变成了 "CV+VV+CV"，原词音节类型中的 "CVC"（вод）变成了 "VV+CV"（uo+te）

从表 3-1 中可以看出，俄语中的 A 类音节结构进入汉语后发生演变的情况是十分普遍的。当然，由于 A 类音节结构属于汉俄两种语言共有的音节结构，其进入汉语后依然保留原有结构的情况也是存在的。由于本书主要考察俄语音节进入汉语后的变化情况，所以此处不讨论其进入汉语后音节结构不变的情况。

从本书的分析情况来看，俄语 A 类音节结构中的"V"型音节结构进入汉语后主要变成了汉语的"VV"型音节结构。其他三种音节结构则具有多种演变方式。

俄语原词中的"CV"型音节结构进入汉语后除保留原有的"CV"型音节结构外，还演变成汉语的"CVV""CVC""VV"等音节结构。此外，经考察发现，俄语"CV"型音节结构还会演变成汉语中的"V""CVVC""CVVV""VVV"型音节结构，不过这几种情况出现的次数很少，只有个别几例。从表 3-1 的数据来看，"CV → CVV"的情况出现了 35 次；"CV → CVC""CV → VV"分别出现了 5 次和 4 次。可见俄语原词中的"CV"型音节结构进入汉语后演变为汉语"CVV"型音节结构的情况相对普遍。

俄语原词中的"VC"型音节结构进入汉语后除了保留原有的"VC"型音节结构外，还演变成了"VV+CV""V+CV""V+V""VV"等音节结构。此外，还出现了演变为汉语中的"V""VVC""VV+V""VVV+CV"音节结构的个别情况。可见俄语中的"VC"型音节结构进入汉语后演变的方式比较多样。但是从现有的数据分布来看，虽然"VC → VV+CV"的情况最多，但也只出现了 6 次，所以还不能够判定俄语中的"VC"型音节结构进入汉语后的明显倾向性。

俄语原词中的"CVC"型音节结构进入汉语后，除了保留原有的"CVC"型音节结构外，还演变成汉语中的"CV+CV""CV+V""CVV+CV""CV""CVV+V""CVV""VVV+CV""VVC""VV+CV"等 9 种音节结构。除表 3-1 中所列出的情况外，其进入汉语后还出现了演变为"VVV+V""VVV+VV""CVV+CVV""CV+CV+CV""VVV+VV+CV""CVVV+CV+CV"等音节组合的个别情况。从表 3-1 中的数据分布可以看到，"CVC → CV+CV"的情况出现了 47 次，"CVC → CV+V"的情况出现了 26 次，"CVC → CVV+CV"的情况出现了 23 次，"CVC → CV"的情况出现了 20 次，"CVC → CVV+V"的情况出现了 11 次，"CVC → CVV"的情况出现了 9 次，"CVC → VVV+CV"的情况出现了 5 次，"CVC → VVC"的情况出现了 3 次，"CVC → VV+CV"的情况出现了 2 次。可见，俄语中的"CVC"型音节结构被汉语改造成"CV+CV"型音节结构的情况最为普遍。其进入汉语后依旧保持原有一个音节结构的情况则以"CVC → CV"最为常见，至少有 20 次。

从俄语 A 类音节进入汉语后的演变情况来看，俄语"CVC"型音节进入汉语后发生演变的情况最普遍，出现了 153 次，"CV"型音节出现了 50 次，"VC"型音节出现了 18 次，"V"型音节出现了 12 次。而仅就现有的数据来看，俄语 A 类音节中的"CVC"型音节进入汉语后发生演变的情况最普遍。

二、俄语 C 类音节结构在汉语中的演变

前文说过，俄语中有而汉语中没有的音节类型主要有 15 种，属于本书归纳的 C 类音节结构。根据本书的语料考察结果，俄语原词中主要出现的 C 类音节结构有 7 种："CCV""VCC""CVCC""CCVC""VCCC""CCVCC""CVCCC"。这些音节结构进入汉语后无一例外地会受到汉语影响而发生演变。同样的，根据最终的分析结果，笔者绘制了表 3-2。

表 3-2　俄语 C 类音节结构进入汉语后的演变情况

俄语音节类型	进入汉语后演变的类型	出现次数	示例
CCV	CCV→CV+CVV	8	俄语"промедол"的音节类型为"CCV+CV+CVC"，音译为"普罗美"后，变成了"CV+CVV+CVV"，原词音节类型中的"CCV"（про）变成了"CV+CVV"（pu+luo）
	CCV→CV+CV	4	俄语"сметана"的音节类型为"CCV+CV+CV"，音译为"稀米旦"后，变成了"CV+CV+CVC"，原词音节类型中的"CCV"（сме）变成了"CV+CV"（xi+mi）
	CCV→CV	1	俄语"знакомый"的音节类型为"CCV+CV+CVC"，音译为"拿过姆"后，变成了"CV+CVV+CV"，原词音节类型中的"CCV"（зна）变成了"CV"（na）
	CCV→CVVV	1	俄语"квиетал"的音节类型为"CCV+VC+VC"，音译为"奎耶塔尔"后，变成了"CVVV+VV+CV+V"，原词音节类型中的"CCV"（кви）变成了"CVVV"（kuei）
	CCV→CV+CVC	1	俄语"Станица"的音节类型为"CCV+CV+CV"，音译为"斯坦尼茨"后，变成了"CV+CVC+CV+CV"，原词音节类型中的"CCV"（Ста）变成了"CV+CVC"（si+tan）
	CCV→CV+CVV+V	1	俄语"ГПУ"的音节类型为"CCV"，音译为"格别乌"后，变成了"CV+CVV+V"，原词音节类型中的"CCV"（ГПУ）变成了"CV+CVV+V"（ge+bie+u）

续　表

俄语音节类型	进入汉语后演变的类型	出现次数	示例
VCC	VCC→V+CV	1	俄语"ВОАПП"的音节类型为"CV+VCC"，音译为"伏阿普"后，变成了"CV+V+CV"，原词音节类型中的"VCC"（АПП）变成了"V+CV"（a+pu）
	VCC→VV+V+CV	1	俄语"Боярская"的音节类型为"CV+VCC+CV+V"，音译为"波雅尔斯"后，变成了"VV+V+CV"，原词音节类型中的"VCC"（ярс）变成了"VV+V+CV"（ia+er+si）
	VCC→VV+CV+CVV	1	俄语"астралит"的音节类型为"VCC+CV+CVC"，音译为"奥司脱拉特"后，变成了"VV+CV+CVV+CV+CV"，原词音节类型中的"VCC"（аст）变成了"VV+CV+CVV"（ao+si+tuo）
CVCC	CVCC→CV+CV+CV	7	俄语"ласт"的音节类型为"CVCC"，音译为"拉斯特"后，变成了"CV+CV+CV"，原词音节类型中的"CVCC"（ласт）变成了"CV+CV+CV"（la+si+te）
	CVCC→CVV+CV+CV	2	俄语"кардокс"的音节类型为"CVC+CVCC"，音译为"卡尔道克斯"后，变成了"CV+V+CVV+CV+CV"，原词音节类型中的"CVCC"（докс）变成了"CVV+CV+CV"（dao+ke+si）
	CVCC→CVV	1	俄语"Петербург"的音节类型为"CV+CVC+CVCC"，音译为"彼得堡"后，变成了"CV+CV+CVV"，原词音节类型中的"CVCC"（бург）变成了"CVV"（bao）
	CVCC→CV+CV	1	俄语"Туркменистан"的音节类型为"CVCC+CV+CV+CCVC"，音译为"土库曼斯坦"后，变成了"CV+CV+CVC+CV+CVC"，原词音节类型中的"CVVC"（Турк）变成了"CV+CV"（tu+ku）
	CVCC→CVV+CV	1	俄语"литовская"的音节类型为"CV+CVCC+CV+V"，音译为"力道斯"后，变成了"CV+CVV+CV"，原词音节类型中的"CVCC"（товс）变成了"CVV+CV"（dao+si）
	CVCC→VVV+CV	1	俄语"ранверсман"的音节类型为"CVC+CVCC+CVC"，音译为"蓝威斯曼"后，变成了"CVC+VVV+CV+CVC"，原词音节类型中的"CVCC"（верс）变成了"VVV+CV"（uei+si）
	CVCC→CVV+VC	1	俄语"комбайн"的音节类型为"CVC+CVCC"，音译为"康拜因"后，变成了"CVC+CVV+VC"，原词音节类型中的"CVCC"（байн）变成了"CVV+VC"（bai+in）
	CVCC→CVC+CVV	1	俄语"пасилингва"的音节类型为"CV+CV+CVCC+CV"，音译为"帕西林果阿"后，变成了"CV+CV+CVC+CVV+V"，原词音节类型中的"CVCC"（линг）变成了"CVC+CVV"（lin+guo）

俄语音节类型	进入汉语后演变的类型	出现次数	示例
CVCC	CVCC→CV+V+CV	1	俄语"форшмак"的音节类型为"CVCC+CVC"，音译为"福尔什马克"后，变成了"CV+V+CV+CV+CV"，原词音节类型中的"CVCC"（форш）变成了"CV+V+CV"（fu+er+shi）
	CVCC→VVV+V+CV	1	俄语"верста"的音节类型为"CVCC+CV"，音译为"维尔斯特"后，变成了"VVV+V+CV+CV"，原词音节类型中的"CVCC"（верс）变成了"VVV+V+CV"（uei+er+si）
	CVCC→CV+VVV+V	1	俄语"Тверь"的音节类型为"CCVC"，音译为"特维尔"后，变成了"CV+VVV+V"，原词音节类型中的"CVVC"（Тверь）变成了"CV+VVV+V"（te+uei+er）
	CVCC→VVV+V+CV	1	俄语"верста"的音节类型为"CVCC+CV"，音译为"维尔斯特"后，变成了"VVV+V+CV+CV"，原词音节类型中的"CVCC"（верс）变成了"VVV+V+CV"（uei+er+si）
CCVC	CCVC→CV+CVV+CV	6	俄语"штос"的音节类型为"CCVC"，音译为"什托斯"后，变成了"CV+CVV+CV"，原词音节类型中的"CCVC"（штос）变成了"CV+CVV+CV"（shi+tuo+si）
	CCVC→CV+CV+CV	5	俄语"блат"的音节类型为"CCVC"，音译为"勃拉特"后，变成了"CV+CV+CV"，原词音节类型中的"CCVC"（блат）变成了"CV+CV+CV"（bo+la+te）
	CCVC→CV+CV	3	俄语"Петроград"的音节类型为"CVC+CV+CCVC"，音译为"彼得格勒"后，变成了"CV+CV+CV+CV"，原词音节类型中的"CCVC"（град）变成了"CV+CV"（ge+le）
	CCVC→CV	1	俄语"комиссар"的音节类型为"CV+CV+CCVC"，音译为"康密沙"后，变成了"CVC+CV+CV"，原词音节类型中的"CCVC"（ссар）变成了"CV"（sha）
	CCVC→CV+CVV	1	俄语"флейта"的音节类型为"CCVC+CV"，音译为"福列塔"后，变成了"CV+CVV+CV"，原词音节类型中的"CCVC"（флей）变成了"CV+CVV"（fu+lie）
	CCVC→CV+CVC	1	俄语"Туркменистан"的音节类型为"CVCC+CV+CV+CCVC"，音译为"土库曼斯坦"后，变成了"CV+CV+CVC+CV+CVC"，原词音节类型中的"CVVC"（стан）变成了"CV+CVC"（si+tan）
	CCVC→VVV+V+CV	1	俄语"вервь"的音节类型为"CVCC"，音译为"维尔夫"后，变成了"VVV+V+CV"，原词音节类型中的"CCVC"（вервь）变成了"VVV+V+CV"（uei+er+fu）
	CCVC→CV+VV+CV	1	俄语"квас"的音节类型为"CCVC"，音译为"格瓦斯"后，变成了"CV+VV+CV"，原词音节类型中的"CCVC"（квас）变成了"CV+VV+CV"（ge+ua+si）

续　表

俄语音节类型	进入汉语后演变的类型	出现次数	示例
VCCC	VCCC → V+CV+CV+CV	1	俄语"Омск"的音节类型为"VCCC",音译为"鄂木斯克"后,变成了"V+CV+CV+CV",原词音节类型中的"VCCC"(Омск)变成了"V+CV+CV+CV"(e+mu+si+ke)
CCVCC	CCVCC → CV+CVC+CV	1	俄语"гринсбон"的音节类型为"CCVCC+CVC",音译为"格林斯本"后,变成了"CV+CVC+CV+CVC",原词音节类型中的"CCVCC"(гринс)变成了"CV+CVC+CV"(ge+lin+si)
	CCVCC → CV+VVV+V+CV	1	俄语"Свердлов"的音节类型为"CCVCC+CVC",音译为"斯维尔德洛夫"后,变成了"CV+VVV+V+CV+CVV+CV",原词音节类型中的"CCVCC"(Сверд)变成了"CV+VVV+V+CV"(si+uei+er+de)
	CVCCC → CV+CV	1	俄语"мундштук"的音节类型为"CVCCC+CVC",音译为"木什斗克"后,变成了"CV+CV+CVV+CV",原词音节类型中的"CVCCC"(мундш)变成了"CV+CV"(mu+shi)
	CVCCC → CVC+CV+CV	1	俄语"нерчинск"的音节类型为"CVC+CVCCC",音译为"涅尔琴斯克"后,变成了"CVV+V+CVC+CV+CV",原词音节类型中的"CVC"(чинск)变成了"CVC+CV+CV"(qin+si+ke)

　　从表 3-2 的情况来看,俄语中的 C 类音节结构进入汉语后演变的形式是十分多样的,除"VCCC"型结构只在本书的考察样本中找到一个词例并仅对应一种演变形式外,其他音节类型在汉语中都对应多种音节结构。如俄语中的"CVCC"型音节结构在汉语中至少有 11 种音节对应方式,"CCVC"型音节结构有 8 种,"CCV"型音节结构有 6 种等。从本书的统计结果来看:C 类音节结构中,"CCVCV+CVV"的情况出现了 8 次,"CVCC → CV+CV+CV"的情况出现了 7 次,"CCVC → CV+CVV+CV"的情况出现了 6 次,"CCVC → CV+CV+CV"的情况出现了 5 次。这些都是 C 类音节结构被改造较多的情况,剩下的情况中改造均不足 4 次。可见,俄语中独有的 C 类音节结构进入汉语后演变的方式虽然多样,但是却没有十分明显的倾向性。

三、俄源词音节结构的演变方式

　　根据上文的分析结果我们可以明显地看到,俄语音节进入汉语后发生演变的情况是十分普遍的。那么这些音节结构是通过怎样的方式演变为汉语音节结构的呢？通过对俄语音节进入汉语后结构演变情况的分析，我们发现，这些俄语音节主要通过增加音位和删减音位这两种方式发生演变。下面予以具体分析。

（一）增加音位

从本书的考察结果来看，俄语音节进入汉语后通过增加音位的方式改变其原有结构的情况是十分普遍的。具体情况如表3-3所示。

表3-3 俄源词增音情况统计

音位类别	所增音位	次数	总次数	占比/%	示例
元音	e[ɤ]	85	179	47.49	俄语"фунт"的音节类型为"CVCC"，音译为"分特"后变成了"CVC+CV"，在原词音节尾部增加了元音"e[ɤ]"
	u[u]	35	179	19.55	俄语"сиф"的音节类型为"CVC"，音译为"西伏"（到岸价）后变成了"CV+CV"，在原词音节尾部增加了元音"u[u]"
	-i[ʅ]	21	179	11.73	俄语"кекс"的音节类型为"CVCC"，音译为"吉克斯"后变成了"CV+CV+CV"，在原词音节尾部增加了元音"-i[ʅ]"
	i[i]	15	179	8.38	俄语"товарищ"的音节类型为"CV+CV+CVC"，音译为"杜瓦里希"后变成了"CV+VV+CV+CV"，在原词音节尾部增加了元音"i[i]"
	-i[ʅ]	9	179	5.03	俄语"штос"的音节类型为"CCVC"，音译为"什托斯"后变成了"CV+CVV+CV"，在原词音节中部增加了元音"-i[ʅ]"
	a[a]	3	179	1.68	俄语"квас"的音节类型为"CCVC"，音译为"喀瓦斯"（"格瓦斯"的又一种音译）后变成了"CV+VV+CV"，在原词音节中部增加了元音"a[a]"
	o[o]	2	179	1.12	俄语"блат"的音节类型为"CCVC"，音译为"勃拉特"后变成了"CV+CV+CV"，在原词音节中部增加了元音"o[o]"
	ie[iɛ]	2	179	1.12	俄语"ГПУ"的音节类型为"CCV"，音译为"格别乌"后变成了"CV+CVV+V"，在原词音节中部增加了复合元音"ie[iɛ]"
	ei[ei]	1	179	0.56	俄语"кувяк"的音节类型为"CV+V+CVC"，音译为"库亚维亚克"后变成了"CV+VV+VVV+VV+CV"，进入汉语后增加了复合元音"ei[ei]"

续 表

音位 类别	所增 音位	次数	总次数	占比/%	示例
元音	uo[uo]	1	179	0.56	俄语"пасилингва"的音节类型为"CV+CV+CVC C+CV",音译为"帕西林果阿"后变成了"CV+CV+CVC+CVV+V",进入汉语后增加了复合元音"uo[uo]"
辅音	ng[ŋ]	3	179	1.68	俄语"Фергана"的音节类型为"CVC+CV+CV",音译为"费尔干纳"后变成了"CVV+V+CVC+CV",原词音节类型中的"CV"(ra)变成了"CVC"(gan),进入汉语后增加了辅音"n[n]"
	n[n]	2	179	1.12	俄语"семинар"的音节类型为"CV+CV+CVC",音译为"习明纳尔"后变成了"CV+CVC+CV+V",原词音节类型中的"CV"(ми)变成了"CVC"(ming),进入汉语后增加了辅音"ng[ŋ]"

从表 3-3 的情况来看,俄语音节进入汉语演变为汉语音节结构的过程中,增加音位的情况是很普遍的,其增加的音位既有元音,又有辅音。其中增加的元音有 10 个,包括 7 个单元音(e[ɤ]、u[u]、o[o]、-i[ɻ]、-i[ɿ]、a[a]、i[i]),3 个复合元音(ie[iɛ]、ei[ei]、uo[uo]);增加的辅音有 2 个(ng[ŋ]、n[n])。整体上来看,增加元音的情况十分普遍,增加辅音只属于个别现象。其中被增加最多的元音音位为 e[ɤ],占到了总数的近一半,u[u]、-i[ɿ]、i[i]、-i[ɻ] 音位增加的情况也较多。至于其他音位 a[a]、o[o]、ie[iɛ]、ei[ei]、uo[uo]、ng[ŋ]、n[n] 则所占比例不高,本书认为其属于例外的情况。

(二)删减音位

俄语音节进入汉语后除了用增加音位的方式改变原有音节结构,还会使用删减音位的方式改变原有音节结构。根据最终的分析结果,笔者绘制了如表 3-4 所示的俄源词删音情况统计。

表 3-4　俄源词删音情况统计

音位类别	所删音位	次数	总次数	占比/%	示例
辅音	p[ʀ]	24	76	31.58	俄语"Туркменистан"的音节类型为"CVCC+CV+CV+CCVC"，音译为"土库曼斯坦"后，变成了"CV+CV+CVC+CV+CV"，原词音节类型中的"CVCC"（Турк）变成了"CV+CV"（tu+ku），减少了原词中的辅音"p[ʀ]"
	л[ɮ]	11	76	14.47	俄语"маллил"的音节类型为"CVC+CVC"，音译为"玛立尔"（一种催眠剂）后，变成了"CV+CV+V"，原词音节类型中的"CVC"（мал）变成了"CV"（ma），删去了原词音节尾部的辅音"л[ɮ]"
	т[t]	12	76	15.79	俄语"карболит"的音节类型为"CVC+CV+CVC"，音译为"卡波立"后，变成了"CV+CV+CV"。原词音节类型中的"CVC"（лит）变成了"CV"（li），删去了原词音节尾部的辅音"т[t]"
	ль[ɮʲ]	2	76	2.63	俄语"рубль"的音节类型为"CVCC"，音译为"卢布"后，变成了"CV+CV"，删去了原词音节尾部的辅音"ль[ɮʲ]"
	н[n]	2	76	2.63	俄语"монпансье"的音节类型为"CVC+CVC+CV"，音译为"蒙巴谢"后，变成了"CVC+CV+CVV"。原词音节类型的"CVC"（пан）变成了"CV"（ba），减少了原词音节尾部的辅音"н[nʲ]"
	в[v]	2	76	2.63	俄语"литовская"的音节类型为"CV+CVCC+CV+V"，音译为"力道斯"后，变成了"CV+CVV+CV"，原词音节类型中的"CVCC"（товс）变成了"CVV+CV"（dao+si），删去了原词中位于音节中部的辅音"в[v]"
	д[d]	2	76	2.63	俄语"Петроград"的音节类型为"CVC+CV+CCVC"，音译为"彼得格勒"后，变成了"CV+CV+CV+CV"，原词音节类型中的"CCVC"（град）变成了"CV+CV"（ge+le），删去了原词中位于音节尾部的辅音"д[dʲ]"
	c[s]	1	76	1.32	俄语"камаринская"音节类型为"CV+CV+CVCC+CV+V"，音译为"喀马林"后，变成了"CV+CV+CVC"，原词音节类型中的"CVCC"（ринс）进入汉语后变成了"CVC"（lin），删去了原词中位于音节尾部的辅音"c[s]"
	з[z]	1	76	1.32	俄语"знакомый"音节类型为"CCV+CV+CVC"，音译为"拿过姆"（〈方〉熟人；熟悉）后，变成了"CV+CVV+CV"，删去了原词中位于音节首位的辅音"з[z]"

续 表

音位类别	所删音位	次数	总次数	占比 /%	示例
辅音	й[j]	1	76	1.32	俄语"Енисей"的音节类型为"V+CV+CVC",音译为"叶尼塞"后,变成了"VV+CV+CVV",原词音节类型中的"CVC"(сей)变成了"CVV"(sai),删去了原词中位于音节尾部的辅音"й[j]"
	x[x]	1	76	1.32	俄语"хлеб"音节类型为"CCVC",音译为"列巴"后,变成了"CVV+CV"(lie+ba),删去了原词的位于音节首位的辅音"x[x]"
	м[m]	1	76	1.32	俄语"радиом"的音节类型为"CV+CV+VC",音译为"雷电欧"后,变成了"CVV+CVVC+VV",原词音节类型中的"VC"(ом)变成了"VV"(ou),删去了原词中位于音节尾部的辅音"м[m]"
	к[k]	1	76	1.32	俄语"Букхара"的音节类型为"CVC+CV+CV",音译为"布哈拉"后,变成了"CV+CV+CV",原词音节类型中的"CVC"(Бук)变成了"CV"(bu),删去了原词中位于音节尾部的辅音"к[k]"
	п[p]	1	76	1.32	俄语"оппанол"的音节类型为"VC+CV+CVC",音译为"奥帕诺耳"后,变成了"VV+CV+CVV+V",原词音节类型中的"VC"(оп)变成了"VV"(ao),删去了原词中位于音节尾部的辅音"п[p]"
	ц[tsʰ]	1	76	1.32	俄语"пошехонец"的音节类型为"CV+CV+CV+CVC",音译为"波舍杭"后,变成了"CV+CV+CVC",原词音节类型中的"CV+CVC"(хонец)变成了"CVC"(hang),删去了原词中位于音节尾部的辅音"ц[tsʰ]"
元音	e[je]	5	76	6.58	俄语"бояре"的音节类型为"CV+V+CV",音译为"波雅尔"后,变成了"CV+VV+V",原词音节类型中的"CV"(pe)变成了"V"(er),删去了俄语原词中位于尾部的元音"e[je]"
	a[a]	4	76	5.26	俄语"Украина"的音节类型为"VC+CV+V+CV",音译为"乌克兰"后,变成了"V+CV+CVV",原词音节类型中的"CV+V+CV"(раина)变成了"CVV"(lan),位于原词音节尾部的元音"a[a]"
	и[i]	2	76	2.63	俄语"Абхазия"的音节类型为"VC+CV+CV+V",音译为"阿布哈兹"后,变成了"V+CV+CV+CV",删去了原词中位于词尾独立作音节的元音"я[ja]"
	я[ja]	2	76	2.63	俄语"Туркменистан"的音节类型为"CVCC+CV+CV+CCVC",音译为"土库曼斯坦"后,变成了"CV+CV+CVC+CV+CVC",原词音节类型中的"CV+CV"(ме-ни)变成了"CVC"(man),删去了原词中位于音节中部的元音"и[i]"

从表 3-4 的情况来看，俄语音节进入汉语后删减的音位同样既有辅音，也有元音。其中删减的辅音主要有 c[s]、p[ʀ]、н[n]、з[z]、й[j]、x[x]、л[ɫ]、ль[ɫʲ]、т[t]、д[d]、к[k]、в[v]、п[p]、ц[tsʰ]，共计 15 个。删减的元音主要有 a[a]、и[i]、e[je]、я[ja]、y[u]，共计 5 个。删除原词中辅音的情况是比较突出的，如俄语中的辅音 p[ʀ]、л[ɫ] 和 т[t] 在被删除的音位中占有很大比例。被删除的辅音还有一个最大的特点，那就是删除的辅音绝大多数为俄语中的硬辅音，软辅音被删除的情况只出现了一例。元音中的 e[je] 和 a[a] 也存在被删除的情况。至于其他音位 c[s]、з[z]、й[j]、x[x]、м[m]、к[k]、ц[tsʰ]、п[p] 只出现了个别用例，本书认为其属于例外的情况。

综上可见，俄语音节进入汉语后发生结构演变的情况是十分普遍的。汉语对其的改造主要通过增加音位、删减音位来实现。从本书的统计情况来看，增加音位的情况出现了 179 次，删减音位的情况出现了 76 次。仅从数据分布的情况来看，俄语音节进入汉语后结构演变的方式以增加音位更为常见。

第二节　汉俄音系匹配类型及方式

陈保亚（1996）在研究汉语和傣语接触的过程中，发现傣语音系在音质上匹配汉语音系会使傣汉语（傣族人说的汉语）由无序变异走向有序变异，并详细论述了傣族用自己的母语（傣语）去匹配目标语言（汉语）所形成的傣汉语和汉语在语音上形成的复杂关系（陈保亚，1996：12）。匹配的实质就是通过一种对应关系用母语的音来发目标语言的音。本书通过对 291 个纯音译俄源词、197 个音译加注俄源词和 106 个音译加意译俄源词的音译部分进行分析，发现汉俄语言接触中，汉语常常用能做声母的辅音与俄语词首辅音相匹配，用汉语中的韵母与俄语中的元音相匹配。

一、汉语声母匹配俄语词首辅音

标准俄语中，由 21 个辅音字母分别表示 36 个辅音音位：п[p]、пь[pʲ]、б[b]、бь[bʲ]、в[v]、вь[vʲ]、ф[f]、фь[fʲ]、д[d]、дь[dʲ]、т[t]、ть[tʲ]、к[k]、кь[kʲ]、 г[g]、гь[gʲ]、х[x]、хь[xʲ]、м[m]、мь[mʲ]、н[n]、нь[nʲ]、с[s]、сь[sʲ]、з[z]、зь[zʲ]、л[ɫ]、ль[ɫʲ]、р[ʀ]、рь[ʀʲ]、ц[tsʰ]、ш[ʃ]、ж[ʒ]、ч[tʃʰ]、щ[ɕ:]、й[j]。俄语中的辅音有清浊、软硬之分。清辅音和浊辅音的区别是俄语语音方面的基本特点之一，这种区别对于区分词义是非常重要的。如 дело（事业）和 тело（身体、物体）在发音上的不同之处在于词首辅音的发音方法上，д[d] 是浊辅音，т[t] 是清辅音。б[b]—п[p]、д[d]—т[t]、г[g]—к[k]、з[z]—с[s]、ж[ʒ]—ш[ʃ] 在俄语中是清浊成对的辅音。俄语辅音还有一个十分重要的特点，就是存在硬辅音和软辅音的差别。如 п[p]—пь[pʲ]、б[b]—бь[bʲ]、в[v]—вь[vʲ]、ф[f]—фь[fʲ]、д[d]—дь[dʲ]、т[t]—ть[tʲ]、к[k]—（кь[kʲ]）、г[g]—（гь[gʲ]）、х[x]—（хь[xʲ]）、м[m]—мь[mʲ]、н[n]—нь[nʲ]、с[s]—сь[sʲ]、з[z]—зь[zʲ]、л[ɫ]—ль[ɫʲ]、р[ʀ]—рь[ʀʲ] 在俄语中就有硬辅音和软辅音的差别。俄语中的大部分辅音音素（ц、ш、ж、ч、щ、й 除外）都能发硬音和软音。这是根据舌头在发音时状态的不同所作的区分。发软音时舌的中央部分稍向上腭前部抬起，整个舌头微微向前运动，发硬音时则没有这个动作（郁洁，1955：40）。ц[tsʰ]、ш[ʃ]、ж[ʒ] 永远发硬音，即使在元音字母 и、e、ё 之前亦发硬音。ч[tʃʰ]、щ[ɕ:] 无论在什么元音字母之前都发软音，й 无论在什么元音字母之后都发软音。（кь[kʲ]）、（гь[gʲ]）、（хь[xʲ]）被置于括号内，是因为这三个软辅音并不像其他软辅音那样在后舌元音前、辅音前和词尾都可以发音，一般情况下其只能在前舌元音 e、и 之前发音，不具有独立性。俄语中硬辅音和软辅音的区分在俄语语音学中与清浊之分具有同样重要的意义，是俄语语音学的基本特点之一。比如，俄语中 вол（牛）和 вёл（引导）、рад（高兴）和 ряд（行列）等词在发音上的差别仅在于 в、р 是发硬辅音还是软辅音，但是其意义却不同。也就是说，在俄语中，硬辅音和软辅音的对立可以起到区别词义的作用。

为了更直观地展示俄语辅音的分布情况，笔者绘制了表 3–5。

表3-5 俄语辅音系统分布

发音方法 \ 发音部位		双唇 硬	双唇 软	唇齿 硬	唇齿 软	舌尖前 硬	舌尖前 软	舌叶 硬	舌叶 软	舌面前 硬	舌面前 软	舌面中 硬	舌面中 软	舌面后 硬	舌面后 软	小舌 硬	小舌 软
塞音	清	п [p]	пь [pʲ]			т [t]	ть [tʲ]							к [k]	кь [kʲ]		
	浊	б [b]	бь [bʲ]			д [d]	дь [dʲ]							г [g]	гь [gʲ]		
塞擦音	清					ц [tsʰ]			ч [tʃʰ]									
	浊																
擦音	清			ф [f]	фь [fʲ]	с [s]	сь [sʲ]	ш [ʃ]			щ [ɕ:]			х [x]	хь [xʲ]		
	浊			в [v]	вь [vʲ]	з [z]	зь [zʲ]	ж [ʒ]									
鼻音	浊	м [m]	мь [mʲ]			н [n]	нь [nʲ]										
颤音	浊															р [R]	рь [Rʲ]
边擦	浊					л [ɫ]	ль [ɫʲ]										
半元音	浊													й [j]			

现代汉语普通话有22个辅音，分别是：b[p]、p[pʰ]、m[m]、f[f]、z[ts]、c[tsʰ]、s[s]、d[t]、t[tʰ]、n[n]、l[l]、zh[tʂ]、ch[tʂʰ]、sh[ʂ]、r[z]、g[k]、k[kʰ]、h[x]、j[tɕ]、q[tɕʰ]、x[ɕ]、ng[ŋ]。根据其发音部位和发音方法的不同，笔者绘制了表3-6。

表3-6 汉语辅音系统分布

发音方法 \ 发音部位			双唇	唇齿	舌尖前	舌尖后	舌面前	舌面后
塞音	清	不送气	b[p]		d[t]			g[k]
		送气	p[pʰ]		t[tʰ]			k[kʰ]
	浊	不送气						
		送气						
塞擦音	清	不送气			z[ts]	zh[tʂ]	j[tɕ]	
		送气			c[tsʰ]	ch[tʂʰ]	q[tɕʰ]	

续 表

发音方法 \ 发音部位			双唇	唇齿	舌尖前	舌尖后	舌面前	舌面后
塞擦音	浊	不送气						
		送气						
擦音	清			f[f]	s[s]	sh[ʂ]	x[ɕ]	h[x]
	浊					r[ʐ]		
鼻音	浊		m[m]		n[n]			ng[ŋ]
边音	浊				l[l]			

从表 3-5 和表 3-6 中可以看到,从发音部位来看,汉俄语中都存在双唇、唇齿、舌尖前、舌面前和舌面后辅音。俄语中有舌叶音和小舌音,汉语没有;汉语中有舌尖后音,俄语没有。汉俄发音还有一个最大的区别是,俄语中的辅音在发音部位上有硬辅音和软辅音的区别,汉语没有这种区别。从发音方法来看,塞音、塞擦音、擦音和鼻音在汉俄两种语言中都有。俄语中有边擦音、颤音和半元音,汉语没有;汉语中有边音,俄语没有。对于汉俄语中都存在的塞音、塞擦音、擦音而言,汉俄两种语言在细节上存在差别,汉语中的塞音和塞擦音全部是清辅音,并且用送气和不送气区别词义。汉语中的擦音存在一个浊辅音。俄语中的塞音和擦音既有清辅音又有浊辅音,并且用清浊对立区别词义。俄语中的塞擦音只有清辅音,没有浊辅音。可见,总体看来,俄语辅音无论是发音部位还是发音方法,都比汉语要丰富。根据汉俄辅音的对比结果,本书将汉俄语言中的辅音分为三种类型。

A 类:汉俄语中共有的辅音,主要有 п[p]—b[p]、ф[f]—f[f]、т[t]—d[t]、к[k]—g[k]、x[x]—h[x]、м[m]—m[m]、н[n]—n[n]、c[s]—s[s]、ц[tsʰ]—c[tsʰ] 等共计 9 个。

B 类:汉语中有、俄语中没有的辅音,主要有 p[pʰ]、z[ts]、t[tʰ]、j[tɕ]、q[tɕʰ]、x[ɕ]、ng[ŋ]、k[kʰ]、l[l]、zh[tʂ]、ch[tʂʰ]、sh[ʂ]、r[ʐ] 等共计 13 个。

C 类:俄语中有、汉语中没有的辅音,主要有 пь[pʲ]、б[b]、бь[bʲ]、в[v]、вь[vʲ]、фь[fʲ]、д[d]、дь[dʲ]、ть[tʲ]、кь[kʲ]、г[g]、гь[gʲ]、хь[xʲ]、мь[mʲ]、нь[nʲ]、сь[sʲ]、з[z]、зь[zʲ]、л[ɫ]、ль[ɫʲ]、p[ʀ]、рь[ʀʲ]、ш[ʃ]、ж[ʒ]、ч[tʃʰ]、щ[ɕ:]、й[j] 等共计 27 个。

声母是指音节开头的辅音。汉语普通话的 22 个辅音，只有舌面后鼻辅音 [ŋ] 不能出现在音节开头，只能作为韵尾，其他辅音均可以作声母。下面本书就根据所划分出的类别，具体研究俄语中的 A 类和 C 类辅音进入汉语后与汉语声母的匹配情况。

（一）汉语声母与 A 类辅音的匹配

根据本书对汉语俄源词音译形式的考察结果，汉语声母在匹配汉俄语中都存在的 A 类辅音时主要有如表 3-7 所示的一些情况。

表 3-7　汉语声母与 A 类辅音的匹配情况

匹配特点	俄语辅音	汉语声母匹配情况	示例
发音部位、发音方法相同	п [p]	п[p]—b[p]	将俄语原词"парик"音译为"巴立克"（拜占庭时代的农奴）时，用汉语声母 b[p] 与俄语原词中位于词首的辅音 п[p] 进行匹配。从发音部位来看，其均为双唇音；发音方法的相同之处是，均为不送气塞音
	ф[f]	ф[f]—f[f]	将俄语原词"фунт"译成汉语俄源词"分特"（俄磅）时，用汉语中与之发音部位相同、发音方法也相同的声母 f[f] 与俄语原词中位于词首的硬辅音 ф[f] 进行匹配。从发音部位来看，其均为唇齿音；从发音方法来看，其均为擦音
	т[t]	т[t] —d[t]	将俄语原词"табак"译成汉语俄源词"搭巴克"（〈方〉烟草）时，用汉语声母 d[t] 与俄语原词中位于词首的硬辅音 т[t] 进行匹配。从发音部位来看，其均为舌尖前音；发音方法的相同之处是，均为塞音
	к[k]	к[k]—g[k]	将俄语原词"копейка"译作"戈比"（俄国货币单位）时，用汉语声母 g[k] 与俄语原词中位于词首的硬辅音 к[k] 进行匹配。从发音部位来看，其均为舌面后音；发音方法的相同之处是，均为塞音
	x[x]	x[x]—h[x]	将俄语原词 хлорадит 译成汉语俄源词"赫罗拉契"（一种炸药）时，用汉语中的声母 h[x] 与俄语原词中位于词首的硬辅音 x[x] 进行匹配。从发音部位来看，其均为舌面后音；从发音方法来看，其均为擦音
	м[m]	м[m]—m[m]	将俄语原词"москаль"音译为汉语俄源词"莫斯卡里"（苏联革命前，乌克兰和白俄罗斯人对于俄罗斯人的改称）时，用汉语中与之发音部位相同、发音方法也相同的声母 m[m] 对俄语原词中位于词首的辅音 м[m] 进行匹配。从发音部位来看，其均为双唇音；从发音方法来看，其均为鼻音，且声带振动

续　表

匹配特点	俄语辅音	汉语声母匹配情况	示例
发音部位、发音方法相同	н[n]	н[n]—n[n]	将俄语原词"ноллес"音译为汉语俄源词"诺列斯"（纺织厂里用精梳机精梳羊毛时脱落下来的短纤维）时，用汉语中与之发音部位相同、发音方法也相同的声母n[n]与俄语原词中位于词首的硬辅音н[n]进行匹配。从发音部位来看，其均为舌尖前音；从发音方法来看，其均为鼻音，且声带振动
	c[s]	c[s]—s[s]	将俄语原词"сокол"译成"索科勒"（捷克斯洛伐克及某些斯拉夫国家的运动团体或成员）时，用汉语中与之发音部位相同、发音方法也相同的声母s[s]与俄语原词中位于词首的硬辅音c[s]进行匹配。从发音部位来看，其均为舌尖前音；从发音方法来看，其均为擦音
	ц[tsʰ]	ц[tsʰ]—c[tsʰ]	将俄语原词"церуль"译成"采鲁里舞"（格鲁吉亚的一种民间舞）时，用汉语中的声母c[tsʰ]与俄语原词中位于词首的硬辅音ц[tsʰ]进行匹配。从发音部位来看，其均为舌尖前音；从发音方法来看，其均为塞擦音，且发音时均有送气
发音部位相同，发音方法相近	п[p]	п[p]—p[pʰ]	将俄语原词"пут"音译为汉语俄源词"普特"（苏联的重量单位）时，用汉语中与之发音部位相同、发音方法略有不同的声母p[pʰ]与俄语原词中位于词首的辅音п[p]进行匹配。从发音部位看，这两个辅音均为双唇音，其在发音方法上的主要差异为：发俄语辅音п[p]时不送气，发汉语声母p[pʰ]时送气
	т[t]	т[t]—t[tʰ]	将俄语原词тар音译为"塔尔"（一种羊的名称）时，用汉语中与之发音部位相同、发音方法略有不同的声母t[tʰ]匹配俄语原词中位于词首的辅音т[t]。从发音部位看，这两个辅音均为舌尖前音，其在发音方法上的主要差异为：发俄语辅音т[t]时不送气，发汉语声母t[tʰ]时送气
	к[k]	к[k]—k[kʰ]	将俄语原词"комиссар"音译为"康密沙"（政委的音译）时，用汉语中与之发音部位相同、发音方法略有不同的声母k[kʰ]匹配俄语原词中位于词首的硬辅音к[k]。从发音部位看，这两个辅音均为舌面后音，其在发音方法上的主要差异为：发俄语辅音к[k]时不送气，发汉语声母k[kʰ]时送气
	ц[tsʰ]	ц[tsʰ]—s[s]	将俄语原词"целлодекс"译为"赛珞切克斯"（一种皮革代用品）时，用汉语声母s[s]与俄语原词中位于词首的硬辅音ц[tsʰ]进行匹配。从发音部位来看，这两个辅音均为舌尖前音，其在发音方法上的差别为：俄语辅音ц[tsʰ]为塞擦音，汉语声母s[s]为擦音
发音方法相同，发音部位相近	c[s]	c[s]—sh[ʂ]	将俄语原词"Санин"译为"沙宁"（俄国小说人物名）时，用汉语声母sh[ʂ]与俄语原词中位于词首的硬辅音c[s]进行匹配。从发音方法来看，其均为声带不振动的擦音；发音部位的差别在于，俄语辅音c[s]是舌尖前音，汉语声母sh[ʂ]是舌尖后音

匹配特点	俄语辅音	汉语声母匹配情况	示例
发音方法相同，发音部位相近	ц[tsʰ]	ц[tsʰ]—q[tɕʰ]	将俄语原词"цибанит"译成"齐巴尼特"（苯胺甲醛塑料）时，用汉语中的声母q[tɕʰ]与俄语原词中位于词首的辅音ц[tsʰ]进行匹配。从发音方法来看，其均为声带不振动的塞擦音，且发音时均送气；发音部位的差别在于：俄语辅音ц[tsʰ]是舌尖前音，汉语声母q[tɕʰ]是舌面前音
发音部位相近，发音方法不同	ц[tsʰ]	ц[tsʰ]—sh[ʂ]	将俄语原词"царь"译成"沙皇"时，用汉语中的声母sh[ʂ]与俄语位于词首的辅音ц[tsʰ]进行匹配。从发音部位来看，俄语辅音ц[tsʰ]为舌尖前音，汉语声母sh[ʂ]为舌尖后音，发音部位虽然不同，但很接近；从发音方法来看，俄语辅音ц[tsʰ]为送气的塞擦音，汉语声母sh[ʂ]为擦音，发音方法不同

从表3-7中可以看到，对于汉俄语言中都有的A类辅音，汉语主要用四种方式与其匹配：（1）用与其发音部位和发音方法均相同的声母匹配；（2）用与其发音部位相同、发音方法相近的声母匹配；（3）用与其发音方法相同、发音部位相近的声母进行匹配；（4）用与其发音部位相近、发音方法不同的声母进行匹配。从俄源词所反映的情况来看，汉俄语中共有的9个辅音在汉俄语音接触中都有出现，用与其发音部位和发音方法均相同的汉语声母同其匹配的情况最常见。用与其发音部位相近、发音方法不同的汉语声母同其进行匹配的情况则相对较少。

（二）汉语声母与C类辅音的匹配

根据本书对俄源词音译形式的考察结果，汉语声母在匹配俄语中独有的C类辅音时主要有如表3-8所示的一些情况。

表3-8　汉语声母与俄语C类辅音的匹配情况

匹配特点	俄语辅音	汉语声母匹配情况	示例
发音部位相同，发音方法相近	пь[pʲ]	пь[pʲ]—b[p]	将俄语原词"пиво"音译为汉语俄源词"比瓦"（〈方〉啤酒）时，用汉语声母b[p]与俄语原词中位于词首的软辅音пь[pʲ]进行匹配。从发音部位来看，其均为双唇音。发音方法的相同之处是，其均为不送气塞音；不同之处仅在于，发俄语辅音пь[pʲ]时，舌面前部稍微抬高，略与硬腭接触，使辅音带一些[i]的色彩，语言学中也把这样的情况叫作腭化音（张树铮，2012：98）

续 表

匹配特点	俄语辅音	汉语声母匹配情况	示例
发音部位相同，发音方法相近	пь[pʲ]	пь[pʲ]—p[pʰ]	将俄语原词"пинчер"音译为"品捷狗"时，用汉语声母p[pʰ]与俄语原词中位于词首的软辅音пь[pʲ]进行匹配。从发音部位来看，其均为双唇音。发音方法的相同之处是，其均为不送气塞音，不同之处仅在于俄语辅音пь[pʲ]是腭化音，发音时不送气，发汉语声母p[pʰ]时送气
	фь[fʲ]	фь[fʲ]—f[f]	将俄语原词"фенатин"音译为汉语俄源词"非那丁"（药品名）时，用汉语声母f[f]与俄语原词中位于词首的软辅音фь[fʲ]进行匹配。从发音部位来看，其均为唇齿音。发音方法的相同之处是，其均为擦音，不同之处仅在于俄语的辅音фь[fʲ]是腭化音
	ть[tʲ]	ть[tʲ]—t[tʰ]	将俄语原词"тифен"音译为俄源词"替吩"（苏联生产的一种治疗痉挛的药）时，用汉语声母t[tʰ]匹配俄语原词中位于词首的辅音ть[tʲ]。从发音部位看，这两个音均为舌尖前音，其在发音方法上的主要差异为：俄语辅音ть[tʲ]为腭化音，发汉语声母t[tʰ]时送气
	мь[mʲ]	мь[mʲ]—m[m]	将俄语原词"меньшевик"音译为汉语俄源词"孟什维克"时，用汉语声母m[m]匹配俄语原词中位于词首的软辅音мь[mʲ]。从发音部位来看，其均为双唇音；从发音方法来看，其均为鼻音，且声带振动，这两个音唯一的差别在于俄语辅音мь[mʲ]是腭化音
	нь[nʲ]	нь[nʲ]—n[n]	将俄语原词"НЭП"音译为汉语俄源词"耐普"（新经济政策）时，用汉语声母n[n]对俄语原词中位于词首的软辅音нь[nʲ]进行匹配。从发音部位来看，其均为舌尖前音；从发音方法来看，其均为鼻音，且声带振动，这两个音唯一的差别在于俄语辅音нь[nʲ]为腭化音
	сь[sʲ]	сь[sʲ]—s[s]	将俄语原词"сенат"译成汉语俄源词"萨那特"（旧俄枢密院）时，用汉语声母s[s]对俄语原词中位于词首的软辅音сь[sʲ]进行匹配。从发音部位来看，其均为舌尖前音；从发音方法来看，其均为擦音，这两个音唯一的差别在于俄语辅音сь[sʲ]为腭化音
	б[b]	б[b]—b[p]	将俄语原词"большевик"音译为汉语俄源词"布尔什维克"时，用汉语声母b[p]对俄语原词中位于词首的硬辅音б[b]进行匹配。从发音部位看，这两个音均为双唇音。其在发音方法上的主要差异为：俄语辅音б[b]为浊辅音，发音时声带振动；汉语声母b[p]为清辅音，发音时声带不振动

匹配特点	俄语辅音	汉语声母匹配情况	示例
发音部位相同，发音方法相近	бь[bʲ]	бь[bʲ]—b[p]	将俄语原词"бешкеш"音译为汉语俄源词"别什凯什"（礼物的一种）时，用汉语声母 b[p] 对俄语原词中位于词首的软辅音 бь[bʲ] 进行匹配。从发音部位看，这两个音均为双唇音。其在发音方法上的主要差异为：俄语软辅音 бь[bʲ] 为浊辅音、腭化音，发音时声带振动；汉语声母 b[p] 为清辅音，发音时声带不振动
	л[ɫ]	л[ɫ]—l[l]	将俄语原词"ласт"音译为"拉斯特"（俄国商船上通用的容量单位）时，用汉语声母 l[l] 对俄语原词中位于词首的硬辅音 л[ɫ] 进行匹配。从发音部位来看，其均为舌尖前音。发音方法的相同之处是，其均为声带振动的浊辅音；不同之处在于：俄语辅音 л[ɫ] 为边擦音，汉语声母 l[l] 为边音
	ль[ɫʲ]	ль[ɫʲ]—l[l]	将俄语原词"лира"音译为"里拉"（乌克兰的一种有键的弦乐器）时，用汉语声母 l[l] 对俄语原词中位于词首的软辅音 ль[ɫʲ] 进行匹配。从发音部位来看，其均为舌尖前音。发音方法的相同之处是，其均为声带振动的浊辅音；不同之处在于：俄语软辅音 ль[ɫʲ] 为边擦音、腭化音，汉语声母 l[l] 为边音
	д[d]	д[d]—d[t]	将俄语原词"дума"音译为"杜马"（国家议会）时，用汉语声母 d[t] 对俄语原词中位于词首的硬辅音 д[d] 进行匹配。从发音部位来看，其均为舌尖前音。发音方法的相同之处是，其均为塞擦音；不同之处在于：发俄语硬辅音 д[d] 时声带振动，发汉语声母 d[t] 时声带不振动
	дь[dʲ]	дь[dʲ]—d[t]	将俄语原词"дехолин"音译为"德荷林"（一种医治胆囊及胆道炎的药品）时，用汉语声母 d[t] 对俄语原词中位于词首的软辅音 дь[dʲ] 进行匹配。从发音部位来看，其均为舌尖前音。发音方法的相同之处是，其均为塞擦音；不同之处在于：俄语软辅音 дь[dʲ] 为腭化音，发音时声带振动，发汉语声母 d[t] 时声带不振动
	г[g]	г[g]—g[k]	将俄语原词"госплан"音译为"高士泼林"（苏联的国家计划委员会）时，用汉语声母 g[k] 对俄语原词中位于词首的硬辅音 г[g] 进行匹配。从发音部位看，这两个音均为舌面后音，其在发音方法上的主要差异为：俄语硬辅音 г[g] 为浊辅音，发音时声带振动，发汉语声母 g[k] 时声带不振动
	гь[gʲ]	гь[gʲ]—g[k]	将俄语原词"гепалон"音译为"盖帕龙"（一种治贫血症的肝脏制剂）时，用汉语声母 g[k] 对俄语原词中位于词首的软辅音 гь[gʲ] 进行匹配。从发音部位看，这两个音均为舌面后音，其在发音方法上的主要差异为：俄语软辅音 гь[gʲ] 为浊辅音，发音时声带振动，发汉语声母 g[k] 时声带不振动

续 表

匹配特点	俄语辅音	汉语声母匹配情况	示例
发音部位相近，发音方法相近	в[v]	в[v]—f[f]	将俄语原词"ВОАПП"译成"伏阿普"（无产阶级作家联盟）时，用汉语声母 f[f] 对俄语原词位于词首的硬辅音 в[v] 进行匹配。从发音部位看，这两个音均为唇齿音，其在发音方法上的主要差异为：俄语硬辅音 в[v] 为浊辅音，发音时声带振动，发汉语声母 f[f] 时声带不振动
	з[z]	з[z]—z[ts]	将俄语原词"зурна"译成"祖尔那"（一种乐器）时，用汉语声母 z[ts] 对俄语原词中位于词首的硬辅音 з[z] 进行匹配。从发音部位看，其均为舌尖前音，其在发音方法上的主要差异为：俄语硬辅音 з[z] 为浊辅音、擦音，发音时声带振动；汉语 z[ts] 为塞擦音，发音时声带不振动
	ть[tʲ]	ть[tʲ] — j[tɕ]	将俄语原词"тик"音译成"吉克"（做床垫单和家具包面用的条布）时，用汉语不送气声母 j[tɕ] 匹配俄语原词中位于词首的软辅音 ть[tʲ]。从发音部位来看，俄语辅音 ть[tʲ] 为舌尖前音，汉语声母 j[tɕ] 为舌面前音。其在发音方法上的差别为：俄语辅音 ть[tʲ] 为腭化音、塞音，汉语声母 j[tɕ] 为塞擦音
		ть[tʲ] — q[tɕʰ]	将俄语原词"тюйдюк"译成"秋伊久克笛"时，用汉语声母 q[tɕʰ] 对俄语原词中位于词首的辅音 ть[tʲ] 进行匹配。从发音部位来看，俄语辅音 ть[tʲ] 为舌尖前音，汉语声母 q[tɕʰ] 为舌面前音。其发音方法的差别为：俄语辅音 ть[tʲ] 为腭化音、塞音，汉语声母 q[tɕʰ] 为塞擦音，发音时送气
	ч[tʃʰ]	ч[tʃʰ]— j[tɕ]	将俄语原词 чекмень 译成"捷克曼"（高加索一种腰间有褶的男上衣）时，用汉语声母 j[tɕ] 对俄语原词中位于词首的软辅音 ч[tʃʰ] 进行匹配。从发音方法来看，其均为塞擦音，只是发俄语软辅音 ч[tʃʰ] 时送气，发汉语声母 j[tɕ] 时不送气。从发音部位来看，俄语软辅音 ч[tʃʰ] 为舌叶音，汉语声母 j[tɕ] 为舌面前后音
	зь[zʲ]	зь[zʲ]— j[tɕ]	将俄语原词"Зиновьев"译成"季诺维也夫"（俄国工人运动和布尔什维克党早期著名活动家和领导人的名字）时，用汉语声母 j[tɕ] 对俄语原词中位于词首的软辅音 зь[zʲ] 进行匹配。从发音部位来看，俄语软辅音 зь[zʲ] 为舌尖前音，汉语声母 j[tɕ] 为舌面前音。其在发音方法上的差别为：俄语软辅音 зь[zʲ] 为腭化音、擦音，发音时声带振动，汉语声母 j[tɕ] 为塞擦音，发音时声带不振动
	сь[sʲ]	сь[sʲ]— x[ɕ]	将俄语原词"семинар"译作"习明那尔"（课堂讨论）时，用汉语声母 x[ɕ] 对俄语原词中位于词首的软辅音 сь[sʲ] 进行匹配。从发音部位来看，俄语软辅音 сь[sʲ] 是舌尖前音，汉语声母 x[ɕ] 是舌尖后音。从发音方法上来看，相同之处是，其均为声带不振动的擦音，差别只在于俄语软辅音 сь[sʲ] 是腭化音

匹配特点	俄语辅音	汉语声母匹配情况	示例
发音部位相近，发音方法相近	гь[gʲ]	гь[gʲ]—x[ɕ]	将俄语原词"гедонал"译为"希度拿"（一种催眠剂）时，用汉语声母x[ɕ]对俄语原词中位于词首的软辅音гь[gʲ]进行匹配。从发音部位来看，俄语软辅音гь[gʲ]为舌面后音，汉语声母x[ɕ]为舌面前音。其发音方法的差别为：俄语软辅音гь[gʲ]为腭化音、塞音，发音时声带振动；汉语x[ɕ]为擦音，发音时声带不振动
	г[g]	г[g]—j[tɕ]	将俄语原词"гарига"译为"加里哥宇群落"时，用汉语声母j[tɕ]对俄语原词中位于词首的硬辅音г[g]进行匹配。从发音部位来看，俄语硬辅音г[g]为舌面后音，汉语声母j[tɕ]为舌面前音。其发音方法的差别为：俄语硬辅音г[g]为浊辅音、塞音，发音时声带振动；汉语j[tɕ]为塞擦音，发音时声带不振动
	p[ʀ]	p[ʀ]—l[l]	将俄语原词"рада"音译为"拉达"（指某些斯拉夫民族中各种会议的政权机关，如乌克兰拉达）时，用汉语声母l[l]对俄语原词中位于词首的硬辅音p[ʀ]进行匹配。从发音部位来看，俄语硬辅音p[ʀ]为小舌音，汉语声母l[l]为舌尖前音。其发音方法的差别为：俄语辅音p[ʀ]为浊颤音，汉语l[l]为浊边音
	рь[ʀʲ]	рь[ʀʲ]—l[l]	将俄语"ричерката"音译为"利车尔卡塔（曲）"（赋格曲的一种）时，用汉语声母l[l]对俄语原词中位于词首的软辅音рь[ʀʲ]进行匹配。从发音部位来看，俄语软辅音рь[ʀʲ]为小舌音，汉语声母l[l]为舌尖前音。其发音方法的差别为：俄语软辅音рь[ʀʲ]为浊颤音、腭化音，汉语l[l]为浊边音
	кь[kʲ]	кь[kʲ]—j[tɕ]	将俄语原词"Киргизия"译成"吉尔吉斯斯坦"（中亚国名）时，用汉语声母j[tɕ]对俄语原词中位于词首的软辅音кь[kʲ]进行匹配。从发音部位来看，俄语软辅音кь[kʲ]为舌面后音，汉语声母j[tɕ]为舌面前音。其发音方法的差别为：俄语软辅音кь[kʲ]为腭化音、塞音，汉语声母j[tɕ]为塞擦音
发音方法相同，发音部位相近	ш[ʃ]	ш[ʃ]—sh[ʂ]	将俄语原词"шмиц"译成"什米茨"（俄尺）时，用汉语声母sh[ʂ]对俄语原词中位于词首的硬辅音ш[ʃ]进行匹配。从发音方法来看，其均为擦音，且均为清辅音。区别只在于发音部位有所不同：俄语硬辅音ш[ʃ]为舌叶音，汉语声母sh[ʂ]为舌尖后音
		ш[ʃ]—s[s]	将俄语原词"штих"译为"斯提赫"（靴鞋的尺寸单位）时，用汉语声母s[s]对俄语原词中位于词首的硬辅音ш[ʃ]进行匹配。从发音方法来看，其均为发音时声带不振动的擦音。其差别只在于发音部位有所不同：俄语硬辅音ш[ʃ]为舌叶音，汉语声母s[s]为舌尖前音

续 表

匹配特点	俄语辅音	汉语声母匹配情况	示例
发音方法相同，发音部位相近	ж[ʒ]	ж[ʒ]—r[ʐ]	将俄语原词"жок"译为"若克舞"时，用汉语声母r[ʐ]对俄语原词中位于词首的辅音ж[ʒ]进行匹配。从发音方法来看，其均为擦音，且均为浊辅音。区别只在于发音部位有所不同：俄语硬辅音ж[ʒ]为舌叶音，汉语声母r[ʐ]为舌尖后音
	ч[tʃʰ]	ч[tʃʰ]—q[tɕʰ]	将俄语原词"чека"音译为"契卡"（全俄肃清反革命及怠工特设委员会）时，用汉语声母q[tɕʰ]对俄语原词中位于词首的辅音ч[tʃʰ]进行匹配。从发音方法来看，其均为塞擦音，且均为送气音。区别只在于发音部位有所不同：俄语软辅音ч[tʃʰ]为舌叶音，汉语声母q[tɕʰ]为舌面前后音
		ч[tʃʰ]—ch[tʂʰ]	将俄语原词"четверик"音译为"赤特维里克"（旧俄容量单位）时，用汉语声母ch[tʂʰ]对俄语原词中位于词首的软辅音ч[tʃʰ]进行匹配。从发音方法来看，其均为发音时声带不振动的塞擦音。其差别只在于发音部位有所不同：俄语软辅音ч[tʃʰ]为舌叶音，汉语声母ch[tʂʰ]为舌尖后音

从表 3-8 的情况来看，俄语 C 类 27 个辅音在汉语引进的俄源词中都有出现。由于汉语中并不存在这类辅音，汉语将其引进后与其匹配的方式也比较多样，大体说来主要有以下几种：（1）用与其发音部位相同、发音方法相近的声母匹配；（2）用与其发音方法相同、发音部位相近的声母匹配；（3）用与其发音部位相近、发音方法也相近的声母匹配。综合看来，对于俄语中有而汉语中没有的词首辅音，汉语用与其发音部位相同、发音方法相近的声母进行匹配的情况相对较多；其次是选用与其发音部位相近、发音方法也相近的声母进行匹配；用与其发音方法相同、发音部位相近的声母进行匹配的情况相对较少。

二、汉语韵母匹配俄语元音

标准俄语中的 10 个元音字母分别为：a[a]、o[ɔ]、y[u]、и[i]、ы[ɨ]、э[ɛ]、e[jɛ]、ё[jo]、ю[ju]、я[ja]。其中 a[a]、o[ɔ]、y[u]、и[i]、ы[ɨ]、э[ɛ] 为单元音字母，e[jɛ]、ё[jo]、ю[ju]、я[ja] 为复合元音字母（郁洁，1955：18）。值得注意的是，俄语中的 e[jɛ]、ё[jo]、ю[ju]、я[ja] 并不是表音符号，也不表示任何特定的音素（郁洁，1955：34-35）。其在俄语中主要有如下几种作用。

（1）表示辅音 й[j] 与其后元音的结合音：йэ=е、йо=ё、йу=ю、йа=я。比如：ель（枞树）也可以写成 йэль；ёлка（小枞树）也可以写成 йолка；юла（陀螺）也可以写成 йула；яма（洼地）也可以写成 йама。

（2）对应元音音素前的辅音软化。如：все（一切，所有）也可以写成 всьэ；всё 也可以写成 всьо；всю 也可以写成 всьу；вся 也可以写成 всья（后面几种形式分别为 все 的不同变体形式）。也就是说，从音位的角度来看，俄语中主要有 6 个元音音位（赵春晶，2009：83）。据此笔者绘制了表 3-9。

表 3-9　俄语元音系统分布

舌位	前（不圆唇）	央（不圆唇）	后（圆唇）
高	и[i]	（ы）[ɨ]	у[u]
中	э[ɛ]		о[ɔ]
低		a[a]	

现代汉语普通话共有 10 个元音，其中 7 个舌面元音（a[a]、o[o]、e[ɤ]、ê[e]、i[i]、u[u]、ü[y]）、2 个舌尖元音（-i[ɿ]、-i[ʅ]）和 1 个卷舌元音（er[ɚ]）。具体分布如表 3-10 所示。

表 3-10　汉语元音系统分布

舌位	前		央	后	
	不圆唇	圆唇		不圆唇	圆唇
高	i[i]、-i[ɿ]、-i[ʅ]	ü[y]			u[u]
中	ê[e]		er[ɚ]	e[ɤ]	o[o]
低			a[a]		

根据汉俄元音音位的对比情况，本书将俄语中的元音分为三类。

A 类元音。汉俄两种语言共有的元音音位有 3 个：a[a]—a[a]、u[u]—у[u]、i[i]—и[i]。

B 类元音。汉语中有而俄语中没有的元音音位有 7 个：o[o]、e[ɤ]、ê[e]、ü[y]、er[ɚ]、-i[ɿ]、-i[ʅ]。

C 类元音。俄语中有而汉语中没有的元音音位有 3 个：о[ɔ]、э[ɛ]、ы[ɨ]。

　　韵母是指一个音节声母后面的部分。韵母由元音或元音加鼻辅音构成。普通话共有 39 个韵母。按结构特点，韵母可划分为三类。（1）单元音韵母：由一个元音构成的韵母。普通话单元音韵母有 10 个：a[a]、o[o]、e[ɤ]、ê[e]、i[i]、u[u]、ü[y]、er[ɚ]、-i[ʅ]、-i[ɿ]。（2）复元音韵母：由两个或三个元音组合而成的韵母，共有 13 个：ai、ei、ao、ou、ia、ua、ie、uo、üe、iao、iou、uai、uei。（3）鼻韵母：由元音与鼻辅音 n 或者 ng 组合而成的韵母，共有 16 个：an、en、in、ün、ian、uan、üan、uen、ang、eng、ing、ong、iang、uang、iong、ueng（邵敬敏，2016：19-21）。从在音节中的组合方式来看，汉语韵母要比俄语元音丰富得多：出现在一个俄语音节中的元音只能是单元音，并且一个音节只有一个元音；而出现在汉语音节中的韵母则既可以是单个元音组成的单韵母，也可以是两个或三个元音组成的复韵母，还可以是元音与鼻音组合而成的鼻韵母。汉俄语言接触中，汉语常常用其自身系统中的韵母与俄语中的元音进行匹配。

（一）汉语韵母与 A 类元音的匹配

　　当俄语音节中出现 a[a]、y[u]、и[i] 这类元音时，用汉语中已有的音位与其进行匹配无疑是最经济的，但是也并非绝对，从本书的分析结果来看，在俄语中同样的元音进入汉语后与汉语多个韵母匹配的情况并不是个例。根据最终的分析结果，笔者绘制了表 3-11。

表 3-11　汉语韵母与 A 类元音的匹配情况

俄语元音	汉语韵母匹配情况	示例
a[a]	a[a]—a[a]	俄语 "азалин" 的音节类型为 "V+CV+CVC"，音译为 "阿扎林" 后，音节类型为 "V+CV+CVC"，用汉语已有的单元音韵母 a[a] 对俄语中独立自成音节的 a[a] 进行匹配
	a[a]—e[ɤ]	俄语 "сухари" 的音节类型为 "CV+CV+CV"，音译为 "苏合力" 后，音节类型为 "CV+CV+CV"，原词音节类型中的 "CV"（xa）变成了汉语中的 "CV"（he），原词中位于音节尾部的元音 a[a] 进入汉语后变成了单韵母 e[ɤ]
	a[a]—ia[ia]	俄语 "начальник" 音节类型为 "CV+CVC+CVC"，音译为 "哪揢依克" 后，音节类型为 "CV+CVV+CV+CVC"，原词音节类型中的 "CVC"（чаль）变成了 "CVV"（qia），原词中位于音节尾部的元音 a[a] 进入汉语后变成了后响复韵母 ia[ia]

俄语元音	汉语韵母匹配情况	示例
a[a]	a[a]—ai[ai]	俄语"панихида"的音节类型为"CV+CV+CV+CV",音译为"派腻唏达"(祭祷)后,变成了"CVV+CV+CV+CV",原词音节类型中的"CV"(па)变成了"CVV"(pai),原词中位于音节尾部的元音a[a]进入汉语后变成了前响复韵母ai[ai]
	a[a]—ao[ɑu]	俄语"астралит"的音节类型为"VCC+CV+CVC",音译为"奥司脱拉特"[(航空)阿斯特罗利特炸药(硝铵,硝酸甘油,三硝甲苯炸药)]后,变成了"VV+CV+CVV+CV+CV",原词音节类型中的"VCC"(аст)变成了"VV+CV+CVV"(ao+si+tuo),原词中位于音节首位的元音a[a]进入汉语后变成了前响复韵母ao[ɑu]
	a[a]—ei[ei]	俄语"радиом"的音节类型为"CV+CV+VC",音译为"雷电欧"(一种高阻线)后,变成了"CVV+CVVC+VV",原词音节类型中的"CV"(pa)变成了"CVV"(lei),原词中位于音节尾部的元音a[a]进入汉语后变成了前响复韵母ei[ei]
y[u]	y[u]—u[u]	俄语"ypa"的音节类型为"V+CV",音译为"乌拉"(①军队冲锋时的呐喊;②万岁,表示高兴、赞美的欢呼)后,音节类型不变,只是用汉语已有的单元音韵母u[u]与俄语中独立自成音节的y[u]进行匹配
	y[u]—iou[iou]	俄语"чушка"的音节类型为"CVC+CV",音译为"秋什卡"(〈方言〉①小猪;②猪崽子)后,变成了"CVVV+CV+CV",原词音节类型中的"CVC"(чуш)变成了"CVVV+CV"(qiou+shi),原词中位于音节中部的元音y[u]变成了汉语中的中响复韵母iou[iou]
	y[u]—ou[ou]	俄语"мундштук"的音节类型为"CVCCC+CVC",音译为"木什斗克"(烟嘴,过滤嘴)后,变成了"CV+CV+CVV+CV",原词音节类型中的"CVC"(тук)变成了"CVV+CV"(dou+ke),原词中位于音节中部的元音y[u]变成了汉语中的前响复韵母ou[ou]
и[i]	и[i]—i[i]	俄语"изафенин"的音节类型为"V+CV+CV+CVC",音译为"伊查菲宁"(一种泻药)后,变成了"V+CV+CVV+CVC",用汉语中已有的单元音韵母i[i]对俄语中独立自成音节的и[i]进行匹配
	и[i]—ei[ei]	俄语"большевик"的音节类型为"CVC+CV+CVC",音译为"布尔什维克"后,变成了"CV+V+CV+VVV+CV",原词音节类型中的"CVC"(вик)变成了"VVV+CV"(uei+ke),原词中位于音节中部的元音и[i]变成了汉语中的前响复韵母ei[ei]
	и[i]—a[a]	俄语"динамон"的音节类型为"CV+CV+CVC",音译为"达那猛"(硝氨碳炸药)后,音节类型为"CV+CV+CVC",原词音节类型中的"CV"(ди)变成了汉语中的"CV"(da),原词中位于音节尾部的元音и[i]变成了汉语中的单韵母a[a]
	и[i]—ie[ie]	俄语"никелин"的音节类型为"CV+CV+CVC",音译为"镍克林"(一种铜镍锰合金)后,变成了"CVV+CV+CVC",原词音节类型中的"CV"(ни)变成了"CVV"(nie),原词中位于音节尾部的元音и[i]变成了汉语中的复韵母ie[ie]

续　表

俄语元音	汉语韵母匹配情况	示例
и[i]	и[i]—uei[uei]	俄语"интеллигенция"的音节类型为"VC+CVC+CV+CVC+CV+V"，音译为"印贴利更追亚"（知识分子）后，变成了"VC+CVV+CV+CVC+CVV+VV"，原词音节类型中的"CV"（ци）变成了"CVV"（zhui），原词中位于音节尾部的и[i]变成了汉语中的复韵母uei[uei]

　　从表3-11所列出的情况来看，俄语中的A类元音进入汉语后，汉语通常用多个韵母与其进行匹配。例如：俄语中的元音a[a]被汉语用a[a]、e[ɣ]、ia[ia]、ai[ai]、ei[ei]、ao[ɑu] 6个韵母进行匹配；俄语元音и[i]被汉语用i[i]、ei[ei]、a[a]、ie[ie]、uei[uei] 5个韵母进行匹配；俄语元音y[u]被汉语用u[u]、iou[iou]、ou[ou] 3个韵母进行匹配。

　　俄语音节中的单元音a[a]除可以被汉语中的单元音韵母a[a]、e[ɣ]匹配外，还可以被复韵母ia[ia]、ei[ei]、ao[ao]、ai[ai]匹配。据本书对俄源词的分析情况来看，当俄语中的a[a]位于音节首位或独立自成音节时，其被汉语中与之发音部位和发音方法均相同的单元音韵母a[a]匹配的可能性较大，如"алюмит"—"阿留米特"（一种矿山炸药）、"амоннит"—"阿莫尼特"（阿芒炸药，铁锰矿石炸药）、"афалина"—"阿法林"（海豚的一种，长达5米）等。当俄语原词中的a[a]位于辅音г[g]、к[k]、ч[tʃ]的后面时，其被汉语用复韵母ia[ia]匹配的可能性较大，如"Рига"—"里加"（北欧苏联加盟共和国拉脱维亚都城）、"Богатырь"—"波加的尔"（勇士、壮士，特指俄罗斯民间传说和史诗中身高力大的英雄）、"водка"—"伏特加"、"начальник"—"哪揩依克"（〈方言〉厂长、分厂长）等。当俄语原词中的a[a]位于音节中部，且音节结尾为辅音й[j]时，其被汉语用复韵母ai[ai]匹配的可能性较高，如"толгай"—"打而盖"、"балалайка"—"巴拉莱卡"、"комбайн"—"康拜因"等。

　　从表3-11所列的情况来看，俄语中的单元音и[i]进入汉语后通常是被汉语中的单韵母i[i]匹配，其既有位于音节首位的情况，如"Иванушка"—"伊万努什卡"（俄国民间故事中一个不太聪明的人），又有位于音节中部的情况，如"аил"—"阿依尔"。而其被其他韵母，如и[i]—ei[ei]、a[a]、ie[ie]、uei[uei]匹配的情况只出现了个别词例，不具备普遍性。

当俄语元音 y[u] 位于音节首位且自成音节时，其被汉语中的单韵母 u[u] 匹配的可能性较大，如"урал"—"乌拉尔"（乌拉尔呢）、"Улус"—"乌芦斯"（旧时蒙古、西伯利亚与欧俄东南部一些民族部落联成国的组织）、"уродан"—"乌罗丹"（一种治痛风及尿道结石的药剂）等。如果其位于词中或词尾，那么即便其在俄语中是独立的音节，其进入汉语后也会受到同化。如俄语"узляу"的音节类型为"VC+CV+V"，音译为汉语"乌兹辽"（巴什基里亚的一种民间歌唱方式）后，音节类型变为"V+CV+CVVV"。俄语原词中位于词尾的 y[u] 虽然自成音节，但是其进入汉语后却没有被汉语用已有的单元音韵母 u[u] 进行匹配。至于表 3–11 所列 y[u] 被其他韵母 iou[iou]、ou[ou] 匹配的情况则只是个例，不具备普遍性。

（二）汉语韵母与 C 类元音的匹配

俄语中的 o[ɔ]、э[ɛ]、ы[ɨ] 属于俄语独有、汉语中并不存在的元音，所以汉语在与其进行匹配时只能选择同其发音类似的韵母，具体情况如表 3–12 所示。

表 3–12　汉语韵母与 C 类元音的匹配情况

俄语元音	汉语韵母匹配情况	示例
o[ɔ]	o[ɔ]—u[u]	俄语"совет"的音节类型为"CV+CVC"，音译为"苏维埃"后，变成了"CV+VVV+VV"，原词音节类型中的"CV"（co）变成了汉语中的"CV"（su），原词中位于音节尾部的后元音 o[ɔ] 进入汉语后变成了后高元音 u[u]
	o[ɔ]—e[ɤ]	俄语"Новгород"的音节类型为"CVC+CV+CVC"，音译为"诺夫哥罗德"后，变成了"CVV+CV+CV+CVV+CV"，原词音节类型中的"CV"（ro）变成了汉语中的"CV"（ge），原词中位于音节中部的后半元音 o[ɔ] 进入汉语后变成了后中元音 e[ɤ]，发音部位有所变化
	o[ɔ]—uo[uo]	俄语"карбохолин"的音节类型为"CVC+CV+CV+CVC"，音译为"卡博霍林"后，变成了"CV+CV+CVV+CVC"，原词音节类型中的"CV"（xo）变成了"CVV"（huo），原词中位于音节尾部的后中元音 o[ɔ] 进入汉语后变成了后响复韵母 uo[uo]
	o[ɔ]— ao[ɑu]	俄语"оппанол"的音节类型为"VC+CV+CVC"，音译为"奥帕诺耳"（聚异丁烯橡胶、异丁橡胶）后，变成了"VV+CV+CVV+V"，原词音节类型中的"VC"（оп）变成了"VV"（ao），原词中位于音节中部的后中元音 o[ɔ] 进入汉语后变成了复合元音 ao[ɑu]

续 表

俄语元音	汉语韵母匹配情况	示例
o[ɔ]	o[ɔ]— a[a]	俄语"оркан"的音节类型为"VC+CVC",音译为"阿尔康"后,变成了"V+V+CVC",俄语原词中位于音节首位的元音o[ɔ]变成了汉语中的单元音韵母a[a]
	o[ɔ]— ia[ia]	俄语"Волгоград"的音节类型为"CVC+CV+CCVC",音译为"伏尔加格勒"后,变成了"CV+V+CVV+CV+CV",原词音节类型中的"CV"(го)变成了"CVV"(jia),俄语原词中位于音节尾部的元音o[ɔ]变成了汉语中的后响复韵母ia[ia]
	o[ɔ]— ou[ou]	俄语"радиом"的音节类型为"CV+CV+VC",音译为"雷电欧"后,变成了"CVV+CVVC+VV",原词音节类型中的"VC"(ом)变成了"VV"(ou),俄语原词中位于音节尾部的元音o[ɔ]变成了汉语中的前响复韵母ou[ou]
э [ɛ]	э [ɛ]—ai[ai]	俄语"эмиритон"的音节类型为"V+CV+CV+CVC",音译为"艾米利通",变成了"VV+CV+CV+CVC",原词音节类型中的"V"(э)变成了"VV"(ai),原词中独立成音节的元音э[ɛ]进入汉语后变成了汉语复合元音ai[ai]
ы[ɨ]	ы[ɨ]—ei[ei]	俄语"крыжачок"的音节类型为"CCV+CV+CVC",音译为"克雷扎卓克"后,变成了"CV+CVV+CV+CVV+CV",原词音节类型中的"CCV"(кры)变成了"CV+CVV"(ke+lei),原词中位于音节尾部的央高元音ы[ɨ]变成了汉语中的复韵母ei[ei]

从表3-12的情况来看,俄语音节中的单元音o[ɔ]进入汉语后既有被单元音韵母u[u]、e[ɤ]、a[a]匹配的情况,也有被复韵母uo[uo]、ao[ɑu]、ou[ou]、ia[ia]匹配的情况。当俄语原词中的o[ɔ]位于浊辅音的后面时,其被汉语用单韵母u[u]匹配的可能性较大,如"гедонал"—"希度拿"(一种催眠剂)、"водка"—"伏特加"、"большевик"—"布尔什维克"、"доктор"—"都克都儿"(〈方言〉医生、大夫)、"молоток"—"木拉托克"(〈方言〉锤子)等。但是这种情况也并非绝对,如"совет"—"苏维埃""форшмак"—"福尔什马克"则是o[ɔ]位于清辅音后。所以本书只能说"可能性较高"。当俄语原词中的o[ɔ]位于舌面后辅音的后面时,其被汉语用单韵母e[ɤ]匹配的可能性较大,如"Новгород"—"诺夫哥罗德"(城市名)、"кобза"—"柯布扎"(乌克兰旧时一种八弦拨弦乐器)、"сарколизин"—"萨科利津"(苏联产的一种治疗恶性肿瘤的药品)等。当俄语原词中的o[ɔ]位于н[n]、л[ɮ]、p[ʀ]这样的浊辅音后面时,

其被汉语用复韵母 uo[uo] 匹配的可能性较大，如"ведро"——"维得罗"（水桶）、"молокане"——"莫罗堪"（一种宗教）、"проконсул"——"普罗康苏耳"（类人猿的一种）、"тролитул"——"特罗利图耳"（一种聚苯乙烯塑料）、"ноллес"——"诺列斯"（纺织厂里用精梳机精梳羊毛时脱落下来的短纤维）等。当俄语原词中的 o[ɔ] 位于俄语原词词首或在词中独立成音节时，其被汉语用复韵母 ao[ɑu] 匹配的可能性较大，如"оппанол"——"奥帕诺耳"（聚异丁烯橡胶，异丁橡胶）、"фаолит"——"法奥利特"（石棉酚醛塑料）等。

俄语元音 э[ɛ] 自成音节或者位于音节首位时，都有可能被汉语中与之发音相似的复韵母 ai[ai] 匹配。如俄语"эмиритон"的音节类型为"V+CV+CV+CVC"，音译为"艾米利通"（苏联设计的一种电动乐器）后，变成了"VV+CV+CV+CVC"。原词音节类型中的"V"（э）变成了"VV"（ai），原词中自成音节的元音 э[ɛ] 进入汉语后变成了汉语复合元音 ai[ai]。类似的还有"эфеб"被译成"艾费勃"（古希腊受军事训练并在哲学学校学习的年龄在 18—20 岁的青年）的情况。俄语"этрол"的音节类型为"VC+CVC"，音译为"爱特罗尔"（一种纤维酯醚塑料）后，变成了"VV+CV+CVV+V"，原词音节类型中的"VC"（эт）变成了"VV+CV"（ai+te）。原词中位于音节首位的元音 э[ɛ] 进入汉语后变成了汉语复合元音 ai[ai]。

俄语中的元音 ы[ɨ] 比较特殊，在俄语中只能位于音节尾部，据本书对俄源词的考察结果来看，其进入汉语后常常被汉语中的复韵母 ei[ei] 匹配。如俄语"крыжачок"的音节类型为"CCV+CV+CVC"，音译为"克雷扎卓克"（一种流行于白俄罗斯和波兰的民间舞蹈与舞曲）后，变成了"CV+CVV+CV+CVV+CV"，原词音节类型中的"CCV"（кры）变成了"CV+CVV"（ke+lei），原词中位于音节尾部的央高元音 ы[ɨ] 变成了汉语中的复韵母 ei[ei]。

（三）汉语韵母与俄语中由复合元音字母标识的元音的匹配

前文在介绍俄语元音音位系统的时候提到，俄语有 10 个元音字母，除 a[a]、o[ɔ]、y[u]、и[i]、ы[ɨ]、э[ɛ] 这 6 个单元音字母分别表示俄语中的 6 个元音音位外，还有 e[jɛ]、ё[jo]、ю[ju]、я[ja] 4 个元音字母。汉语用复韵母与其进行匹配的情况是十分常见的。具体如表 3-13 所示。

表3-13 汉语韵母与俄语中由复合元音字母标识的元音的匹配

俄语中由复合元音字母标识的元音	汉语韵母匹配情况	示例
e[jɛ]	e [jɛ]—ie[ie]	俄语"квиетал"的音节类型为"CCV+V+CVC",音译为"奎耶塔尔"(一种安眠药)后,变成了"CVVV+VV+CV+V",原词音节类型中的"V"(e)变成了"VV"(ie),原词中作独立音节的元音e[jɛ]进入汉语后变成了汉语复韵母ie[ie]
	e [jɛ]—ai[ai]	俄语"гексенал"的音节类型为"CVC+CV+CVC",音译为"盖克塞纳"后,变成了"CVV+CV+CVV+CV",原词音节类型中的"CVC"(гек)变成了"CVV+CV"(gai+ke)。原词中位于音节中部的元音e[jɛ]进入汉语后变成了汉语复合元音ai[ai]
	e [jɛ]—a[a]	俄语"перминтюр"的音节类型为"CVC+CVC+CVC",音译为"帕明杜尔"后,变成了"CV+CVC+CV+V",原词音节类型中的"CVC"(пер)变成了"CV"(pa),原词中位于音节中部的元音e[jɛ]进入汉语后变成了汉语低元音a[a]
	e [jɛ]—ei[ei]	俄语"совенит"的音节类型为"CV+CV+CVC",音译为"苏维尼特"后,变成了"CV+VVV+CV+CV",原词音节类型中的"CV"(ве)变成了"VVV"(uei),原词中位于音节末尾的元音e[jɛ]进入汉语后变成了汉语复合元音ei[ei]
	e [jɛ]—i[i]	俄语"Петроград"的音节类型为"CVC+CV+CCVC",音译为"彼得格勒"后,变成了"CV+CV+CV+CV",原词音节类型中的"CVC"(пет)变成了"CV+CV"(bi+de),原词中位于音节末尾的元音e[jɛ]进入汉语后变成了汉语前高元音i[i]
ё[jo]	ё[jo]—iao[iɑu]	俄语"матрёшка"的音节类型为"CVC+CVC+CV",音译为"玛特廖什卡"(套娃)后,变成了"CV+CV+CVVV+CV+CV",原词音节类型中的"CVC"(рёш)变成了"CVVV+CV"(liao+shi),原词中由复合元音字母标识的元音ё[jo]变成了汉语中的复韵母iao[iɑu]
	ё[jo]—ia[ia]	俄语"паёк"的音节类型为"CV+VC",音译为"排雅克"后,变成了"CVV+VV+CV",原词音节类型中的"VC"(ёк)变成了"VV+CV"(ia+ke),原词中由复合元音字母标识的元音ё[jo]变成了汉语中的复韵母ia[ia]
я[ja]	я[ja]—ia[ia]	俄语"куявяк"的音节类型为"CV+V+CVC",音译为"库亚维亚克"后,变成了"CV+VV+VVV+VV+CV",原词音节类型中的"V"(я)变成了"VV"(ia),原词中独立成音节的元音я[ja],进入汉语后变成了复合元音ia[ia]
ю[ju]	ю[ju]—iou[iou]	俄语"катюша"的音节类型为"CV+CV+CV",音译为"喀秋莎"后,变成了"CV+CVVV+CV",原词音节类型中的"CV"(тю)变成了"CVVV"(qiou),原词中位于音节尾部的元音ю[ju]变成了汉语中的复韵母iou[iou]

据本书对语料的分析情况来看，当俄语中由复合元音字母 e[jɛ] 标识的元音自成音节或位于音节尾部或位于音节中部时，汉语均用复韵母 ie[ie] 与其进行匹配。如俄语"квиетал"的音节类型为"CCV+V+CVC"，音译为"奎耶塔尔"（一种安眠药）后，变成了"CVV+VV+CV+V"，原词音节类型中的"V"（e）变成了"VV"（ie），原词中作独立音节的元音 e[jɛ] 进入汉语后变成了汉语复韵母 ie[ie]。类似的还有"Енисей"被译成"叶尼塞"、"тазие"被译成"塔齐耶"的情况等。俄语"Лениград"的音节类型为"CV+CVC+CVC"，音译为"列宁格勒"（城市名，现在的圣彼得堡）后，变成了"CVV+CVC+CV+CV"，原词音节类型中的"CV"（Ле）变成了"CVV"（lie），原词中位于音节尾部的元音 e[jɛ] 进入汉语后变成了汉语复韵母 ie[ie]。类似的还有"черепашка"——"切列巴施卡"（手风琴的一种）、"секален"——"谢卡连"（黑麦碱，三甲胺，一种子宫止血剂）、"ларчеми"——"拉切密"（格鲁吉亚的一种口吹乐器）、"метелица"——"密切里查"（一种流行于俄罗斯、乌克兰、白俄罗斯的民间舞蹈和舞曲）等。俄语"септофлавин"的音节类型为"CVC+CVC+CV+CVC"，音译为"谢朴托弗拉文"（一种抗脓毒病的药品）后，变成了"CVV+CV+CVV+CV+CV+VVC"，原词音节类型中的"CVC"（сеп）变成了"CVV+CV"（xie+pu），原词中位于音节中部的元音 e[jɛ] 进入汉语后变成了汉语复韵母 ie[ie]。类似的还有"Сухаревка"——"苏哈列夫卡"（苏联首都莫斯科苏哈列夫卡广场上的一个市场，一般不法奸商多在这里进行投机倒把活动。1920 年根据莫斯科苏维埃决议予以关闭）、"интеллигенция"——"印贴利更追亚"（知识分子的音译）等。可见，俄语中由复合元音字母 e[jɛ] 标识的元音进入汉语后被汉语的复韵母 ie[ie] 匹配的情况十分普遍。从表 3–13 中还可以看到，俄语元音 e[jɛ] 进入汉语后还会被汉语中的 ai[ai]、a[a]、ei[ei]、i[i] 匹配。据本书的统计结果可知，e[jɛ] 被匹配的情况有以下几种：e[jɛ]—ie[ie]（32 次）、e[jɛ]—ei[ei]（16 次）、e[je]—ai[ai]（10 次）、e[jɛ]—i[i]（2 次）、e[jɛ]—a[a]（1 次）。可见，用汉语中的复韵母 ie[ie]、ei[ei]、ai[ai] 与俄语元音 e[jɛ] 匹配的情况是比较常见的。而用单韵母 a[a]、i[i] 匹配则属于个别情况。

俄语中由复合元音字母 ё[jo] 标识的元音进入汉语后常常被汉语复合元音

iao[iɑu] 匹配。如俄语 "чечётка" 的音节类型为 "CV+CVC+CV"，音译为 "乔特卡（舞）" 后，其音节类型变为 "CVVV+CV+CV"，原词中的音节类型 "CVC"（чёт）变成了 "CVVV+CV"（qiao+te），原词中位于音节中部的复合元音 ё[jo] 进入汉语后变成了汉语复韵母 iao[iɑu]。将苏联领导人 "Хрущёв" 的名字音译为 "赫鲁晓夫" 也是同样的情况。表 3-13 中还有将 ё[jo] 用汉语复韵母 ia[iɑ] 匹配的情况，这个情况并不常见，只有个别词例。

当俄语中由复合元音字母 я[ja] 标识的元音自成音节或位于音节首位时，я[ja] 均有可能被汉语复韵母 ia[iɑ] 匹配。如俄语 "куявяк" 的音节类型为 "CV+V+CVC"，音译为 "库亚维亚克"（一种波兰民间舞蹈和舞曲）后，变成了 "CV+VV+VVV+VV+CV"，原词音节类型中的 "V"（я）变成了 "VV"（ia），原词中独立成音节的复合元音 я[ja] 进入汉语后变成了汉语复韵母 ia[iɑ]。俄语 "баян" 的音节类型为 "CV+VC"，音译为 "巴扬"（一种键钮式的大手风琴）后，变成了 "CV+VVC"，原词音节类型中的 "VC"（ян）变成了 "VVC"（iang），原词中位于音节首位的复合元音 я[ja] 进入汉语后变成了复韵母 ia[iɑ]。类似的还有 "Ялта" — "雅尔塔" [苏联欧洲部分克里米亚（克里姆）南部的一个海港]、"ягве" — "雅赫维"（犹太教的上帝，即 "耶和华"）等。

当俄语中由复合元音字母 ю[ju] 标识的元音位于音节首部和尾部时，ю[ju] 都有可能被汉语复韵母 iou[iou] 匹配。如俄语 "катюша" 的音节类型为 "CV+CV+CV"，音译为 "喀秋莎"（火箭炮）后，变成了 "CV+CVVV+CV"，原词音节类型 "CV"（тю）变成了 "CVVV"（qiou），原词中位于音节尾部的元音 ю[ju] 变成了汉语中的复韵母 iou[iou]。类似的还有 "алюмит" — "阿留米特"（一种矿山炸药）。俄语 "союз" 的音节类型为 "CV+VC"，音译为 "沙油子" 后，变成了 "CV+VVV+CV"，原词音节类型中的 "VC"（юз）变成了 "VVV+CV"（iou+zi），原词中位于音节首位的复合元音 ю[ju] 变成了汉语中的复韵母 iou[iou]。

三、特殊匹配

俄源词进入汉语后，汉语除用声母匹配俄语词首辅音，用韵母匹配俄语元音外，还出现了用汉语元音匹配俄语辅音的情况。具体情况如表 3–14 所示。

表 3–14 汉俄音系特殊匹配情况表

俄语原词音位	汉语匹配音位	示例
p[ʀ]	er[ɚ]	俄语"семинар"的音节类型为"CV+CV+CVC"，音译为"习明纳尔"后，变成了"CV+CVC+CV+V"，原词音节类型中的"CVC"（нар）变成了"CV+V"（na+er），原词中位于音节尾部辅音 p[ʀ] 进入汉语后变成了元音 er[ɚ]
рь[ʀʲ]	er[ɚ]	俄语"Тверь"的音节类型为"CCVC"，音译为"特维尔"[列宁格勒（今圣彼得堡）涅瓦的一间茶厅，当时黑帮分子经常在这里聚会]后，其音节类型变成了"CV+VVV+V"，原词中位于音节尾部的软辅音 рь[ʀʲ] 变成了汉语的卷舌元音 er[ɚ]
л[ɭ]	er[ɚ]	俄语"сонбудал"的音节类型为"CVC+CV+CVC"，音译为"桑布塔尔"后，变成了"CVC+CV+CV+V"，原词音节类型中的"CVC"（дал）变成了"CV+V"（ta+er），原词中位于音节尾部的辅音 л[ɭ] 进入汉语后变成了元音 er[ɚ]
ль[ɭʲ]	er[ɚ]	俄语"большевик"的音节类型为"CVC+CV+CVC"，音译为"布尔什维克"后变成了"CV+V+CV+VVV+CV"，原词音节类型中的"CVC"（боль）进入汉语后变成了"CV+V"（bu+er），原词中位于音节尾部的软辅音 ль[ɭʲ] 进入汉语后变成了卷舌元音 er[ɚ]
в[v]	u[u]	俄语"савонит"的音节类型为"CV+CV+CVC"，音译为"沙沃尼特"后，变成了"CV+VV+CV+V"，原词音节类型中的"CV"（во）变成了"VV"（uo），原词中的浊辅音 в[v] 变成了汉语中的元音 u[u]
вь[vʲ]	u[u]	俄语"совет"的音节类型为"CV+CVC"，音译为"苏维埃"后变成了"CV+VVV+VV"，原词中的音节类型"CVC"（вет）变成了汉语中的"VVV+VV"（uei+ai），原词中位于音节首位的软辅音 вь[vʲ] 进入汉语后变成了汉语的元音 u[u]
й[j]	i[i]	俄语"балалайка"的音节类型为"CV+CV+CVC+CV"，音译为"巴拉莱卡"后，变成了"CV+CV+CVV+CV"，原词音节类型中的"CVC"（лай）变成了"CVV"（lai），原词中位于音节尾部的辅音 й[j] 进入汉语后变成了元音 i[i]

从表 3–14 中可以看到，俄语 p[ʀ]、рь[ʀʲ]、л[ɭ]、ль[ɭʲ]、в[v]、вь[vʲ]、й[j] 共计 7 个辅音音位进入汉语后都被汉语用相应的元音音位进行了匹配。其中 "p[ʀ]—рь[ʀʲ]" "л[ɭ]—ль[ɭʲ]" "в[v]—вь[vʲ]" 在俄语中分别属于可以区别词义的硬辅音和软辅音，在本书的考察结果中，它们都被汉语用相同的元音音位进行

了匹配。如俄语"мир"的音节类型为"CVC"，其进入汉语后被译成了"米尔"（15世纪至20世纪初俄罗斯的村社），音节类型变成了"CV+V"，原词中位于音节尾部的硬辅音 p[ʀ] 变成了汉语中的卷舌元音 er[ɚ]。类似的还有"тар"——"塔尔"（一种羊的名称）、"дутар"——"杜塔尔"（中亚民间弹奏乐器）、"зурна"——"祖尔那"（一种乐器）。俄语"Тверь"的音节类型为"CCVC"，音译为"特维尔"后，音节类型变成了"CV+VVV+V"，原词中位于音节尾部的软辅音 рь[ʀʲ] 变成了汉语的卷舌元音 er[ɚ]。此外，笔者还发现，俄语原词中位于音节中部的硬辅音 p[ʀ] 被汉语卷舌元音匹配的情况。如俄语"вервь"的音节类型为"CVCC"，其进入汉语后被音译为"维尔夫"（基辅罗斯时代的村社），音节类型变成了"VVV+V+CV"，原词中位于音节中部的辅音 p[ʀ]，进入汉语后变成了元音 er[ɚ]。类似的还有"верста"——"维尔斯特"（俄里）等。

　　俄语原词中位于音节尾部的辅音 л[ɫ]、ль[ɫʲ] 进入汉语后，常常被汉语中的卷舌元音 er[ɚ] 匹配。如俄语"маллил"的音节类型为"CVC+CVC"，音译为"玛立尔"（一种催眠剂）后，音节类型变成了"CV+CV+V"，原词音节类型中的"CVC"（лил）变成了汉语中的"CV+V"（li+er），原词中位于音节尾部的硬辅音 л[ɫ] 变成了汉语的卷舌元音 er[ɚ]。类似的还有"сонбудал"——"桑布塔尔"（一种催眠剂）、"комсомол"——"康沙模尔"（共青团）、"урал"——"乌拉尔""аил"——"阿依尔"（村社）、"Ялта"——"雅尔塔""квиетал"——"奎耶塔尔"（一种安眠药）、"сапрол"——"萨朴洛尔"（一种甲酚与润滑油混合的消毒剂）、"колхоз"——"科尔火支"（集体农庄）等。俄语中位于词尾的软辅音 ль[ɫʲ] 进入汉语后也受到了同样的匹配。如俄语"большевик"的音节类型为"CVC+CV+CVC"，音译为"布尔什维克"后变成了"CV+V+CV+VVV+CV"，原词音节类型中的"CVC"（боль）进入汉语后变成了"CV+V"（bu+er），原词中位于音节尾部的软辅音 ль[ɫʲ] 进入汉语后变成了卷舌元音 er[ɚ]。类似的还有"лауталь"——"劳塔尔"（铅铜硅合金）等。

　　俄语原词中位于音节首位的浊辅音 в[v]、вь[vʲ] 常常被汉语中的舌面后高元音 u[u] 匹配。如俄语"савонит"的音节类型为"CV+CV+CVC"，音译为"沙沃尼特"（矿山炸药的一种）后，变成了"CV+VV+CV+CV"，原词音节类型中的"CV"（во）变成了"VV"（uo），原词中的浊辅音 в[v] 变成了汉语中的元音 u[u]。类似的还有"халва"——"哈尔娃"（一种油质酥糖）、"пиво"—比瓦（啤酒的音译）、"самавар"——"沙莫瓦"（俄式茶炊）、"квас"——"格瓦斯"（一种饮料）、"вонка"——"万卡"（劣马和驾具粗糙的载客马车的俗称）等。俄语中的软辅音 вь[vʲ] 进入汉语后也受到了同样的匹配。如俄语"совет"的音节类型为"CV+CVC"，音译为"苏维埃"后变成了"CV+VVV+VV"，原词中的音节类型"CVC"（вет）变成了汉语中的"VVV+VV"（uei+ai）。原词中位于音节首位的软辅音 вь[vʲ] 进入汉语后变成了汉语的卷舌元音 u[u]。类似的还有"септофлавин"——"谢朴托弗拉文"（一种抗脓毒病的药品）、"краковяк"——"克拉科维克"（一种 2/4 拍子的波兰圆舞曲和舞蹈）、"Свердлов"——"斯维尔德洛夫"（现在为叶卡捷琳堡）、"совенит"——"苏维尼特"（苯胺甲醛树脂）、"вента"——"温塔"（19 世纪西班牙、法国烧炭党人秘密组织的名称）、"квиетал"——"奎耶塔尔"（一种安眠药）等。

俄语中位于音节尾部的辅音 й[j] 进入汉语后常常被汉语中的元音 i[i] 匹配。如俄语"балалайка"的音节类型为"CV+CV+CVC+CV"，音译为"巴拉莱卡"（俄罗斯民间拨弦乐器）后，变成了"CV+CV+CVV+CV"，原词音节类型中的"CVC"（лай）变成了"CVV"（lai），原词音节尾部的辅音 й[j] 进入汉语后变成了元音 i[i]。类似的还有"бей"——"别伊"（近东、中东各国小封建主和某些官员的尊号，加在人名之后，表示"老爷""先生"之意）、"сайка"——"沙一克"（〈方言〉一种呈橄榄状的略带咸味的主食面包）、"бейлербей"——"贝伊勒贝伊"（中世纪奥斯曼帝国省长的称号）等。

四、汉俄音系匹配方式

陈保亚（1996）将傣语和汉语语音的匹配方式归纳为 4 种：等值匹配、相似匹配、条件匹配和匹配落空。其中建立在音质相等基础上的一对一匹配被称为等值匹配；基于语音相似原则建立起来的一对一或者一对多的匹配被称为相似匹配；受实际音位组合情况的不同，还会出现多个音位或音位组合被同一音位或音位组合匹配的情况，这样就出现了多对一的匹配模式，被称为条件匹

配；匹配落空的情况则是指语言接触中出现的音位或音位组合没有获得匹配的
情况（陈保亚，1996：21）。根据本书对俄源词具体情况的分析，汉俄音系匹配
的情况主要有如下两种。

（一）相似匹配

汉语在用音译方式引进俄源词的过程中，用汉语中的同一个声母或韵母对
俄语中的相关音位进行匹配的情况是十分普遍的，这种匹配是基于相似原则建
立起来的，又可称为相似匹配。相似匹配是一种一对一或者多对一的匹配模式
（陈保亚，1996：16）。在汉俄音系匹配过程中，相似匹配是十分常见的模式之
一，具体举例如下。

（1）з[z]——z[ts]。

比如："зурна"——"祖尔那"（一种乐器）。

（2）зь[zʲ]——j[tɕ]。

比如："Зиновьев"——"季诺维也夫"（俄国工人运动和布尔什维克党早期
著名活动家和领导人的名字）。

（3）ж[ʒ]——r[z]。

比如："жок"——"若克（舞）"。

（4）кь[kʲ]——j[tɕ]。

比如："кирза"——"基尔什"（一种可以代替皮革用的厚油布）。

（5）э[ɛ]——ai[ai]。

比如："эмиритон"——"艾米利通"（一种电动乐器）。

（6）ы[ɨ]——ei[ei]。

比如："крыжачок"——"克雷扎卓克"（一种流行于白俄罗斯和波兰的民间
舞蹈与舞曲）。

（7）я[ja]——ia[ia]。

比如："Ялта"——"雅尔塔"。

（8）ю[ju]——iou[iou]。

比如："алюмит"——"阿留米特"（一种矿山炸药）。

（9）й[j]—i[i]。

比如："сайка"—"沙一克"（〈方言〉一种呈橄榄状的略带咸味的主食面包）。

（10）м[m]、мь[mʲ]—m[m]。

比如："мошенник"—"马神克"（〈方言〉骗子）；"меркузал"—"美尔库萨尔"（汞撒利）。

（11）н[n]、нь[nʲ]—n[n]。

比如："Новгород"—"诺物哥罗特"（新城）；"нитрон"—"尼特龙"（一种人造丝）。

（12）х[x]、хь[xʲ]—h[x]。

比如："хлорадит"—"赫罗拉契"（炸药的一种）、"махизм"—"马赫（主义）"。

（13）c[s]、сь[sʲ]—s[s]。

比如："сарафан"—"萨腊范"（俄罗斯民间的一种女用无袖长衣）；"сендаст"—"三达斯特"（一种铁硅铝合金）。

（14）p[ʀ]、рь[ʀʲ]—er[ɚ]。

比如："тар"—"塔尔"（一种羊的名称）、"Тверь"—"特维尔"（俄罗斯城市，州首府）。

（15）p[ʀ]、рь[ʀʲ]—l[l]。

比如："рада"—"拉达"（指某些斯拉夫民族中各种会议的政权机关，如"乌克兰拉达"）；"рэз"—"勒兹（舞）"（塔吉克妇女的一种单人舞）。

（16）л[ɫ]、ль[ɫʲ]—l[l]。

比如："ЛАПП"—"拉普"（列宁格勒普罗作家联盟）；"Лениград"—"列宁格勒"（1924年列宁逝世以后彼得格勒改名为列宁格勒，1991年又改名为圣彼得堡）。

（17）л[ɫ]、ль[ɫʲ]—er[ɚ]。

比如："аил"—"阿依尔"（吉尔吉斯共和国的乡村）；"большевик"—"布尔什维克"。

（18）в[v]、вь[vʲ]—u[u]。

比如："самавар"——"沙莫瓦"（俄式茶炊）；"совенит"——"苏维尼特"（苯胺甲醛树脂）。

（19）т[t]、ть[tʲ]—t[tʰ]。

比如："тазие"——"塔齐耶"（伊朗什叶派的一种宗教剧）；"тэн"——"太恩"（一种爆炸力很强的炸药）。

（20）т[t]、д[d]、дь[dʲ]—d[t]。

比如："табак"——"搭巴克"（〈方言〉烟草、烟丝）；"дача"——"达恰"（别墅，特指豪华的乡村别墅）；"дехолин"——"德荷林"（一种医治胆囊及胆道炎的药品）。

（21）г[g]、гь[gʲ]、к[k]—g[k]。

比如："газ"——"嘎斯"（〈方言〉煤气）；"гепалон"——"盖帕龙"（一种治疗贫血症的肝脏制剂）；"копейка"——"戈比"（苏联辅币名）。

（22）б[b]、бь[bʲ]、п[p]、пь[pʲ]—b[p]。

比如："базар"——"八杂市儿"（〈方言〉集市）；"бибер"——"比别尔"（呢绒名，即比别尔呢）；"полиция"——"笆篱子"（〈方言〉指警察和警察局）；"пикон"——"毕康（酒）"。

（23）ф[f]、фь[fʲ]、в[v]、вь[vʲ]—f[f]。

比如："фант"——"方特"（一种游戏，参加的人分别寻找被藏起来的东西或猜测某事）；"Фергана"——"费尔干纳"（苏联乌兹别克斯坦东部的一个城市，我国史书称为"大宛"）；"Волгоград"——"伏尔加格勒"（苏联的一个城市，原称斯大林格勒）；"вервь"——"维尔福"（基辅罗斯时代的村社）。

（二）条件匹配

对于俄语中同样的一个音位，由于受到其具体音位组合条件的制约，汉语会选用两个或两个以上的声母或韵母对其进行匹配，这样的匹配是有条件的，故其被称为条件匹配。汉俄音系匹配中符合条件匹配的情况主要有以下几种。

（1）п[p]—b[p]、p[pʰ]

比如："парик"——"巴立克"（拜占庭时代的农奴）；"пасилингва"——"帕

西林果阿"（一种未曾通行过的人造国际辅助语）。

（2）пь[pʲ]—b[p]、p[pʰ]

比如："пертинакс"—"焙结纳克斯胶"（电木的一种，又作"贝尔基纳克斯胶"）；"пинчер"—"品捷狗"（一种长耳短毛的狗）。

（3）т[t]—d[t]、t[tʰ]

比如："толкай"—"打而盖"（〈方言〉指能支着行进的爬犁）；"ТАСС"—"塔斯社"（俄语缩写复合词，含有"苏联电报通讯社"的意思。1925年7月根据苏联部长会议的命令正式成立）。

（4）ть[tʲ]—t[tʰ]、j[tɕ]、q[tɕʰ]

比如："тибон"—"梯朋"（一种抗结核菌的药品）；"тик"—"吉克"（条布、麻布，做床垫罩和家具包面用）；"тюйдюк"—"秋伊久克笛"（土库曼斯坦民间的一种吹奏乐器）。

（5）к[k]—g[k]、k[kʰ]

比如："компания"—"干伴尼儿"（〈方言〉伙计）；"комбайн"—"康拜因"（联合收割机）。

（6）г[g]—g[k]、j[tɕ]

比如："Горкий"—"高尔基"（俄国著名作家、小说家和剧作家，社会现实主义文学的奠基者，作品有《母亲》《夜店》《童年》《在人间》《我的大学》等）；"гарига"—"加里哥宇群落"（地中海区域常绿矮灌木丛）。

（7）гь[gʲ]—g[k]、x[ɕ]

比如："геселъ"—"格丝里"（一种波兰民间乐器）；"гедонал"—"希度拿"（氨基甲酸甲丙基甲酯，一种催眠剂）。

（8）c[s]—s[s]、sh[ʂ]

比如："саламата"—"萨拉玛塔"（一种用面粉加油做的稀粥）；"сайка"—"沙一克"（〈方言〉一种呈橄榄状的略带咸味的主食面包）。

（9）сь[sʲ]—s[s]、x[ɕ]

比如："сечь"—"赛切"（16—18世纪犯罪或逃亡的哥萨克人在查坡洛什地方所组织的、自认为独立的组织）；"силоксикон"—"矽洛克西康"（氧碳化硅，硅碳耐火材料)。

（10）л[ɫ]—l[l]、er[ɚ]

比如："лампа" — "拦包" (〈方言〉灯泡)；"маллил" — "玛立尔" (一种催眠剂)。

（11）ль[ɫʲ]—l[l]、er[ɚ]

比如："лира" — "里拉" (乌克兰的一种有键的弦乐器)；"лаутель" — "劳塔尔" (铅铜硅合金)。

（12）ш[ʃ]—sh[ʂ]、s[s]

比如："штос" — "什托斯" (一种纸牌赌博)；"штих" — "斯提赫" (①靴鞋的尺寸单位，等于2/3厘米；② 靴鞋尺寸的号数)。

（13）p[ʀ]—l[l]、er[ɚ]

比如："рабоб" — "腊博勃" ("喇巴卜"，流行于中亚的弹拨乐器)；"кардокс" — "卡尔道克斯" (一种矿山炸药，爆炸时无火焰)。

（14）рь[ʀʲ]—l[l]、er[ɚ]

比如："рэз" — "勒兹 (舞)" (塔吉克妇女的一种单人舞)；"Тверь" — "特维尔" (俄罗斯城市，州首府)。

（15）ё[jo]—iao[iau]、ia[ia]

比如："матрёшка" — "玛特廖什卡" (套娃)；"паёк" — "排雅克" (份粮，口粮，定量配给品的一份)。

（16）ч[tʃʰ]—j[tɕ]、q[tɕʰ]、ch[tʂʰ]

比如："чекмень" — "捷克曼" (高加索的一种腰间有褶的男上衣)；"чанк" — "锵克琴" (乌兹别克斯坦民间的一种打击乐器)；"чучхела" — "楚赤贺拉" (格鲁吉亚、阿塞拜疆等地的一种用葡萄汁、胡桃、麦粉等制成的香肠形甜味食品)。

（17）y[u]—u[u]、iou[iou]、ou[ou]

比如："Улус" — "乌芦斯" (旧时蒙古、西伯利亚与欧俄东南部一些民族部落联成的组织)；"чушка" — "秋什卡" (〈方言〉小猪、猪崽子)；"мундштук" — "木什斗克" (〈方言〉烟嘴)。

（18）ц[tsʰ]—c[tsʰ]、q[tɕʰ]、s[s]、sh[ʂ]

比如："церуль" — "采鲁里舞"（格鲁吉亚的一种民间舞）；"цистра" — "齐斯特拉琴"；"целлодекс" — "赛珞切克斯"（一种皮革代用品）；"царь" — "沙皇"。

（19）и[i]—i[i]、ei[ei]、ie[ie]、uei[uei]

比如："Идиальго" — "伊达尔戈"（西班牙中世纪领有少量土地的骑士）；"большевик" — "布尔什维克"；"никелин" — "镍克林"（铜镍锌合金、铜锰锰高阻合金）；"интеллигенция" — "印贴利更追亚"[知识分子（们）]。

（20）e[je]—ie[ie]、ai[ai]、a[a]、ei[ei]、i[i]

比 如："Енисей" — "叶尼塞"（西伯利亚最大的一条河流）；"миарсенол" — "米阿塞诺尔"（苏联生产的一种医治梅毒、回归热等病的药剂）；"перминтюр" — "帕明杜尔"（铁钴磁性合金，又作"坡明德合金"）；"фенатин" — "非那丁"（一种降血压和解痉挛的药剂）；"печь" — "壁里砌"（一种砌在墙壁里的火炉）。

（21）a[a]—a[a]、e[ɤ]、ia[ia]、ai[ai]、ao[ɑu]、ei[ei]

比如："Абхазия" — "阿布哈兹"（阿布哈兹苏维埃社会主义自治共和国，在苏联的格鲁吉亚苏维埃社会主义共和国内）；"ботинка" — "波金克"（〈方言〉半高腰皮鞋）；"пролетариат" — "普罗列太利亚特"（无产阶级）；"панихида" — "派腻唏达"（原是指在追悼死者而举行的祈祷会上供奉的甜的东西，后来转向含有美味的东西的意思）；"астралит" — "奥司脱拉特"（[（航空）阿斯特罗利特炸药（硝铵，硝化甘油，三硝基甲苯炸药）]）；"радиом" — "雷电欧"（一种高压电阻）。

（22）o[ɔ]—u[u]、uo[uo]、e[ɤ]、ao[ɑu]、ia[ia]、a[a]、ou[ou]

比如："водка" — "伏特加"（苏联烧酒）；"хлорадит" — "赫罗拉契"（炸药的一种）；"колхоз" — "科尔火支"（集体农庄）；"фаолит" — "法奥利特"（石棉酚醛塑料，由酚醛树脂加耐酸填料制成）；"ногода" — "诺加塔"（古罗斯时代的一种货币）；"оркан" — "阿尔康"（一种飓风）、"радиом" — "雷电欧"（一种高压电阻）。

根据上文的分析情况来看，符合相似匹配的情况有 23 种，符合条件匹配的情况有 22 种，这两种方式在汉俄音系匹配中都很常见。据本书对现有语料的分析结果来看，暂时还未发现俄语音位在汉语中获得等值匹配或出现匹配落空的情况。可见，相似匹配和条件匹配是汉俄音系匹配的主要方式。俄源词进入汉语后，其音系被汉语音系匹配的过程正是其实现语音本土化的过程。

从相似匹配的情况来看，俄语辅音系统中成对的软辅音和硬辅音在汉语中被同一声母匹配的情形十分普遍。比如：м[m]、мь[mʲ]—m[m]；н[n]、нь[nʲ]—n[n]；х[x]、хь[xʲ]—h[x]；с[s]、сь[sʲ]—s[s]；р[ʀ]、рь[ʀʲ]—l[l]；л[ɫ]、ль[ɫʲ]—l[l]；т[t]、ть[tʲ]—t[tʰ]；等等。而且在俄语辅音音位被汉语元音音位匹配的情形中也出现了同样的情况。比如：р[ʀ]、рь[ʀʲ]—er[ɚ]；л[ɫ]、ль[ɫʲ]—er[ɚ]；в[v]、вь[vʲ]—u[u]。也就是说，俄语中原本不同的辅音音位进入汉语后变成了相同的音位，并且这种情形不是个案，而具有一定的普遍性。

从条件匹配的情况来看，俄语中的一个音位（е[jɛ] 为两个音位）进入汉语后被汉语多个声母或韵母匹配的情况十分普遍。如俄语中的元音 о[ɔ] 进入汉语后被 u[u]、uo[uo]、e[ɤ]、ao[ɑu]、ia[ia]、a[a]、ou[ou] 7 个韵母匹配。俄语辅音 ц[tsʰ] 被 c[tsʰ]、q[tɕʰ]、s[s]、sh[ʂ] 4 个声母匹配。也就是说，俄语中同样的音位进入汉语后变成了不同的音位。并且在条件匹配中，俄语中相应的软、硬辅音不仅有被汉语用同样的两个或几个音位匹配的情况，如俄语硬辅音 п[p] 进入汉语后被 b[p]、p[pʰ] 匹配，其相应的软辅音 пь[pʲ] 也同样被 b[p]、p[pʰ] 匹配，还有被汉语分别用不同音位匹配的情况，如俄语硬辅音 т[t] 被汉语用声母 d[t]、t[tʰ] 匹配，其相应的软辅音 ть[tʲ] 则被 t[tʰ]、j[tɕ]、q[tɕʰ] 匹配。

第三节　俄源词语音本土化的主要动因

语音是语言的物质外壳，是语言交际工具的声音形式。当讲不同语言的说话者接触时，这种接触会影响至少一种语言，并带来语音上社会语言学形式的变化，这种语音变化对地域和社会差异的敏感性似乎比语法和词汇的要强（Hudson R. A，1996：42）。俄源词进入汉语后语音本土化主要体现在原有的音节结构和相应的音位或音位组合发生了适应汉语语言系统的变化以及出现了汉俄音系之间的各类匹配形式。那么俄源词语音本土化的主要动因有哪些呢？下面具体对此予以分析。

一、汉俄语音差异

（一）汉俄音节结构差异导致俄源词音节结构演变

从上文对俄语音节结构进入汉语后演变情况的分析结果来看，无论是俄语中独有的 C 类音节结构，还是汉俄语中共有的 A 类音节结构，进入汉语后均发生了演变。而且从本书的统计结果来看，汉俄语中共有的 A 类音节结构进入汉语后发生演变的情况超过了对于汉语来说更难融合的 C 类音节结构。那么，俄语音节结构进入汉语后发生演变的根本动因是什么？本书对发生演变的 C 类和 A 类音节结构进行分析后，认为汉俄音节结构上的差异是导致俄语音节结构发生演变的根本原因。具体说来主要有如下几种情形。

1. 适应汉语没有复辅音的音节特点

前文提到，俄语原词中出现的 C 类音节结构主要有 7 种："CCV""VCC""CVCC""CCVC""VCCC""CCVCC""CVCCC"。仔细观察这些音节结构就会发现，有辅音丛（CC、CCC）是这类音节结构的最大特点，而汉语的音节结构中又没有辅音连缀的情况。汉俄两种语言在音节结构上的这种差异，促使俄源词进入汉语后只有变成符合汉语语音规则的结构才能被汉语所接纳。也就是说，俄语原词中凡是出现辅音丛的音节，进入汉语后一定会发生演变。主要的情形有以下几种：（1）位于音节尾部的辅音丛发生演变。如俄语原词"фунт"的音节类型为"CVCC"，为了适应汉语没有复辅音的语音特点，其在原词辅音丛的尾部增加了元音 e[ɤ]，变成了汉语俄源词"分特"（CVC+CV）（俄磅，1 常衡俄磅等于 409.51 克，1 药衡俄磅等于 358.32 克）。再如俄语"Туркменистан"的音节类型为"CVCC+CV+CV+CCVC"，音译为"土库曼斯坦"后变成了"CV+CV+CVC+CV+CVC"，其中的"CVCC"（Турк）音节结构进入汉语后变成了"CV+CV"（tu+ku），这是删去了原词中位于音节尾部辅音丛的其中一个辅音 p[ʀ]。（2）位于音节首位的辅音丛发生演变。如俄语"Сталинград"的音节类型为"CCV+CVC+CCVC"，音译为"斯大林格勒"

后，变成了"CV+CV+CVC+CV+CV"，原词音节类型中的"CCV"（Ста）变成了"CV+CV"（si+da），这是在原词音节首位的辅音丛中增加了舌尖元音 i[ʅ]；原词音节类型中的"CCVC"（град）变成了"CV+CV"（ge+le），这是在原词音节首位的辅音丛中增加了汉语中的元音 e[ɣ]。再如俄语"знакомый"的音节类型为"CCV+CV+CVC"，音译为"拿过姆"（〈方言〉熟人，熟悉）后，音节类型变为"CV+CVV+CV"，原词音节类型中的"CCV"（зна）进入汉语后变成了"CV"（na），这是删去了原词中位于音节首位辅音丛中的辅音 з[z]。

2. 适应汉语以开音节为主的音节特点

俄语音节进入汉语后发生演变的情况十分普遍，不仅俄语中独有的 C 类音节结构进入汉语后会发生演变，汉俄语言中共有的 A 类音节结构进入汉语后也会发生演变。从上文的分析结果来看，俄语中的 C 类音节结构发生演变的根本原因是其拥有汉语音节结构中所没有的辅音丛现象，必须变成符合汉语语音规则的结构才能被汉语所接受。那么汉俄语言中都有的 A 类音节结构为何也会发生演变呢？前文说过，俄语的音节末尾可以是任何辅音，而汉语的音节末尾只能是 n[n]、ng[ŋ] 两个辅音之一，并且以开音节结尾的情况居多。本书对发生演变的 CVC 型音节结构进行分析后，发现不少 CVC 型音节结构发生演变，正是为了适应汉语开音节结尾占优势的音节结构特点。比如俄语原词"сольвар"的音节类型为"CVC+CVC"，音译为"索立伐"后，变成了"CVV+CV+CV"，原词音节类型中的"CVC"（соль）变成了"CVV+CV"（suo+li），原词音节是以软辅音 ль[ʐ] 结尾的闭音节，进入汉语后在音节尾部增加了元音 i[i]，变成了汉语中以开音节结尾的形式。原词音节类型中的"CVC"（вар）进入汉语后变成了"CV"（fa），原词音节是以硬辅音 p[ʀ] 结尾的闭音节，进入汉语后，位于原词音节尾部的硬辅音 p[ʀ] 被删除，变成了汉语中的开音节结尾的形式。

3. 适应汉语中元音占优势的音节特点

总体上看，元音在汉语音节中更占优势，而辅音在俄语音节中更占优势。笔者还发现，有一些俄语音节进入汉语后发生演变，是为了适应汉语中元音占优势的音节结构特点。如俄语"союз"的音节类型为"CV+VC"，音译为"沙油子"后，变成了"CV+VVV+CV"，原词音节类型中的"VC"（юз）变成了"VVV+CV"（iou+zi），原词音节中只有一个元音，进入汉语后变成有4个元音（VC→VVV+CV）。再如，俄语"ГПУ"的音节类型为"CCV"，音译为"格别乌"后，变成了"CV+CVV+V"（ge+bie+u），原词音节中只有1个元音，进入汉语后也变成有4个元音（CCV→CV+CVV+V）。再如俄语"квиетал"的音节类型为"CCV+VC+VC"，音译为"奎耶塔尔"（一种安眠药）后，变成了"CVVV+VV+CV+V"，原词音节类型中的"CCV"（кви）变成了"CVVV"（kuei），原词音节中只有1个元音，进入汉语后变成有3个元音（CCV→CVVV）。俄语"баян"的音节类型为"CV+VC"，音译为"巴扬"（一种键钮式的大手风琴）后，变成了"CV+VVC"，俄语原词中有2个元音，进入汉语后则变成有3个元音（VC→VVC）。

4. 适应汉语音节结构简单的特点

上文说过，汉语一个音节的元辅音总数不超过4个，而俄语音节中的元辅音总和则没有限制，有时候可以多达8个以上。由此可见，俄语的音节结构比较复杂，而汉语的音节结构则相对简单。这就决定了俄语词进入汉语之后，只有经过音节结构的简化，才能成为汉语词汇的一部分。这也是俄语音节进入汉语发生演变的一个重要原因。如俄语"нерчинск"的音节类型为"CVC+CVCCC"，音译为"涅尔琴斯克"（城市名，即尼布楚）后，变成了"CVV+V+CVC+CV+CV"，原词音节类型中的"CVCCC"（чинск）变成了"CVC+CV+CV"（qin+si+ke）。俄语"Свердлов"的音节类型为"CCVCC+CVC"，音译为"斯维尔德洛夫"（现在为叶卡捷琳堡）后，变成了"CV+VVV+V+CV+CVV+CV"，原词音节类型中的"CCVCC"（Сверд）变成了"CV+VVV+V+CV"（si+uei+er+de），即成为4个简单音节的组合。再如俄语"Омск"的音节类型为"VCCC"，音译为"鄂木斯克"后，变成了"V+CV+CV+CV"（e+mu+si+ke），即成为4个简单音节的组合。

5. 迎合汉语音节的表意特点

前文说过，汉语音节是有意义的，而俄语音节却是没有意义的。事实上，就音节的特点来讲，音节的表意性才是现代汉语音节区别于其他语言音节特别是印欧语系诸语言音节的最重要的特点（易洪川，2001）。笔者发现，有少部分俄语音节进入汉语后发生演变就是为了迎合汉语音节的表意特点。如俄语"семинар"的音节类型为"CV+CV+CVC",音译为"习明纳尔"（课堂讨论）后,变成了"CV+CVC+CV+V",原词音节类型中的"CV"（ми）变成了"CVC"（ming）,原词音节结尾符合汉语开音节结尾的特点,也没有出现汉语中不存在的辅音丛,但其进入汉语后却还是发生了演变,增加了词尾 ng[ŋ]。笔者猜测,增加一个辅音,将原词的"CV"（ми）译成汉语中的"CVC"（ming）,是为了用汉语中的"明"这个汉字对原词的语义有所提示。再如俄语原词"мундштук"的音节类型为"CVCCC+CVC",音译为"木什斗克"（〈方言〉烟嘴）后,变成了"CV+CV+CVV+CV",原词音节类型中的"CVC"（тук）变成了"CVV+CV"（dou+ke）。笔者猜测,这样的演变也许是想要用汉字"斗"联想"烟斗",从而对原词语义有所提示。还有俄语"печь"的音节类型为"CVC",音译为"壁里砌"（一种砌在墙壁里的火炉）后,变成了"CV+CV+CV",这样的音译形式也许旨在让人们通过其汉字形式联想其原词语义。再有就是俄语"Петербург"的音节类型为"CV+CVC+CVCC",音译为"彼得堡"后变成了"CV+CV+CVV",原词音节类型中的"CVCC"（бург）变成了"CVV"（bao）,这也许是想通过"堡"这个音节结构形式对原词的语义有所提示。可见,汉俄音节结构差异是促使俄源词语音本土化一个十分重要的动因。

（二）汉俄音位组合规则差异导致汉俄音系特殊匹配

中国传统音韵学把汉语的韵母分为四类:"开口呼""齐齿呼""合口呼""撮口呼",简称"四呼"。普通话声母与韵母的拼合有一定的选择性,不同的声母只与"四呼"中的某些韵母拼合,而不能与其他韵母拼合（邵敬敏,2016:21）。比如汉语中的舌面音 j[tɕ]、q[tɕʰ]、x[ɕ] 不能与开口呼韵母和合口呼韵母相拼,只能与齐齿呼韵母和撮口呼韵母相拼;唇齿音 f[f] 不能与齐齿呼韵母和撮口呼韵母相拼,只能与开口呼韵母和合口呼韵母相拼;舌根音 g[k]、k[kʰ]、h[x] 不能与齐齿呼韵母和撮口呼韵母相拼,只能与开口呼韵母和合口呼韵母相拼;等等。而相应地,俄语中却没有这样的音位组合限制。

据考察,俄语中位于原词元音 и[i]、e[jɛ] 等前面的软辅音 кь[kʲ] 进入汉语后被规律性地匹配为舌面音 j[tɕ],如"кириллица"—"基利尔字母"（古斯拉夫字母的一种），"Кишлак"——"基什拉克"（中亚细亚人对村庄的一种称呼），"кизлярка"——"基兹利亚尔酒"（一种葡萄烧酒），"Киргизия"——"吉尔吉斯斯坦"（苏联加盟共和国之一），"кекс"——"吉克斯"（〈方言〉一般指带葡萄干的蛋糕）等。如果只是从语音表面来看，很难理解俄语中的软辅音 кь[kʲ] 进入汉语后为什么汉语没有用与其发音部位和发音方法更接近的舌面后音 k[kʰ] 匹配，而是选用了与其发音方法和发音部位均不同的舌面音 j[tɕ] 匹配。但是，如果结合对汉语声韵拼合规律的分析，就很容易理解了。因为汉语中的舌面后音 k[kʰ] 并不能与齐齿呼韵母相拼，所以在汉俄音系匹配时，汉语只能退而求其次地选择可以与齐齿呼韵母相拼并且在听感上与原词较为接近的声母来匹配原词的软辅音 кь[kʲ]。可见，汉俄音位组合规则的差异也是俄源词语音本土化的动因之一。

二、汉语母语者的认知

从本书对汉俄辅音系统和元音系统的分析对比情况来看，汉俄两种语言在语音上的差异是比较大的。就辅音系统来看，俄语有 36 个辅音音位，并且其中的软辅音和硬辅音、清辅音和浊辅音都具有区别意义的重要作用；而汉语只有 22 个辅音音位，清辅音送气与不送气具有意义上的差别，且除去鼻辅音 ng[ŋ] 外，其余 21 个辅音均可作声母。由此可见，俄语的辅音系统比汉语的声母系统更复杂。就元音系统来看，俄语有 6 个元音音位和 4 个用复合元音字母标识的复合元音。而汉语有 10 个元音音位，不仅可以单独作韵母，而且可以和汉语中的鼻辅音组合构成韵母，汉语中的各类韵母加起来有 39 个之多。可见汉语的韵母系统远比俄语的元音系统复杂。这种差异决定了俄语词进入汉语后，只有发生符合汉语语音体系的变化才能更好地融入汉语。从前文我们对汉俄音系匹配情况的分析来看，汉语声母匹配俄语词首辅音、汉语韵母匹配俄语元音是十分常见的。而且在汉俄音系匹配中还出现了用汉语韵母匹配俄语辅音的情况。同时，在汉俄音系匹配中，既有俄语中的不同音位（音位组合）在汉语中被同一声母或韵母匹配的情况，也有俄语中的同一音位在汉语中被多个声母或韵母匹配的情况。可见，汉俄音系匹配的情形是多样而复杂的。那么，是什么原因导致汉俄音系之间出现这些特殊的匹配形式呢？本书认为，汉语母语者的认知是主要原因。

（一）知觉映射促使汉俄音系匹配

Steriade（2002）提出知觉映射假设（p-map hypothesis），认为词汇借入的过程实际就是知觉映射的过程，即在满足借入语音段特征、接受语音配列限制的基础上最大限度地达到借入语与源词的语音相似要求。本书认为，汉俄音系匹配的过程正是一个知觉映射的过程。如俄语中位于音节尾部的辅音 p[ʀ] 和 л[ɮ] 之所以会变成汉语的元音 er[ɚ]，位于词首的辅音 в[v] 之所以会变成汉语的元音 u[u]，就是知觉映射的结果。对汉语来说，俄语中的浊辅音 p[ʀ]、л[ɮ]、в[v] 是汉语辅音系统中没有的音位，为了完成对其的匹配，汉语只能选择在听感上同其相似的音与其进行匹配。当俄语颤音 p[ʀ] 和边擦音 л[ɮ] 位于音节尾部时，其所发出的音往往是不清晰的，发音时舌体或舌后也会稍稍后缩或降低，这种后缩会使舌与齿龈没有接触，听感上会比较像汉语中的卷舌元音 er[ɚ]，因而也就出现了用汉语元音匹配俄语辅音的情况。同样地，用汉语声母匹配俄语词首辅音、用汉语韵母匹配俄语元音均是受词汇借用过程中的知觉映射影响。

（二）音系知觉原则促使不同音位特征获得不同映射

Iverson 和 Lee（2004）提出了音系知觉原则，认为源语言的语音表达式在向目标语借用的过程中，有知觉标识的部分会得到相应的映射，亦即在词汇借用的过程中，次音位特征如果不具有听觉凸显性就不会起作用。前文说到，俄语中的辅音不仅清浊对立，而且软硬对立，而这两种对立在汉语的辅音系统中是不存在的（汉语有清辅音和浊辅音，但汉语的清辅音和浊辅音不是成对出现的，并且不能像俄语那样用清、浊辅音的对立区别意义）。那么俄语原词中的这些语音特点进入汉语后会获得怎样的映射呢？据本书的考察结果来看，俄语中成对出现的软辅音和硬辅音在汉语中被同一声母匹配的情况是十分常见的。比如：м[m]、мь[mʲ]—m[m]；н[n]、нь[nʲ]—n[n]；c[s]、сь[sʲ]—s[s]；p[ʀ]、pь[ʀʲ]—l[l]；л[ɮ]、ль[ɮʲ]—l[l]；т[t]、ть[tʲ]—t[tʰ] 等。可见，俄语原词中软辅音和硬辅音对立的音位特征进入汉语后丢失了。为什么会出现这种情况呢？本书认为，由于汉语中并不存在软辅音和硬辅音对立的情况，而俄语中的硬辅音和软辅音对于汉语母语者而言在听感上又很相似，很难分辨其细微的发音差别，并不具有听觉凸显性，因而其进入汉语后自然不会获得相应的映射。而俄语中的清辅音和浊辅音则是另一种情况。对于汉语母语者而言，俄语中的清辅音和浊辅音是有明显的听觉凸显性的，清浊对立是容易被感知的。这样一来，在汉俄音系匹配过程中，清浊对立特征就会被映射。但是汉语辅音只有送气和不送气的对立，没有俄语中的清浊对立，所以只能将俄语辅音的清浊对立映射为汉语辅音送气与不送气的对立。这种映射在汉语声母匹配俄语词首辅音中是十分普遍的。比　如：т[t]—t[tʰ] 和 д[d]—d[t]；г[g]—g[k] 和 к[k]—k[kʰ]；б[b]—b[p] 和 п[p]—p[pʰ]；等等。可见，正是在音系知觉原则的作用下，俄语中的不同音位特征进入汉语后获得了更适应汉语语音系统的不同映射。

综上，俄源词进入汉语后语音本土化主要体现在音节结构改变以及出现多种汉俄音系匹配形式上。结合对具体语料的分析结果，本书认为，汉俄语音差异和汉语母语者的认知是促使俄源词语音本土化的主要动因。

本章小结

本章在汉俄语音对比的基础上，对俄源词进入汉语后音节结构演变和汉俄音系匹配作了较为全面细致的研究，并在语料分析的基础上分析了俄源词进入汉语后发生语音本土化的主要动因。首先，本章以 291 个纯音译俄源词的俄语原词和汉语译词在音节结构上的对比为基础，对俄语音节进入汉语后结构演变的情况和方式进行了研究。研究结果表明，俄语音节进入汉语后发生演变的情况是十分普遍的，不仅俄语中独有的 C 类音节结构发生了演变，汉俄语中共有的 A 类音节结构进入汉语后也同样发生了演变。通过分析发现，增加音位和删减音位是俄语音节进入汉语后发生演变的常用方式，其中增加音位的情况更为常见。其次，本章通过对 594 个俄源词（其中纯音译俄源词 291 个、音译加注俄源词 197 个、音译加意译俄源词 106 个）的音译形式与俄语原词的对比分析，整理出了俄语词首辅音与汉语声母、俄语元音与汉语韵母的各类匹配形式，并认为汉俄音系匹配以相似匹配和条件匹配为主要方式。最后，本书在已有分析的基础上，对俄源词语音本土化的主要动因进行了分析，并认为，汉俄语音差异和汉语母语者的认知是促使俄源词发生语音本土化的主要动因。

第四章

俄源词词汇本土化及主要动因

　　俄源词进入汉语后，除在语音方面实现了本土化外，在词汇方面也同样实现了本土化。相较之下，语音的本土化更为明显，也更易于被观察到。而词汇的本土化则相对隐蔽，需要进行深入分析研究才能有所把握。本章将主要依托《奥热果夫俄语详解词典》、《现代汉语词典》（第7版）、"Национальный корпус русского языка"（俄语国家语料库，以下简称"НКРЯ"）、"яндекс"（俄语国家最具影响力的搜索引擎）、"晚清、民国期刊全文数据库"、"BCC 语料库"、"CCL 语料库"、"人民日报图文数据库"、"百度新闻"中的资源，综合对比俄源词在汉俄两种语言中的分布特点，对俄源词进入汉语后在词汇方面的本土化情况进行细致考察，并对俄源词词汇本土化的动因进行研究。

　　在这里本书需要对 НКРЯ 进行一个简单的介绍。"НКРЯ"是在俄罗斯学者沙罗夫（С.А.Шаров）和卡塞维奇（В.Б.Касевич）的积极倡导下，由俄罗斯科学院语言学研究所于 2003 年纳入"语文学与信息学"计划并开始建设的。现已采集约 3 亿词次的语料。从结构上看，其主要包括 1 个基础语料库和 8 个子语料库（句法、报刊、平行文本、教学、方言、诗歌、口语、多媒体）。该语料库全面反映了俄语在某一发展阶段的各种体裁、语体，以及地域变体和社会变体，所以其能够为本书研究俄源词的俄语原词在俄语中的使用情况提供客观依据。

第一节　俄源词结构演变类型

汉俄两种语言分属不同的语系，不仅在语音上有很大差异，在结构上的差异也十分明显。研究词的形态结构就是研究词是由哪些部分构成的，从语法（学）角度看，词是由一定的词素（морфема）构成的（张会森，2000：14）。浩如烟海的词都是使用一定的构词手段、按照一定的构词方法构成的。从构词的角度来看，俄语主要有四种构词方法。（1）形态构词法，运用形态手段，即词缀来构词。（2）语义构词法，即通过词义的分裂产生新词。如作"羽毛"的"перо"和作"羽毛笔"的"перо"本是一个词，但是，"перо"不单指"羽毛笔"（因为几乎无人用它了），而是指现代一般通用的金属笔尖。这样，"перо1"（羽毛）和"перо2"（笔尖）就各自独立为两个词了。（3）词类转化构词法，即由于词性变化，原甲类词转入乙类而产生的新词。如"столовая"由原来的形容词变成了名词，转指"食堂"。又如"весной"（春天）、"зимой"（冬天）、"утром"（早上）、"вечером"（晚上）等，由于经常用于疏状，转化成副词。（4）溶合法（一些书上又叫作词汇—句法构词法），即指某些词的组合由于经常固定使用，合而为一，形成一个新词。如"сегодня"（今天）来自"сего́"和"дня"的组合，"вдребезги"（彻底）来自"в"和"дребезги"的组合，"вышеуказанный"（上述的）来自"вы́ше"和"ука́занный"的组合等。现代俄语中，溶合法主要用于形容词。这四种构词法中的形态构词法，是俄语中最主要的构词方法（张会森，2000：21–22）。

汉语中的词则是由语素构成的。由一个语素构成的词是单纯词，由两个或两个以上语素构成的词是合成词。根据语素在合成词中的表义作用，可以把语素分为词根和词缀。词根是构成合成词的、有实在意义的不定位语素，而词缀是构成合成词的、附着在词根前后或中间、表示附加意义的定位语素。根据构成合成词语素类别的不同，又可以将合成词分为复合式合成词（复合词）和派生式合成词（派生词）。复合式合成词是由至少两个不同的词根组合而成的合成词，复合式构词法是现代汉语中最重要的构词法（邵敬敏，2016：91）。汉语复合词各词根语素之间的结构关系主要有联合式、偏正式、动宾式、主谓式、动补式。与之对应的各词根语素之间的语义关系有并列式、修饰式、支配式、陈述式、补足式（王远新，2017：143）。派生式合成词是指由词根和词缀组合而成的词。根据词缀的位置，可以分成前缀、后缀、中缀三种类型。汉语里词缀并不丰富，但是存在比较多的"类词缀"。其特点是类似于词缀，意义有不同程度的虚化，但不彻底；构词功能很强，有组合泛化趋势。其中，后缀与类后缀较为丰富，中缀和类中缀最少。汉语缺乏形态变化，不仅缺乏构形附加成分，即使为数很少的联附成分，如动词之后的"着、了、过"也是后起的；而且缺乏构词附加成分，前缀和后缀的数量不多。比较典型的后缀有："者"（如作者、记者、学者）；"化"，如现代化、规范化、绿化等。比较典型的前缀有："阿"，如阿哥、阿妹、阿婆；"老"，如老师、老乡、老兄；"第"，第一、第三等。有些词根可同时加几个后缀，如"石头子儿"等；类前缀有"可 –""非 –""反 –""泛 –""超 –"等；类中缀有"对得起""来得及"中的"– 得 –"等（邵敬敏，2016：91–92）。

可见，汉俄两种语言在构词结构上存在很大差异。俄语以形态构词为主，汉语以复合式构词为主。这种构词结构上的差异决定了俄语词进入汉语后只有按照汉语的构词方式对自身结构进行改造才能更好地融入汉语。从本书对俄源词的考察情况来看，俄源词进入汉语后在结构上发生演变的情况十分普遍。这种演变集中体现在俄源词进入汉语后按照汉语的构词规则产生了几种比较特殊的构词形式。

一、音译语素组合构词

音译语素组合构词指的是用汉字作为记音符号，对俄语原词进行语音转写，再用所得的音译语素组合构成新词的方式，这种方式产生的俄源词就是传统意义上所说的纯音译词。对于这些纯音译俄源词而言，汉字只作单纯的表音语素，只有在构成该音译词的音节产生组合意义时才有意义，拆开后的单字并无意义，如"дума"—"杜马"（国家议会）、"совет"—"苏维埃"（政权名称）、"спутник"—"斯普特尼克"（人造卫星）、"платье"—"布拉吉"（连衣裙）、"катюша"—"喀秋莎"（火箭炮）、"рубль"—"卢布"、"блат"—"勃拉特"（走私人门路，走后门）、"Свердлов"——"斯维尔德洛夫"（叶卡捷琳堡）、"пролетариат"——"普罗列太利亚特"（无产阶级）等均属于纯音译俄源词。

通过对这类纯音译俄源词的考察，本书发现，有的俄源词进入汉语后由原有的派生词变成了汉语中音译语素组合构成的单纯词。如俄语原词"большевик"是由词根"больш-"加上中缀 [连接元音，连接元音不是词缀名称，实质上它们是起连接作用的词缀，现在叫作中缀（张会森，2000：17）]，"-е-"再加上后缀（-вик）构成的派生词，其进入汉语后被音译为"布尔什维克"，变成了由一个语素组成的单纯词。类似的还有"меньшевик"——"孟什维克"等。此外，还有一些俄源词在俄语原词中是用复合缩略法构成的合成词，其进入汉语后变成了汉语中用音译语素组合而成的单纯词，如俄语原词"комсомол"由"коммунистический союз молодёжи"缩略而成，其进入汉语后被音译为"康沙模尔"（共青团），变成了单纯词。类似的还有"Госплан"（Государственный плановый комитет）—"高士泼林"（苏联的国家计划委员会）、"нэпман"——"耐普曼"（苏联新经济政策时期的资本家商人和投机者）等。再如俄语原词"КГБ"是由"комитет государственной безопасности"的首字母缩写而成的合成词，其进入汉语后被音译为"克格勃"（国家安全委员会），变成了单纯词。类似的还有"ГУЛАГ"（Главное управление исправительно-трудовых лагерей）—"古拉格"（苏联的劳动改造营管理总局）、"ГПУ"（Государственное политическое управление）——"格别乌"（国家政治保安局）、"НЭП"（новая экономическая политика）——"纳普"（苏联在 1921 年到 1936 年间实行的新经济政策，因区别于"战时共产主义"政策而得名）等。

二、汉俄混合式构词

一些俄源词进入汉语后改变了原词的构词结构，变成了特殊的汉俄混合词，结构类型发生了演变。所谓汉俄混合词，是指用俄源成分和汉语成分互相结合构成的词。不同来源的构词成分互相结合构成一个词，是语言长期接触影响词汇系统的结果。俄源词中有不少这样的汉俄混合词。根据其汉语构成成分来源的不同，可以分为如下三类。

（一）俄源成分加固有汉语成分构词

俄源成分加固有汉语成分构词指的是，由来源于俄语的俄源成分附加汉语中表示类属的固有成分构成新词的方式。如俄源词"马林果"中"马林－"是音译俄语原词"малина"的音译语素，属于俄源成分，"－果"是汉语中表示种属的固有成分，二者结合构成了偏正结构的新词。类似的还有"塔斯社"、"阿格尔尺"、"里欧洗箱"、"沙皇"、"奥克索尔油"（一种干性油）、"比曲格马"、"托加喜剧"、"雅蕾舞"、"鄂毕河"、"卡普呢"、"毕康酒"、"马合烟"、"玛组卡饼"等。这类词的最大特点是：分别来源于俄语和汉语的两个构词成分形成偏正型复合词，前面是修饰性或限制性成分，后面是被修饰或被限制的成分。这类汉俄混合词所表示的大多是汉语固有词汇中所没有的名称，有些是新的事物，有些是某种物体的下属概念，这种构词方式满足了对事物指称更为精细的表述需求。

笔者根据对 197 个附加固有汉语的汉俄混合词的音节结构所做的分析，绘制了图 4-1。

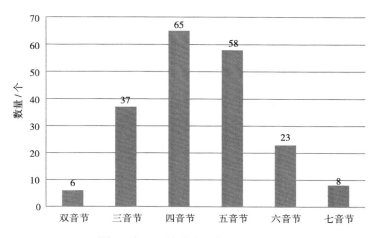

图 4-1　附加固有汉语的成分汉俄混合词音节结构分布

从图 4-1 中可以直观地看到，这类汉俄混合词以四音节和五音节为主。如"阿尔法草""比曲格马""达克斯狗""费兰德兔""霍尔特狗""堪纳羚羊""拉嘛人猿""马克寻鱼""马拉豚鼠""曼台斯牛""诺萨里鱼""沙尔玛风""伏尔加河""多纳炸药""托加喜剧"等均为四音节词;"斯巴达克派""司徒卢威派""巴拉贝伦枪""泊列考斯羊""马列尔樱桃""额尔古纳河""奥克索尔油""巴卡拉玻璃""玛佳玛体诗""奥白列克舞""昌科步兹琴""库维契基笛"等均为五音节词。

(二)俄源成分加意译汉语成分构词

俄源成分加意译汉语成分构词指的是,用部分俄源音译成分加部分汉语意译成分构成新词的方式。这类汉俄混合词中的汉语固有成分不是从汉语中直接选取的,而是在转译俄语原词的过程中用意译的方式产生的。如俄源词"拖拉机"中的"拖拉 –"是对俄语原词"трактор"中"тракт-"的音译,"– 机"是对原词"-ор"的意译(刘正埮、高名凯,1958:101)。其中"拖拉"是音译俄语原词的俄源成分,"机"是意译俄语原词时被选用的汉语固有成分。类似的还有"布尔什维主义""克鲁泡特金主义""拉布分子""列宁主义""马赫主义""马克思列宁主义""孟什维主义""米丘林信徒""沙宁主义""沙文主义""什弥克主义""斯达哈诺夫工作者""普罗奋团"(赤色职工国际)等。

笔者根据对 106 个附加意译汉语成分的汉俄混合词音节结构所做的分析,绘制了图 4–2。

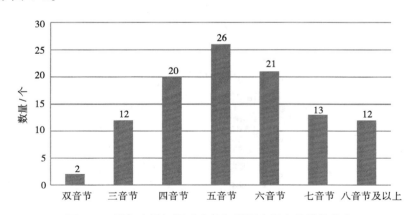

图 4–2　附加意译汉语成分的汉俄混合词音节结构分布

从图 4–2 的情况可知,这种方式产生的俄源词以四音节、五音节和六音节居多,四音节俄源词有"普罗奋团""拉布分子""列宁主义""马赫主义""沙宁主义""沙文主义""布哈林派""俄罗斯化""苏维埃化""德波林派"等；五音节俄源词有"列宁主义者""孟什维主义""沙文主义者""托洛茨基派""阿克梅分子""伯恩施坦派""布哈林分子""布哈林主义""阿克梅主义""德波林主义""沙宁主义者""斯大林主义""米丘林信徒""耐普曼分子""克雷斯丁团"等；六音节俄源词有"布尔什维主义""托洛斯基主义""博罗提巴分子""伯恩施坦主义""布尔什维克化""反米丘林分子""司徒卢威主义""托尔斯泰哲学""德波林主义者""木沙瓦特派""普列汉诺夫派""社会沙文主义""斯大林主义者""祖巴托夫分子""祖巴托夫主义"等。从这些词的构成特点来看，其都是用俄语中表示人名的音译语素加上汉语中的后缀语素，如"－主义""－分子""－派"等构成的。这种构词方式为汉语带来全新表达方式的同时，也为汉语带来了新的构词模式。

（三）简缩俄源成分加汉语固有成分构词

简缩俄源成分加汉语固有成分构词，指的是从音译俄源词中提取部分承担原词整个意义的俄源语素再加上汉语固有成分构成新词的方式。这种构词方式最大的特点是，原本充当记音符号的汉字产生了语素义，并参与新词构成。由俄语无意义的音节转化为汉语的构词语素，也是俄源词在结构类型上深度本土化的具体体现。构词举例如下。

1."苏维埃"→"苏"

汉语从音译俄源词"苏维埃"中提取了语素"苏"来承担"苏维埃"整个词的意义，构成了"苏区"、"苏俄"、"省苏"（指省苏维埃）、"市苏"、"县苏"、"乡苏"、"区苏"、"苏币"（指土地革命战争时期，中国共产党领导下的各根据地苏维埃政权为了粉碎敌人的经济封锁，保障根据地军民的日用生活，促进生产和物资交流，先后创立银行或以合作社名义发行的货币）、"苏票"（指苏维埃地区的钱币）等词，例句如下。

（1）经过培训，妇女干部的水平提高很快。到1933年，江西苏区16个县，就有县一级的妇女干部27人。兴国县有20多名妇女任乡主席，在苏维埃政权建设方面发挥了骨干作用。（《人民日报》1990-09-14）

（2）每向武汉接近一步，就引起我内心的激动，因为武汉，是1927年大革命失败时期革命先烈的一大屠场，后来创建的苏区也在它的外围地区。后来，红军正是从这里走向北方，而现在终于胜利地回来了，这时他们心中会有多少感触啊！（刘白羽《第二个太阳》，"BCC语料库"）

（3）但他总是努力随着时代的进步而进步。他的思想，包括对帝国主义、对列宁领导下的苏俄、对群众运动的认识，都在一步步发生变化。在陈炯明叛乱给了他很大打击后，孙中山对许多事都觉得要重新考虑。（《人民日报》2016-11-01）

（4）另一方面，健全各乡代表会议制度和实行巡视制度。村代表每周须向乡苏报告一次工作，乡苏10天须向区苏报告一次工作，区苏主席团5天须召开一次会议，执委会每月开会一次，讨论具体工作计划和各项重大问题。（《福建日报》2008-11-16，"BCC语料库"）

（5）随着业务扩大和职能逐步齐全，国家银行总行机构于1932年冬天达到最大规模，分别在福建、江西设立分行，在福建白砂、南阳、江西瑞金等地设立兑换处4个，在各县苏维埃政府、各红军经理机关设立数十个代兑处。群众亲切地把这类货币称为苏区货币、苏币或苏票。（《人民政协报》2019-12-26，"BCC语料库"）

2. "布尔什维克"→"布"

汉语从俄源词"布尔什维克"中提取了语素"布"来承担"布尔什维克"整个词的意义，构成了"布党"、"联共（布）"、"俄共（布）"、"布礼"（指布尔什维克的敬礼）等词，例句如下。

（1）海参崴六日电讯，布党势力益发展，各国将承认布党。（《民国日报》1920-02-11，"晚清、民国期刊全文数据库"）

（2）因该部此种工作颇有成绩，中共晋冀鲁豫中央局宣传部特去信表扬，原信如下。冀鲁豫区党委宣传部：你们改造旧艺人工作，做得相当好，有成绩，应予表扬，并望继续努力，贯彻下去。须注意发扬旧艺人的优良特长，在他现有的艺术成就上，予以政治的艺术的改造，向创造民族形式、新民主主义内容的艺术方向迈进。此致布礼 中共晋冀鲁豫中央局宣传部六月二十二日战（《人

民日报》1947-09-26）

（3）对于广大的人民来说，人人还应该向苏联人民学习，学习他们如何在联共（布）——列宁、斯大林的领导下，英勇坚持、不惜牺牲、忍受一切痛苦、发扬高度的劳动精神，全心全意地在自己的岗位上为建设社会主义国家而奋斗的精神与作风，以期在今后的十年、二十年、三十年……之内，在中国共产党——毛主席的领导下，建设我们的人民民主专政的新中国。（《人民日报》1949-09-03）

（4）发扬共产主义精神海军四八〇四船厂理论小组在十月社会主义革命刚刚取得胜利的一九一九年，莫斯科—喀山铁路工人，响应俄共（布）中央关于"用革命精神从事工作"的号召，发起和组织了"共产主义星期六义务劳动"。列宁高度评价了工人群众的这种革命积极性，认为这是"共产主义的实际开端"。（《人民日报》1975-04-24）

三、借俄重组式构词

借俄重组式构词指的是，将从俄语中借用的语素按照汉语的结构规律进行重新调整、组合构成的词。从对俄源词的考察结果来看，这种方式构成的俄源词在意译词中体现得最为明显。一些俄源意译词进入汉语后不是保留原来的结构样式，而是按照汉语的结构规律进行重新调整，向汉语的固有结构趋同，使自身符合汉语的语言结构特点，从而形成更符合汉民族思维习惯的新词。构词举例如下。

俄语原词"богоискательство"的字面意思是"上帝 + 寻找"。汉语将其引进后译成了"寻神派"，而不是按照原词的字面意思对其进行逐字翻译而译作"神寻派"。

俄语原词"СНГ"为"Содружество независимых государств"的缩写，字面意思是"联合体 + 独立 + 国家"，汉语仿造该结构组成新词"独立国家联合体"后，又按照汉语的构词特点将其简缩为"独联体"。

俄语原词"материалистическое понимание истории"的字面意思为"物质的 + 概念、意识 + 历史的"。汉语将其引进后，按照汉语的构词特点将其组合构成了"唯物史观"。

俄语原词"венеплановый"的字面意思为"超出、超过 + 计划"，汉语将其引进后按照汉语的构词特点将其组合构成了"计划外"。

正是通过这种语序的重组，俄源词在构词上变成了更符合汉语构词特点的新词。

四、喻义仿造式构词

喻义仿造式构词是指仿照俄语词的意义用汉语固有成分组成的词。喻义仿造式构词完全是用汉语固有语素构词，构成的新词从词形上无法看出俄语的痕迹，是汉语固有语素按照本族语结构规律组成的复合词。但是，从构词的理据分析，这些新词是在俄语的影响下，仿照俄语词的喻义而产生的。构词举例如下。

俄语"энциклопедисты"，汉语按照其字面意思将其译为"百科全书派"，如果不联系俄语原词，想要彻底地理解该词是有一定困难的。事实上，该词的意思是：18 世纪法国一部分启蒙思想家组成的一个流派。他们在 1751—1780 年编纂《百科全书》的过程中团结在一起，因而被称为"百科全书派"。他们坚决反对天主教会、经院哲学和封建等级制度，在 18 世纪末对法国资产阶级革命的思想准备方面起了不小的作用（岑麒祥，1990：38）。

俄语"пятилетка"，汉语按照其字面意思将其译为"五年计划"。该词的意思是：苏俄从 1928 年起实施的一项关于生产工作的国家计划（胡行之，1936：29）。

俄语"самокритика"，汉语按照其字面意思将其译为"自我批评"。该词的意思是：自觉地对自己的错误和缺点进行批评（陈原，1983：315）。

俄语"коммунизм"，汉语按照其字面意思将其译为"共产主义"，用以指一种无产阶级的思想体系。

俄语"замкнутость"，汉语按照其字面意思将其译为"关门主义"，用以指党组织发展工作中的一种偏向，即忽视或以各种理由拒绝接收符合党员条件的同志入党（徐来娣，2007：265）。

　　上述各词如果仅看汉语的字面意义，就不太容易看出这些词所表示的确切意义。这类词的词义并不是仅通过语素义的结合就能完全把握的，而是需要联系俄语原词的语义对其进行理解。用这种喻义仿造式构词法构成的词虽然用的都是汉语固有的语素，但是以俄罗斯民族的认知成果为依据，建立在俄语词的比喻义或字形的基础上，隐含着俄语文化的深刻内涵。因此，不了解俄语的说法及含义，就很难理解这些词的实际意义。

　　根据本书对这类方式产生的俄源词的考察情况来看，派生式合成词在这类词中占绝大多数。其常用的词缀分布如图4-3所示。

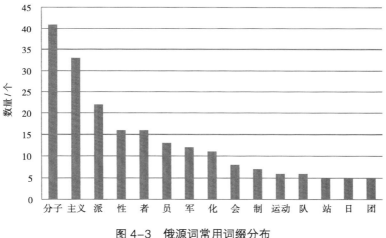

图4-3　俄源词常用词缀分布

　　由上图可以看到，派生式合成词中出现最多的词缀为"- 分子"，如"暗害分子""半无产者分子""崩得分子""敌对分子""地主分子""反党分子""反革命分子""富农分子""高峰派分子""革命分子""骨干分子""官僚化分子""黑帮分子""阶级异己分子""火星派分子""两面派分子""偶然分子""叛乱分子""蜕化变节分子""异己分子""劳动知识分子"等。其次是"- 主义"，如"多数主义""法西斯主义""历史唯物主义""殖民主义""辩证唯物主义""反集体主义""工人事业主义""共产主义""官僚主义""关门主义""经验批判主义""警察社会主义""平均主义""取消主义""少数主义""高峰派主义""集体主义""社会主义现实主义""实际主义""尾巴主义""游击主义""右倾机会主义""右倾投降主义""战时共产主义""召回主义""经济主义""'左'倾机会主义""最高纲领主义""自流主义"等。此外，"-派"，如"少数派""非共产主义党派""工人反对派""工人事业派""火星派""极左派""解放派""军事反对派""区联派""取消派""新火星派""召回派""真理派""最高纲领派""经济派""民粹派""劳动派""阿克梅派""百科全书派""寻神派"，以及"-性"，如"政治觉悟性""组织性""党性""革命积极性""革命纪律性""阶级性""全民性""集体性""团结性"等，是这类构词中出现较多的词缀。

五、汉语简缩式构词

从前文的分析情况来看，进入汉语中的俄源词很多都是多音节的，而汉语的构词一般以短小精悍见长，这种不符合汉语规律的俄源词自然会受到汉语的同化。因此，多音节的俄源词一般都具有全称和简称，简称是按汉语的构词规律形成的。这种按照汉语规则进行简缩也是俄源词在结构方面发生演变实现本土化的一个重要表现（王恩圩，1987）。一些俄源词（包括词组）进入汉语之初以全称形式为主，如"苏维埃社会主义共和国联盟""马克思列宁主义""布尔什维克党""托洛茨基派""准备劳动卫国体育制""独立国家联合体""斯坦尼斯拉夫斯基体系""黑色百人团""少年先锋队""共产主义青年团"等。其进入汉语一段时间后出于交际的经济性原则，往往会获得更适应汉语规律的缩略形式。对于俄源词而言，其进入汉语后的简缩类型主要有如下几种。

（1）分段简缩式：把短语分段，每段取一个成分。比如："劳动改造"→"劳改"；"劳动教养"→"劳教"；"政治委员"→"政委"；"布尔什维克党"→"布党"；"托洛茨基派"→"托派""托匪"；"黑色百人团"→"黑帮"；"'左'派幼稚病"→"'左'稚病"；"独立国家联合体"→"独联体"；"少年先锋队"→"少先队"；"共产主义青年团"→"共青团"；等等。

（2）截段简缩式：把短语分段，取其中具有代表性特征的一段。比如："准备劳动卫国体育制"→"劳卫制"；"斯坦尼斯拉夫斯基体系"→"斯坦尼体系"；"经济互助委员会"→"经互会"；等等。

（3）综合简缩式：把分段与截段相结合。比如："苏维埃社会主义共和国联盟"→"苏联"→"苏"；"马克思列宁主义"→"马列主义"→"马列"；等等。

第二节　不同结构类型的俄源词在汉语中的竞争

在对俄源词的结构演变进行具体分析的过程中，笔者发现，有一些俄源词进入汉语之初主要是用音译语素组合构成的音译词，经过一段时间的使用后，汉语中出现或找到了更适合其特点的其他构词形式，于是就出现了其他形式与其最初的音译形式竞争的情况。这本质上体现出几种不同结构类型俄源词的竞争。

为了研究的客观性，本书对存在音译和其他形式的俄源词在"晚清、民国数据库""BCC 语料库""CCL 语料库"中的使用情况进行了检索。笔者发现，有的俄源词在这些语料库中只出现意译、音译加注形式，音译形式一次也没有出现。如俄语"комсомол"只出现意译形式"共青团"的用例，音译形式"康沙模尔"没有用例；俄语"царь"只出现音译加注形式"沙皇"的用例，音译形式"沙尔"一次也没有出现。有的俄源词则是音译形式与其他形式均有出现，但是其他形式的用例明显多于音译形式。如俄语"платье"的意译形式"连衣裙"用例明显多于其音译形式"布拉吉"；俄语"комбайн"的意译形式"联合收割机"用例明显多于其音译形式"康拜因"；等等。还有一些俄源词，其音译形式在与其他形式竞争的过程中，获得了新的语义，并逐渐独立，如"布尔什维克"不同于"多数派"，"孟什维克"不同于"少数派"，"苏维埃"不同于"劳农会"，"列巴"不同于"面包"等。就俄源词的情况来看，意译形式与音译形式竞争的情况最普遍，所以本书将重点讨论意译形式与音译形式的竞争情况。根据最终的分析结果，本书将其竞争的情况分为三类：（1）意译形式取代音译形式；（2）音译形式与意译形式并存；（3）音译形式独立。

一、意译形式取代音译形式

从本书对语料库的检索结果来看，音译形式被意译形式取代的情况相对较多，涉及多个领域。

政治领域："康沙模尔"→"共青团"、"康密沙"→"政委"、"普罗列太利亚特"→"无产阶级"、"康民团"→"共产国际"、"萨那特"→"参政院"、"高士泼林"→"国家计划委员会"、"科尔火支"→"集体农庄"、"萨夫火支"→"国营农场"等。

日常生活领域："麻细儿〈方言〉"→"工段长"、"戈斯帕京"→"先生"、"马大妈〈方言〉"→"太太"、"哪掐依克〈方言〉"→"厂长"、"扎布兰"→"俱乐部"、"按把尔〈方言〉"→"粮仓"、"巴拉窝子〈方言〉"→"火车头"、"戈兰〈方言〉"→"水龙头"、"咋喔特"→"工厂"、"拉克〈方言〉"→"漆"、"嘎斯〈方言〉"→"煤气"、"吉布克〈方言〉"→"鸭舌帽"、"布留克〈方言〉"→"洋大头菜"、"搭巴克〈方言〉"→"烟丝"、"马神克〈方言〉"→"骗子"、"博尔食（汤）"→"红菜汤"等。

军事领域："波加的尔"→"勇士"、"托其卡"→"火力点"、"喀秋莎"（注：语料中出现的歌曲名《喀秋莎》不能算作用例）→"火箭炮"等。

经济领域："维尔斯特"→"俄里"、"维尔勺克"→"俄寸"、"西伏"→"到岸价"等。

教育领域："堪及达"→"副博士"等。

化工领域："康秉那"→"联合工厂"、"美尔库萨尔"→"汞撒利"、"帕明杜尔"→"坡明德合金"、"安猛拿特"→"阿芒炸药"等。

那么这些音译形式为何没能在汉语中被保留呢？本书认为原因有三：（1）意译形式结构更简单，更贴合语言的经济性原则。如意译形式的"俄里"就比音译形式"维尔斯特"结构更简单，"俄寸"就比"维尔勺克"结构更简单，"知识分子"也比"印贴利更追亚"结构更简单。（2）意译形式表义更明确。汉字是表意文字，一个词中的每个语素都表达了一定的意义，而音译词的每个音节都是没有意义的。如"普罗列太利亚特"这个毫无章法的组合无疑给汉语母语者记忆该词带来了不便，"无产阶级"则让人一看便知其义。从汉语本身来看，汉字具有相当强的表意性，具有意化词语中每个字的倾向。从这一点来看，意译形式也具有更多优势。（3）意译形式更符合汉语母语者的认知习惯。汉语母语人群有一种深层的语言认知心理，即很难对毫无意义的音形成整体上的认知，或者说无法接受有音无义的音节，而必须在理解每一音节意义的基础上才能接受或记忆新的东西（尹小荣、刘静，2009）。因此，相比较来看，意译形式更符合汉语母语者的这种认知习惯。如"共青团"就是"共产主义青年团"的简称，这让母语者一看便知，而其音译形式"康沙模尔"就很难让人做出更多联想。

二、意译形式与音译形式并存

从对语料库的检索结果来看，意译形式与音译形式并存的情况在俄源词中并不多，只有零星的几个。比如：

俄语"платье"，"布拉吉"和"连衣裙"并存；

俄语"семинар"，"习明纳尔"和"课堂讨论"并存；

俄语"комбайн"，"康拜因"和"联合收割机"并存；

俄语"спутник"，"斯普特尼克"和"人造卫星"并存；

俄语"интеллигенция"，"印贴利更追亚"和"知识分子"并存；

俄语"Чека"，"契卡"和"肃反委员会"并存；

俄语"НЭП"，"耐普"和"新经济政策"并存。

这些并存的形式都突出地表现为意译形式用例超过其音译形式用例，并且比例悬殊。现存的音译形式呈现出很强的隐退趋势。为了更好地呈现出这种并存的情况，本书以"布拉吉"和"连衣裙"的并存情况为例进行进一步考察。

前文说到过，"布拉吉"一词最早大约是随着哈尔滨汉俄混合语的形成进入汉语的。到了20世纪50年代，中国服装更是出现了苏联化趋向，一时间，列宁装、哥萨克衬衫、布拉吉风行神州大地。而俄源词"布拉吉"也在这个时期的中国得到迅速、普遍的流传，那时候到处都可以听到"苏式布拉吉""娜塔莎式布拉吉""布拉吉裙子""花色布拉吉""素色布拉吉""大花布拉吉""碎花布拉吉""滚边布拉吉""短袖布拉吉"等说法。这种现象持续了十年左右（徐来娣，2012）。为了考察"布拉吉"和"连衣裙"这两种不同的形式在汉语中的具体使用情况，笔者对其在BCC语料库中的历时分布情况进行了检索，最终得到了图4-4。

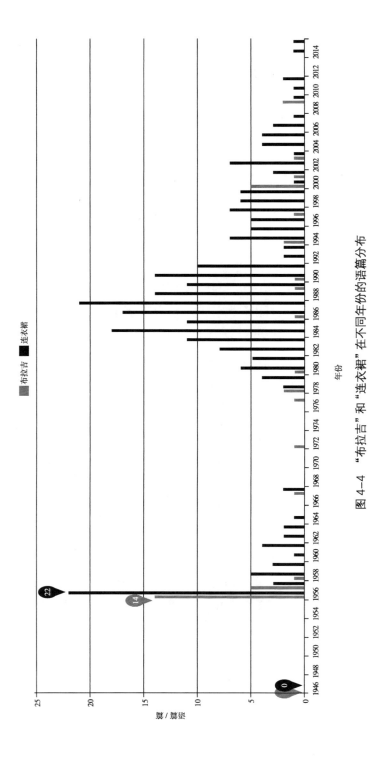

图 4-4 "布拉吉" 和 "连衣裙" 在不同年份的语篇分布

从图 4-4 的统计结果来看，"连衣裙"无论在总词频还是在单个年份出现的词频上均占有绝对优势。"布拉吉"则仅在个别年份出现了超过"连衣裙"使用频次的情况。而且 2012 年之后，该语料库中已经没有使用"布拉吉"的语篇了。为了获得 2015 年之后的数据，笔者又继续检索了"CCL 语料库"，最终检索到含"布拉吉"的语篇 39 篇，含"连衣裙"的语篇 459 篇。可见"连衣裙"依旧占有更大的优势。从这个情况来看，意译形式比音译形式在使用上更具优势。不过在最新的语料中还有关于"布拉吉"的语篇，这证明该词在汉语中还拥有一定的存在价值。本书对语料中出现的含有"布拉吉"的语篇进行分析后，认为其在汉语中主要有如下几种价值。

（1）在有年代感的影视作品、文学作品中增强作品表现力。比如：

①高傲美丽的安杰，前后两次因为穿上了漂亮的布拉吉，让自己的命运发生了改变。（《父母爱情》，2014）

②庄嫂处处跟文丽比，文丽穿布拉吉她也穿一样的，烫头她也烫。（《金婚》，2007，"CCL 语料库"）

③童年我有一条裙子，白底色，上面布满红色和蓝色的降落伞。式样是肩膀上两根带子，前胸和后背各露一块可观的面积，很像现在性感女子的太阳裙。只是孩子我不图性感，只图风凉。母亲那时常常巡回演出，乘火车的时间多，就在火车上为我缝制了这条裙子。式样是从一本书的插图中看来的，妈妈不叫她连衣裙，而管它叫"布拉吉"（俄语"连衣裙"）。布拉吉的原型出现在《白夜》的女主人公纳斯金卡身上，那是妈妈最初的灵感。（严歌苓，《布拉吉与小黄》，2019）

（2）在有关的历史事件及新闻中记录历史。比如：

① 20 世纪 50 年代的"列宁装""布拉吉"，当苏联女英雄卓娅穿着飘逸的"布拉吉"就义时，"布拉吉"成为一种革命和进步的象征，也因此成为 20 世纪 50 年代最流行的女性服装。（"CCL 语料库"）

②布拉吉是一种从苏联流传到中国的连衣裙。那个年代，有的女工省吃俭用几个月也要做一件漂亮的布拉吉。就连幼儿园的小女孩也有自己的布拉吉。（"CCL 语料库"）

③女学生大部分穿布拉吉连衣裙，或者是背带式工装裤，当时举国上下的妇女都是清一色的古装，最时髦的打扮就是蓝色或者灰色的背带工装裤和白衬衫。布拉吉是来自苏联的一种连衣裙，其款式非常简单：泡泡短袖，泡泡褶皱与圆领连身衣相连，后系腰带。（"CCL 语料库"）

④对于苏联的产品，不少人的印象就是四个字——傻大黑粗。苏联服装，让人有点印象的就是布拉吉。其实在五十年前，苏联的时装也是别具一格，在世界时装界小有名气了。（"CCL 语料库"）

（3）用于讲述俄罗斯族人的生活。比如：

每年四月，边疆村举行巴斯克节狂欢，姑姥会穿上自己的布拉吉上街，和其他俄罗斯族妇女一起载歌载舞庆祝。董德升喜欢去姑姥家串门，每次去，姑姥不是给他背五十六个少数民族，就是背中国的行政区域划分。姑姥爱学习，书桌上放满了孙子十四年前用过的书和字典。最近，她在自学俄语。（"CCL 语料库"）

通过上面的分析可知，音译形式"布拉吉"在与意译形式"连衣裙"的竞争中已经处于濒危状态，但是其在最近的文学作品、影视作品和新闻中还在被继续使用，这说明其还有一定的存在价值。也正是因为这些价值，"布拉吉"并没有像大多数音译词一样被汉语完全摒弃。

三、音译形式独立

从本书对具体语料的分析情况来看，在其他形式尤其是意译形式的强烈挤压下，获得独立的音译形式并不多。只有"布尔什维克"与"多数派"竞争后获得了独立；"孟什维克"与"少数派"竞争后获得了独立，"苏维埃"与"劳农会"竞争后获得了独立，"列巴"与"面包"竞争后获得了独立。那么这些音译形式是如何在构词方式不占优势的情况下在汉语中获得一席之地的呢？下面本书就分别以"布尔什维克"与"多数派"竞争、"列巴"与"面包"竞争为例进行进一步研究。

（一）"布尔什维克"与"多数派"竞争

"布尔什维克"在《汉语外来词词典》（1984）中的释义为：①多数派，1903年俄国社会民主工党第二次代表大会召开期间，在投票选举党中央机关时，列宁的拥护者获得了多数票，称布尔什维克；②共产党人的代称。又作"布尔塞维克、鲍尔雪维克、鲍尔札维克"。源俄"большевик"（刘正埮等，1984：57）。《现代汉语词典（第7版）》对"布尔什维克"的解释为：名词，列宁建立的苏联共产党用过的称号，意思是多数派。因在1903年俄国社会民主工党第二次代表大会选举党的领导机构时获得多数选票而得名。后来这一派成为独立的马克思列宁主义政党，改称苏联共产党（布尔什维克），简称联共（布）（俄большевик，多数派）（中国社会科学院语言研究所词典编辑室，2016：114）。

从上面的检索结果可知，俄语"большевик"在汉语中主要对应两个义项。

a. 多数派。比如：

大家知道，1903年7月召开的俄国社会民主工党第二次代表大会，结束了小组习气，建立了一个马克思主义的政党，多数派即布尔什维克在大会上取得了胜利，运动明显地进了一步。但是大会一结束，少数派即孟什维克进行了派别活动，夺取了党的中央机关报《火星报》。（《人民日报》1956-08-10）

b. 苏联（俄国）共产党人的代称。比如：

空想社会主义者在货币问题上所犯的错误，世界上第一个执掌了政权的无产阶级政党——俄国共产党（布尔什维克）也犯过。（1981-09-29）

俄语原词"большевик"中的词根"больш-"具有"多数的、更多的"等含义，词缀"-вик"在俄语中的基本含义是"……的人"，如果按照俄语原词直译，译为"多数派"是最贴近原词语义的。那汉语为何最终却保留了"布尔什维克"这个音译形式呢？

笔者在BCC语料库中输入关键词"布尔什维克""多数派"进行历时检索后，得到图4-5。

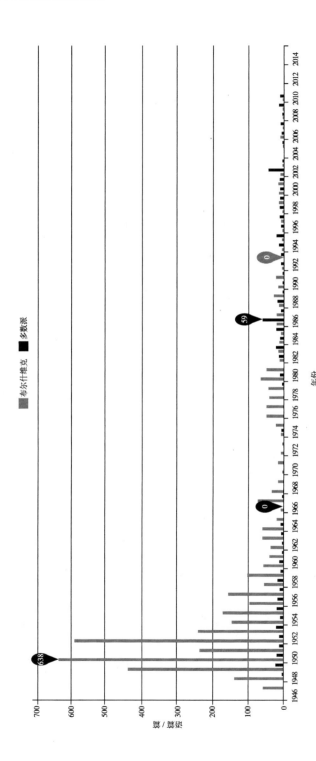

图 4-5 "布尔什维克"和"多数派"在不同年份的语篇分布

从图 4-5 的检索结果来看，似乎是"布尔什维克"的使用频率远远超出了"多数派"，那这是不是就可以说"布尔什维克"的使用频次远高于"多数派"，是音译形式战胜意译形式的唯一原因呢？本书认为答案否然。从本书对语料的分析结果来看，"多数派"在汉语中的内涵是比较丰富的，主要有以下几种。

a. 指其他国家，尤其是西方资本主义国家中在某项活动中占有多数的派别。比如：

（1）以意大利副总理萨拉盖特为首的社会民主党指导处的多数派 18 日晚对以南尼为首的社会党人发出了三点最后通牒。（《人民日报》1957-04-21）

这里的"多数派"指的是意大利社会民主党。

（2）法国国民议会选举经过 6 月 5 日和 12 日两轮投票，选出了 575 名议员（法属波利尼西亚 2 席将在本月晚些时候选出），其中，法共 27 名，以社会党为主体的总统多数派 276 名，"联盟及中间派联合" 271 名，国民阵线 1 名（其主席勒庞落选）。（《人民日报》1988-06-13）

这里的"多数派"指的是法国社会党。

（3）在这个会议上，法国政府"如果不屈从为美国所支持的布鲁塞尔'多数派'的要求，就会像孟戴斯-弗朗斯自己所说的那样，遭到'屈辱'的叱责"。（《人民日报》1954-09-05）

这里的"多数派"指的是比利时的某个政党。

b. 指在某项活动中获得多数支持的派别。比如：

（1）他们提出的这种联合形式是符合毛主席肯定的贵阳棉纺厂经验的精神的，但是多少也有一些私心，觉得反正自己是多数，按部门联合不吃亏。后一种意见，则还有些留恋自己的山头，有少数人怕按部门联合后自己人数少，会被多数派"吃掉"。（《人民日报》1967-09-20）

（2）下午二时半，格什克（统一社会党）以副议长身份宣布开会，统一社会党党团主席立特克起立发言，斥责反动派逃避讨论过冬准备的计划。基督教民主党委执委会主席勃兰德亦发表声明称，"如本届市议会的多数派不愿表达人民的利益，则本届议会以外的负责的各个人必须团结起来，并出而担任柏林人民的代表"。（《人民日报》1948-07-05）

c. 社会主义阵营对资产阶级中占有多数席位者的蔑称。比如:

(1) 这一抗议罢工是反对由艾哈德(所谓州委员会的主席)和普恩德(联合占领区所谓行政委员会亦即内阁的主席)所奉行的敌视人民的物价和工资政策的,是反对经济委员会(联合占领区所谓议会的下院)中资产阶级多数派和在州委员会(联合占领区所谓议会的上院)上支持经济委员会政策的社会民主党部长们的。(《人民日报》1948-05-18)

(2) 他们指出,这一动议的提出是由于目前的"紧急情势"和执委会"使社会党濒于灾难的罪恶记录"。动议要求选举"新的真正社会主义的执委"。这一动议虽被以勃鲁姆为首的右翼多数派所否决,但该党群众及地方工作人员对该党官方政策的反抗正在开展中。有色议员、著名黑人诗人森戈尔(代表法属西非塞内加尔)已宣布退出社会党以抗议该党领导集团的反动政策。(《人民日报》1948-02-08)

(3) 这个分析,反映美国许多大资本家的代言人已经感觉到不能再用战争宣传来争取选票;但这并不是说,美国国会的多数派,已对侵略外国减少兴趣。相反地,这个评论同时指出:主张削减"援外"款项的人们,相信削减乃是"勒着'马歇尔计划'下各个国家的最好方法"。(《人民日报》1956-08-26)

d. 由不同政党组成的支持某一政见的集合。比如:

(1) 库奇马还希望"我们的乌克兰"和"为了统一的乌克兰"两大议会党团组成议会多数派。议会多数派的组成关乎议会今后的走势,并直接影响到议会与总统的关系。各党派都在围绕组建多数派工作极力推行自己的主张。(《人民日报》2002-02-09)

(2) 拉法兰政府是一个过渡政府,任期至6月16日国民议会第一轮选举后结束。届时,总统将从议会新多数派中任命一位总理。若多数派由右翼政党联盟组成,拉法兰一般会顺理成章地被重新任命为总理;若多数派为左翼政党联盟组成,总统将迫不得已选择一位左翼总理,拉法兰政府就会成为一个短命政府。(《人民日报》2005-03-26)

(3) 更危险的结局是,政府的"偏爱"会加剧社会分裂。越来越复杂的多数派与少数派的激烈互动,不仅影响着许多国家的民主前景,甚至造成政治制度重建进程的突然中断或逆转。泰国、埃及等国出现的乱局，让更多西方学者开始关注发展中国家的多党制问题。(《人民日报》2014-02-18)

从上面的语料分析情况来看，"布尔什维克"是不能被语义内涵丰富、指称对象多元、看似更符合汉语特点的意译形式"多数派"取代的。"布尔什维克"在汉语中主要指"以苏联为首的社会主义国家的共产党"，正是这种语义的独特性，使其最终没有被意译形式"多数派"所取代。

(二)"列巴"与"面包"竞争

"列巴"是俄语"хлеб"的音译。笔者对"晚清、民国期刊全文数据库"进行检索后发现，"面包"一词在该语料库中最早出现于1869年的《上海新报》，而"列巴"一词则是在中东铁路修筑后随着哈尔滨汉俄混合语的产生进入汉语的，也就是说，其出现在汉语中的时间是1900年前后。"列巴"一词最早出现在1935年《文学上海》刊登的东北女作家萧红的文学作品中。通过这些情况可以大致认为，在"列巴"进入汉语前，汉语中已经有了一个更早的意译词"面包"。那么，"列巴"为何没有被固有意译词"面包"取代，而被汉语保留下来呢？下面本书就从"列巴"与"面包"在汉语中的竞争情况来谈谈这一问题。

1."列巴"与"面包"在具体使用中的竞争

笔者对2003—2018年的百度新闻语篇(为了研究的方便，笔者将语篇类型限定为新闻语篇，排除了网页中出现的广告等其他语篇)进行检索，整理出了以"列巴"为关键词的有效新闻语篇398个。通过对这些语篇的分析，大体可将"列巴"与"面包"在语篇中的分布情况分成三大类：(1)"列巴"与"面包"同指；(2)"列巴"与"面包"混用；(3)"列巴"独立使用。其中，"列巴"与"面包"同指的情况又细分出三种情况：列巴面包；列巴(面包)；列巴，一种俄罗斯的面包。具体的语篇分布情况如表4-1所示。

表4-1 "列巴"与"面包"语篇分布情况

类别		语篇数	总语篇数	占总语篇百分比/%	示例语篇
"列巴"与"面包"同指	列巴面包	24		6.03	他们喜欢聚集在一起，喝伏特加和红菜汤，吃罐焖牛肉和列巴面包。
	列巴（面包）	28		7.04	她给我们切自己打的列巴（面包），并拿出口弦琴，亲自吹奏了几曲鄂温克民歌。
	列巴，一种俄罗斯的面包	33		8.29	很多人喜欢吃列巴，就是俄式大面包。
	小计	85		21.36	
"列巴"与"面包"混用		36	398	9.04	与一般面包不同的是，"大列巴"外壳比较硬，像锅盖一样，但里边比较松软，然后再把面包放进炉子里，这样烤出的面包也会有木头的清香。因为是经过3次发酵，所以"大列巴"特别容易消化。
"列巴"独立使用		277		69.60	汽车停在了热尼亚列巴房门前。这是恩和俄罗斯民族乡最有名的一间列巴房。一进入列巴房，就被墙上的一张照片所吸引——一位老奶奶头戴白色的帽子，坐在椅子上，回眸，眼神平静而祥和。她便是列巴房的主人，80多岁的彼得洛娃。

从表4-1中可以看到，"列巴"与"面包"同指的语篇共有85篇，占到了总语篇数的21.36%。其中"列巴面包"这类对原词依附性最强的语篇共有24篇，只占总语篇数目的6.03%。"列巴（面包）"这类用加注括号进行备注的对原词依附性有所降低的语篇共有28篇，占总语篇数目的7.04%。"列巴，一种俄罗斯的面包"这类用意译词"面包"对"列巴"进行解释说明的语篇共有33篇，占到了总语篇数目的8.29%。而"列巴"一词独立使用于语篇，无需对其进行解释说明的语篇共有277篇，占到了总语篇数目的69.60%，这在一定程度上说明，"列巴"一词正在逐渐失去对固有意译词"面包"的语义依附性，走上了独立使用的道路。需要重点说明的是，"列巴"与"面包"混用的语篇共有36篇，占总语篇数目的9.04%，这也在一定程度上反映出"列巴"一词进入汉语词汇系统后

与汉语已有意译词在竞争中呈现的不稳定性（刘定慧，2020）。

2."列巴"与"面包"在语义上的竞争

进入汉语词汇系统后，"列巴"除了在语用上与已有意译词"面包"展开竞争，还在语义上与其进行竞争。从本书收集到的语料来看，"列巴"与"面包"同现的情况也占到一定比例，可见其并不完全等同于传统意义上所说的面包。具体例句如下。

（1）5月6日中午，记者在塔城市街头采访，空气中烤制面包的香味，将记者吸引到了柳达的小烤房。她听母亲说，木盆是从莫斯科带来的。柳达估计那个橡木盆可能是母亲的嫁妆之一，因为不会烤制"列巴"的妇女，在俄罗斯是一件不可思议的事情。["百度新闻"（乌鲁木齐在线，2008-09-01）]

（2）大列巴是哈尔滨最有个性的特产，它被称为哈尔滨风味食品一绝。大列巴之名，鲜明地体现了中西文化之融合，"列巴"是俄罗斯语"面包"的意思，因为个大，所以前面冠以中文的"大"字。初次见"大列巴"，你会被这硕大无比的面包所惊叹，作家秦牧当年来哈尔滨有句"面包像锅盖"的比喻，说的就是具有百年余韵的秋林大列巴。["百度新闻"（东北网综合，2015-07-14）]

（3）哈尔滨大列巴，列巴是俄语面包的音译，由俄罗斯传来，被称为哈尔滨一绝。这种大面包为圆形，有五斤重，是面包之冠。味道也别具芳香，具有传统的欧洲风味。出炉后的大面包，外皮焦脆，内瓤松软，香味独特，又宜存放，是老少皆宜的方便食品。["百度新闻"（齐鲁晚报，2016-08-26）]

从表4-1中的数据来看，除去用"面包"对"列巴"进行解释说明的语篇，"列巴"与"面包"混用的语篇共有36个，占到了总语篇数目的9.04%。细细分析这些语篇后发现，"列巴"与"面包"在实际语用中已经有了相对清晰的语义分工。"列巴"专指那种以面粉、酒花、食盐为主要原料，用东北森林里的椴木或桦木等硬杂木烤制而成的个头很大、很长的面包。而"面包"则通常用来表示集合概念。正是在与已有意译词"面包"的语义竞争中，"列巴"渐渐地分担了"面包"语义场的部分语义，成为该语义场的一个子类。

从"列巴"与"面包"在使用上的竞争情况来看，"列巴"已经呈现出了较强的独立使用趋势，可见其正处于被汉语接纳的状态。从其和"面包"在语义上的竞争情况来看，其基本分担了"面包"语义场的部分语义，获得了相对独立的语义。这也正是其没有被固有意译形式完全取代的主要原因。（刘定慧，2020）

综上，俄源词进入汉语后的结构演变主要体现在产生了更适应汉语语言结构的几种特殊构词。这些构词结构一方面体现出了俄源词对汉语语言体系的适应，另一方面也对汉语产生了影响，这种影响主要体现在以下几个方面。（1）为汉语增加了新的构词语素。从上文的分析可知，俄源词中出现了从音译词中提取单个音节作构词语素参与构成新词的现象，如"苏维埃"中的"苏"、"布尔什维克"中的"布"等成为汉语中新的构词语素。随着其在汉语中不断参与构成新词的过程，其也在丰富现代汉语的词汇系统方面产生了影响。（2）为汉语带来新的构词模式。根据本书对俄源词构词方式的考察情况来看，用俄语中表示人名的音译语素加上汉语中的"－主义""－分子""－派"等后缀语素，构成诸如"列宁主义""拉布分子""布哈林派"等的情况出现得很多，这种构词方式在为汉语带来全新表达方式的同时，也为汉语带来了"人名＋后缀"这样全新的构词模式。（3）将特殊构词中所蕴含的俄罗斯民族的心理特征、认知成果、文化背景等输入汉语中，从而影响汉语。新构词方式的产生意味着汉语词汇受俄语的影响不再仅仅是被动地接受俄语，而是主动地与俄语趋同。值得注意的是，随着俄源词在汉语中使用频率的增加，有的俄源词开始表现出改变原有构词方式以便更加适应汉语特点的趋势。其中既有按照汉语的构词规律简缩的情况，也有不同构词方式竞争的情况，但无论最终的结果怎样，俄源词进入汉语后在构词方面的本土化都得到了进一步加深。

第三节　俄源词表意本土化

表意，是语义学的一个概念，作为结构语言学的核心概念，表意指能指系统和所指系统构成的表达含义的功能。俄源词进入汉语后在表意方面实现的本土化主要表现在如下几个方面：音义相兼、词义变化、语用意义变化、影响汉语固有词词义。

一、音义相兼

从语言学的一般原理看，词的声音和意义之间不存在什么必然的联系。一种语言中表示事物名称概念的词音译成另一种语言的词时，彼此间只有声音是相似的，一般也不存在语音和语义联系的问题。汉字是记录汉语语音的符号。大多数汉字是具有一定字义的，并且，许多汉语词的词义往往和字义有某种联系。因此，人们在用汉字译外语词的时候习惯于兼顾汉字的表意作用，总是希望通过选用的汉字给读者提供一点理解外来词词义的线索，这就是外来词在表意上的一种汉化（李荣嵩，1985）。本书认为，这种音义相兼的方式是俄源词进入汉语后实现表意本土化的一个重要方式。而巧妙择字，联想原词语义则是这种方式的具体实现。所谓巧妙择字，联想原词语义，主要指的是音译俄语原词时，在不违背音译原则的前提下，尽量选出有某种意义关联的字来构成俄源词的一种方式。通过这种方式音译的俄源词，能使人按照相关表意性汉字把握俄源词的大致意义。不过，要说明的是，通过这种方式音译的新词只是使字面意义与俄语原词有某种程度上的关联，但不是本质意义上的关联。比如，将英语"Coca cola"音译为"可口可乐"，从字面上看，会使人想到"味道好，使人快乐"，但并不能昭示它的本质内涵。学界也把这种方式称为"谐音别解"。所谓"谐音别解"，是指在音译过程中煞费苦心地选择音译用字，其结果可能使音译的词语在字面上形成有意义的组合，但字面意义与外语原词的意义根本不相干，这就形成了意义上的"别解"（杨锡彭，2007：130）。这种因为在音译时择字而产生"谐音别解"义的情况主要有以下几种。

（一）谐音对译

所谓谐音对译，是指为音译词寻找意义相当的音近字（唐贤清、汪哲，2005）。俄源音译词的主要表现为：各意化音节在意义上无法凝聚成一个意义，而保持一种散性关系，只能通过相应字眼的暗示，触摸到一点儿形象意义，由此展开联想，估测出该词的大概意义。如用"布拉吉"音译俄语原词"платье"（连衣裙）时，"布、拉、吉"这三个音节在整体上并没有凝成一个意义，其关系也是松散的，我们只能通过"布拉吉"中的"布"字联想到其大概与"衣服"有关。还有如东北方言中用"骚鞑子"(〈方言〉对俄国士兵的蔑称)音译俄语原词"солдат"(士兵),将本来是一个中性色彩的词附加了站在本民族立场上的贬义色彩,这也是通过谐音的方式传达出对俄国士兵的不满。

(二)音义兼顾

所谓音义兼顾,指的是在音译的同时又竭力将该外语词的意义表现出来,可谓一举两得。比如,"绷带"译自英语"bandage",音与原词相近,义为"用来绷紧的带子",同于原词词义,可谓妙译。这种音义兼顾的方式在俄源词中也有应用。如在哈尔滨汉俄混合语中,俄语中的"работай"(干活吧!)被译成"老脖带"(指工人、干粗活的人),"симпатия"(相好的)被巧译成"新巴结儿","машина"(机器)被巧译成"马神"等,这些均是在尽可能保留俄语原词语音面貌的同时,又通过汉字的巧妙组合对原词的意义有所呈现。此种方式将音译与意译恰到好处地融为一体,中西合璧,迎合了汉语母语者望文生义的语言心理,增加了词义的透明度,避免了音译词给人的陌生感,堪称音译造词法的极品(高燕,2000)。

(三)字形意化

所谓字形意化,是指在音译外语词时尽量选择可以提示原词意义(类别、属性)等的汉字进行对译,从而帮助汉语母语者更好地理解外语原词语义的音译方式。在汉语中,字形和认知对象之间具有某种联系,根据这种联系可以达到记认特定认知对象的目的(王玉新,2000:25)。字形与特定认知对象之间联系的符号,被称为标识符号。汉语中用以建立这种联系的标识符号就是传统意义上的表意偏旁。罗常培在《语言与文化》中称"新谐声字"为:"外国语词借到中国后,本国的文人想把它们汉化,于是就着原来的译音再应用传统的'飞禽安鸟,水族著鱼'的办法硬把它们写作谐声字。"(罗常培,1989:89)如"柠檬"(lemon)以前音译为更接近原音的"黎蒙",改成带"木"字旁的"柠檬"后,在字形上就能想到这是一种植物。俄源词中也存在字形意化的情况,如用"达那猛"音译俄语原词"динамон"(一种硝氨碳炸药)时,从字形上就能看出其威力。再如哈尔滨方言中用"笆篱子"音译俄语原词"полиция",从字形上就可隐约窥探出其"监狱"的含义。将"уродан"（一种治疗痛风及尿道结石的药剂）译成"乌罗丹"，也可以从字面上看出其药品的属性，尤其是汉字"丹"的选用简直绝妙，既兼顾了俄语原词的发音，也用汉语特有的见字生意方式提示了其药品的属性。同时，将俄语原词"хулиган"（流氓）音译成"胡里干"（〈方言〉流氓）时，仅从字面上就能联想到其与做坏事有关的语义。

此外，有关人名、地名等专有名词的音译也能体现出字形意化的特点。如俄国男性的姓名翻译常常选用"夫"（安德列耶夫、阿拉克切也夫）、"斯基"（车尔尼雪夫斯基、杜斯妥也夫斯基、多勃钦斯基）、"金"（克鲁巴金、普希金）、"林"（斯大林、米丘林）等。俄国女性的名字翻译则常使用"莎"（娜塔莎、喀秋莎）、"雅"（卓雅）、"娜"（叶卡捷琳娜、伊琳娜）、"娃"（茨维塔耶娃）。俄地名的翻译则常使用"格勒"，如"列宁格勒""斯大林格勒""加里宁格勒"等，也常使用"堡"，如将"Санкт-Петербург"翻译成"圣彼得堡"，将"Екатеринбург"翻译成"叶卡捷琳堡"，其中的"堡"字使人一看便知其是某一个城市。这些都是俄源音译词字形意化的具体体现。

（四）改变个别汉字

有时候，为了更好地通过巧妙择字来提示原词语义，还会出现改变已有形式的情况。如俄语"нитрон"最初的音译形式是"尼特龙"，是一个纯粹的音译词。后来为了更好地提示其语义而将其改写成了"尼特纶"，和原有的词形相比，只有第三个字符改变了，从原有的"龙"变成了"纶"。这不仅在语音形式上发生了变化，语义形式也随之变化，并且更趋近于原词的语义。"纶"在汉语中有化学纤维的含义，这便十分巧妙地提示了原词的语义。类似的还有将"илон"译成"伊纶"，将"хлеб"译成"黑列巴"等（Li Suogui，2002）。

二、词义变化

词是语言中最活跃、最重要的单位，而词的核心是词义，所以词义的研究在语义学中一直最受重视（张树铮，2012：129）。从发展趋势上看，词义并非一成不变。随着客观世界和主观世界的发展变化，人们对各类事物、现象及其关系的认识和使用方式也发生了变化，从而影响到词义的变化发展。因此，词义具有演变性。俄源词进入汉语后在词义上也发生了不少变化，笔者认为，词义变化也是俄源词实现表意本土化的又一重要方式。具体说来主要有如下几个方面。

（一）词义范围变化

词义范围变化主要是指词义所指事物和搭配对象的范围发生了由小到大或者由大到小的变化（邵敬敏，2016）。俄源词进入汉语后在词义范围上的变化主要表现为词义范围缩小、词义范围扩大和词义转移三个方面。

1. 词义范围缩小

汉语外源词并不是指用汉语词直接对译外语原词，它对义项的借入是有选择的。因此，很多外源词进入汉语后往往只保留原词的个别义项，从而出现进入汉语后词义范围缩小的情况。据本书对俄源词的考察情况来看，其进入汉语后词义范围缩小的情况是十分突出的。具体举例如下。

俄语原词 "дума" 在俄语中主要有 3 个义项：①议会；②思想、思索、思维；③乌克兰的一种民歌。其进入汉语被音译为汉语俄源词 "杜马" 后，只保留了 "议会" 这一个义项，并且专指俄（苏）议会。比如：

俄罗斯国家杜马（议会下院）11 日三读通过逐步延长联邦级、市政级公务人员退休年龄的法案。（《人民日报》2016-05-13）

俄语原词 "спутник" 在俄语中有 4 个义项：①同伴；②手册；③指南；④人造卫星。其被汉语音译为 "斯普特尼克" 后就专指人造卫星。比如：

"凯鲁亚克、凯鲁亚克……莫不是斯普特尼克？" 董完全弄不懂这突如其来的一句话。她兀自举着刀叉，思索良久。"斯普特尼克？这斯普特尼克，该是 20 世纪五十年代第一次遨游太空的苏联人造卫星吧？"（村上春树《斯普特尼克恋人》）

俄语原词 "семинар" 在俄语中有以下 5 个义项：①课堂讨论；②研讨会；③进修班、研究班；④讲习班；⑤（课题）讨论会。其被汉语音译为 "习明纳尔" 后只剩下 "课堂讨论" 这一个义项了。比如：

这种 "习明纳尔" 的学习，是在教员直接指导下进行的，每一个学生都要做充分的准备，都有被教员指定发言的可能，同时每一个学生都要注意别人的意见，都有被教员指定纠正别人发言错误的可能。（《人民日报》1951-05-18）

俄语原词"кулак"在俄语中有5个义项：①拳头；②突击部队；③凸轮；④爪；⑤富农。其进入汉语后只剩下了"富农"这一个义项。比如：

在统一"填坑补齐"的方针下，经过民主讨论，公道合理地分配了果实，贫农大部上升为中农或富农。（《人民日报》1946-09-03）

俄语原词"платье"一词在俄语中有两个义项：①连衣裙，如女士连衣裙、舞会上穿的连衣裙等；②集合名词，（外面穿的）衣服，如外衣、男装，还有服装店的意思。但是进入汉语被音译成"布拉吉"后就只有"连衣裙"这一个义项了。比如：

她再也顾不了别的，跳起来拿过玛莎挑出来的一条布拉吉，胡乱地穿在身上，嘴里一个劲儿乱嚷嚷："快点，快点，我们晚了。"（瓦西里耶夫《这里的黎明静悄悄》）

这种进入汉语后义项减少的情况，对于俄源词来说十分普遍。限于篇幅，此处不再赘述。此外，笔者还发现，有一些俄源词进入汉语后所搭配的具体事物范围变小了，这也属于词义范围缩小的情况。具体举例如下。

俄语原词"интеллигентная молодёжь"在俄语中是指所有的拥有一定知识和文化水平的青年人。比如，"Интеллигентная молодёжь там не приучалась пробиваться в жизни самостоятельно"（"Русский доктор в Америке" 2001，"НКРЯ"），被译为"在那里的知识青年们并没有学会如何独立生活。"

然而，当"интеллигентная молодёжь"被译为"知识青年"后，其主要用来指"受过学校教育，具有一定文化知识的青年人，特指二十世纪六七十年代到农村或边疆参加农业生产的城市知识青年"（中国社会科学院语言研究所词典编辑室，2016：1678）。同俄语原词相比，其所指称的具体事物范围缩小了。而且据笔者考察，在最近的语料中，该词的所指又进一步缩小，主要用来指受过高等教育的大学生。例句如下。

（1）据了解，成都"创业天府"行动将强化企业创业主体地位，以"知识青年"为生力军，顺应互联网跨界融合创新潮流，加快构建创新创业生态系统，

降低创业门槛，拓展创业空间，释放创业红利。(《人民日报》2015-02-09)

（2）而今，新旧动能转换、产业转型升级迫在眉睫，这为青年人创业创新提供了无限可能。我们要在政策激励上舍得真金白银，号召广大青年抓住干事创业黄金期，立大志、谋大业，争做智创青年、工匠青年，让"知识青年"转化为新型产业力量、发展动力、未来希望。(《人民日报》2019-03-20)

再如"ягода"一词在俄语中指的是所有木本和草本浆果的总称。但是其音译为汉语俄源词"亚格达"后仅用来指我国黑龙江省北部一带盛产的一种红色小浆果的专有名字（黄春蕊，2013）。可见其所指称的具体事物范围缩小了。例句如下。

黑龙江省重点扶持的中美合资大兴安岭北奇神保健品有限公司与国内10多家科研单位和大专院校结成技术合作伙伴，研制开发出北芪神茶、亚格达（红豆）系列饮料等10多个品种饮品。(《人民日报》1995-01-23)

2. 词义范围扩大

有一些俄源词进入汉语后，出现了词义范围扩大的情况。具体举例如下。

俄语原词"ударный отряд"（突击队），原本是指"苏俄实施五年计划后，在'五年计划以四年完成'的口号下，由最精锐努力的劳动者，以及青年共产党员所组织的一种站在大众先头的队伍"（胡行之，1936：177）。如其所在例句"В объединении комсомольцы и молодежь создали 21 ударный отряд качества и организовали между ними социалистическое соревнование"（"Техника - молодежи" 1977，"НКРЯ"），被译为"共青团员和青年在联合会中成立了21个质量突击队，组织了他们之间的社会主义竞赛"。

然而，当"ударный отряд"被汉语意译为"突击队"后，其所指对象范围变大了，既可以指军事上"进攻时在主要方向上担任突击任务的部队"，又可以泛指"生产中担任突击某项任务的劳动组织"，词义范围有所扩大。例句如下。

（1）突击队左右前方的敌人发疯地扫射起来，然而突击部队已经随着梯子组从敌人火力间隙中攻上去，占领了敌人的第二道院子，因此突击队丝毫没有伤亡。(《人民日报》1946-04-23)

（2）疫情期间，阳逻港被湖北省港航管理局指定为"防疫物资接收港"。"我们 70 名员工组成突击队驻守港口，24 小时作业。船岸人员严格分离，船上人员不许上岸，岸上人员也不上船。"（《人民日报》2020-04-16）

（3）1 月 27 日，兵工集团一机集团医院党委组建医护突击队的号召刚发出，便得到全院 151 名医护人员的踊跃响应。（《人民日报》2020-04-08）

俄语原词"чуждые элементы"（异己分子）进入汉语之初原指"在同一集体中在立场、政见或重大问题上常跟自己有严重分歧甚至敌对的人"（中国社会科学院语言研究所词典编辑室，2016：1542）。如其所在例句"Вторая сессия Академии художеств выкорчевала чуждые элементы в обучении"（"Соцреализм: Мифы и реальность" 2003，"НКРЯ"），被译为"艺术学院第二届会议根除了学习中的异己分子"。

"Как известно, в ряды нашей партии проникли чуждые элементы, двурушники"（"Дарю, что помню" 1997，"НКРЯ"），被译为"众所周知，我们党内有异己分子，也有两面派分子"。

然而，"чуждые элементы"被汉语引入译为"异己分子"后，除保留原义，用于指称某一类人之外，还用于指"物"，其所指范围有所扩大，词义范围进而也有所扩大。例句如下。

钟凯指出，竹炭这么大的颗粒只会从消化道排出，不能被肠道吸收入体内。要是真的进入了，反会成为"异己分子"，引发不良反应。钟凯同时表示，人体内的毒素也是个伪概念。（《人民日报》2013-02-07）

3. 词义转移

有一些俄源词进入汉语后，其所指会发生转移，其在原词中指称 A 事物，进入汉语后却用于指称 B 事物。比如，俄语原词"машина"在俄语中的义项有汽车、机器、机床、机械、飞机几种，可是当其以音译形式"马神"进入汉语后，除指种地的机器外，其还在哈尔滨方言中被用来指缝纫机、马达等。俄语原词"чёрная сотня"在俄语中指的是"俄国革命前热心拥护皇室贵族，官僚极反动的恐怖集团，常杀害革命分子，侦探革命组织与行动"。其进入汉语后被意译为"黑帮"，所指有所变化。在中国"文革"期间，"黑帮"一词主要指走资派，有时也泛指所有被打倒的"牛鬼蛇神"；现在指社会上暗中活动的犯罪涉黑流氓团伙和其他反动集团或其成员（中国社会科学院语言研究所词典编辑室，2016：529）。俄语原词"плита"原意是指厨房里用的炉灶，但是其进入汉语成为汉语俄源词"壁里搭"后，指家里用来做饭和取暖、与火炕和火墙连在一起的炉子（黄春蕊，2013）。俄语原词"малина"原意为覆盆子，一种悬钩子果实（刘正埮等，1984：224），但是其进入哈尔滨方言后，却主要用来指草莓（尹世超、李荣，1997：79）。

（二）词义色彩变化

词义色彩变化主要指词义在感情色彩上的变化。一些俄源词进入汉语后由于使用主体的不同，产生了与俄语原词不同的感情色彩，从而导致其词义色彩发生变化。比如，

"спутник"（人造卫星）在俄语原词中为中性词，如其所在例句"Искусственный спутник Земли и ракета-носитель на 6 часов 17 октября совершили с момента вывода спутника на орбиту около 183 оборотов, пройдя путь примерно 8 миллионов километров"（"Северный колхозник" 1957–10–19，"НКРЯ"），被译为"10 月 17 日，人造地球卫星和助推火箭从卫星进入轨道那一刻起旋转了 183 圈，覆盖了大约 800 万千米"。

"Оно попадает в дата-центр компании "Твиттер" затем каким-то образом обрабатывается и дальше оно становится космонавтом и попадает в космос на спутник который потом отправит это сообщение на летящий над Испанией самолёт в котором и находится адресат который с нетерпением ждёт этого сообщения"（Андрей Титов，"Самая большая система, созданная человеком"，Выступление на научном конкурсе Science Slam，2013，"НКРЯ"），被译为"它先到达 Twitter 数据中心，然后经过某种处理，进而成为宇航员，进入太空到达卫星，再将消息发送到收件人所在的于西班牙上空飞行的飞机上"。

然而，当"спутник"被汉语音译为"斯普特尼克"后却无形中带上了"令人震惊、不可思议"的褒义色彩。例句如下。

（1）奥巴马在今年国情咨文中多次提到中国新能源发展，惊呼又一个斯普特尼克时刻到来了。由新能源，还可以说到许多"中国奇迹"。旧中国留下的是千疮百孔、一穷二白的烂摊子。旧貌换新颜，共产党建立了以生产资料公有制为基础的社会主义生产关系，人民群众成为生产的主人；日月换新天，通过改革初步建立起社会主义市场经济体制，调动广大人民群众的积极性和创造性，进一步解放生产力。（《人民日报》2011-06-27）

（2）合众社记者汉森从东京发出的一条消息说，对于普通的亚洲人来说，"斯普特尼克"（俄文"卫星"的译音）仍然是风头十足的东西；美国在上周所作的几次导弹发射，"并没有为美国挽回它在俄国人到达外空时所失去的威望"。（《人民日报》1957-10-29）

再如，"плановая экономика"（计划经济）在俄语中是一个中性词。如其所在例句"Альтернатива верховенству права одна — плановая экономика, где все зиждется не на контракте, а на приказе сверху"（"Огонек"2014，"НКРЯ"），被译为"替代法治的唯一方案——不以合同为基础，只以自上而下的命令为基础的计划经济"；"Нелегальные и полулегальные теневые отношения постепенно охватывали всё большую часть хозяйства: плановая экономика на практике превращалась в экономику бюрократического торга между центральными органами управления, региональными властями и предприятиями"（"Вестник РАН"2009，"НКРЯ"），被译为"非法和半非法的如影随形关系逐渐占据了经济的大部分：实际上，计划经济变成了中央政府机构，区域当局和企业、官僚之间讨价还价的经济"。这两个例句中的"плановая экономика"都带有中性色彩。

然而，当它被汉语译为"计划经济"后，除继续保留原有的中性色彩外，还出现了表示"商品匮乏、民生凋零、落后"这种带有贬义色彩的意义。具体例句如下。

（1）改革开放后，我们认识到我国企业管理与世界先进水平存在较大差距，必须奋起直追。从计划经济体制向社会主义市场经济体制转型，对企业管理学和管理实践创新提出了新要求。（《人民日报》2019-11-25）（中性色彩）

（2）"还抱着'计划经济'那一套不放！""什么'分时电价''负荷控制'？

还不是为了让老百姓少用点电，多花点钱！"这是今年 4 月中旬新闻媒介报道国家计委、国家经贸委、电力部联合召开"第六次全国计划用电会议"以后，许多人脑子里产生的"一闪之念"。（微博）（贬义色彩）

（3）用行政手段强行调休真 xx！计划经济思维余孽学着懂事，学着成熟……好事连连，心里甜甜～（微博）（贬义色彩）

不过，据笔者考察，"计划经济"这种表示贬义色彩的用法只出现在微博这样的新媒体中，而主流媒体（如《人民日报》）则主要使用中性用法。

类似的还有"солдат"（士兵），其在俄语中是一个中性词，没有任何特殊色彩，而其被汉语引进译成"骚达子"成为我国东北居民对俄国士兵的蔑称后，则带上了明显的贬义色彩。近现代以来，"骚达子"在东北口语中又发生了变化，原有的对俄国士兵蔑称的含义逐渐被人淡忘，引申出了"小兵""小当差的""无足轻重的小人物"这样的义项（Shyntsova，2015）。俄语词"капитан"（大尉，军官）在俄语中也是一个中性词，但是其被音译为"狗皮蛋、戈毕旦"后就有了明显的贬义色彩。

三、语用意义变化

语用意义是指义位在各种语境中、在动态的语用状态下表现出的语义特征（张树铮，2012：141）。本书通过对俄源词进入汉语后具体语用情况的考察，发现一些俄源词进入汉语后语用意义的变化主要体现在以下两方面：产生新的语境义、语用领域变化。下面对这两种具体情况进行说明。

（一）产生新的语境义

一些俄源词进入汉语后，在汉语的具体语境中产生了新的语境义，从而导致其语用意义变化。比如，"трактор"（拖拉机）在俄语中主要有一个义项，指"与牵引式、固定式或固定式机器（设备）一起进行农业、道路建设，开展土方工程、运输和其他工作的自行式（履带或轮式）机器"。如其所在例句 "Во дворе громоздилось разное хозяйственное старье: и плуг, и борона, и косилка, и колесный трактор, и аэросани, с деревянным пропеллером, с кабиной, закрытой мутным плексигласом; стояли две ржавые железные кровати с панцирной сеткой"（"Октябрь" 2007，"НКРЯ"），被译为"院子里堆满了各种各样的农具：犁、耙、割草机、轮式拖拉机、带木推进器的雪地摩托、木制推进器等"。

"Приемное отделение было рассчитано на один трактор，а в процессе работы его расширили для приема двух"（"Пермский строитель" 2004-04-27，"НКРЯ"），被译为"接待部原本是为一台拖拉机设计的，但是在修建的过程中，它被扩展为可以容纳两台拖拉机"。

然而，其被汉语引进成为俄源词"拖拉机"后，在具体的语境中产生了"表达速度慢"的比喻意义。例句如下。

（1）经过多年努力，我国在上海、深圳、天津、济南和重庆等地建设了超算中心，广泛覆盖东、中、西部地区，在推动超算实际利用方面发挥了巨大作用。但是，与超算的高性能相比，利用率和效能很不匹配，甚至可以说是"高速公路上跑拖拉机"。（《人民日报》2014-01-11）

（2）卢凤英每天早上四点多就起床，忙到晚上九点多，家里还收拾不停当……她每天上工总是一只手抱着孩子，一只手拿着个干饼子啃，急急忙忙赶到地里，还赶不上趟。有人笑她："你这么慢，干脆改个名字叫'拖拉机'吧！"（《人民日报》1977-05-01）

（3）睡不着打开电脑，结果网速却让人头大，那么大的电信公司，却给了一个开着拖拉机上网的速度。（微博）

"большевик"被汉语音译为"布尔什维克"后，其每个单字原本只是充当记音符号，原有的意义在音译形式中被消解了，整个形式就是一个音节串。但由于其中的"什"字与汉语数词"十"同音，在具体的使用中就出现了比较特别的用法，产生了临时语境义。具体例句如下。

我在历史所工作的时候，党委书记伊达常把一个词挂在嘴边，叫作"八九维克"，就是说，你做不到十分的"布尔什（十）维克"，也应该做到八九分。按照这种逻辑，张申府大概只能做到"三分之一维克"。（《晚年张申府》，《作家文摘》2006年9月29日第6版）

"марксизм-ленинизм"（马列主义）在俄语中主要是指"马克思、恩格斯、列宁等人建立的关于自然和社会发展、工人阶级革命、被压迫和被剥削的群众、社会主义胜利和共产主义建设最普遍的定律学说"。如其所在例句"Всякий, кто рассматривает марксизм-ленинизм как религиозную догму, является именно таким невежественным человеком"（яндекс），被译为"谁若是将马克思列宁主义当宗教教条看待，谁就是蒙昧无知的人"。

然而，其进入汉语成为俄源词"马克思列宁主义"，甚至被缩写为"马列主义"后，在具体的使用中就产生出了"比喻严格按原则来办事"的语境义。例句如下。

但是，被我们这里的老太太甩了一句："对别人马列主义，对自己自由主义！"我有吗？相信我说话的声音不会引起大家的反感吧！（微博，"BCC语料库"）

（二）语用领域变化

从本书的考察结果来看，有一些俄源词的语用领域发生了变化，从而改变了其原有的语用意义。具体举例如下。

"комиссар"（政委）在俄语中主要指"军队中有一定权力的官员"。如其所在例句"С ними в поход на Пережогина отправились сам председатель Дальсовнаркома Краснощеков и военный комиссар Дионисий Носок"（Разгуляевка2008，"НКРЯ"），被译为"与他们一起踏上了佩列若金征程的是远东人民委员会主席克拉斯诺谢科夫和政委迪奥尼西·诺斯克"。

然而，其进入汉语成为俄源词"政委"后，除保留原义用于军事领域，指军队中的军官外，还可以用于体育领域，指做思想指导工作的教练（陈光磊等，2008：66）。例句如下。

中方教练组成了政委组，每人分包几个球员的思想工作。（《人民日报》2000-10-27）

"царь"（沙皇）一词原本指的是"俄罗斯及保加利亚帝王的称号"，主要用于社会政治领域，但是其被汉语译为"沙皇"后，除继续在社会政治领域使用外，还可以用于文化艺术和体育等领域。例句如下。

"指挥沙皇"捷杰耶夫精选了 4 首极富俄式风情的音乐作品，既有斯拉夫民族的深沉宽广，又有伏特加酒般的浓烈厚重。(《人民日报》2015-05-28)

撑杆跳高外教达尔米恩的弟子同样实力惊人，其中就有在去年打破"撑杆跳沙皇"布勃卡保持多年的世界纪录的法国名将拉维勒尼。(《人民日报》2015-08-28)

四、影响汉语固有词词义

笔者在考察中还发现了俄源词进入汉语后向汉语固有词进行语义移植的现象。所谓语义移植(semantic/fuctional transfer)，是指译者在把源头语翻译成目标语的过程中出现的一种现象：假定某个源语词 S 有两个义项 Sa、Sb，目标语 C 有一个义项 Ca，且 Sa = Ca，那么由于类推心理机制的作用，译者在翻译中可能会把 Sb 强加给目标语 C，导致 C 产生一个新的义项 Cb(= Sb); Cb 与 Ca 之间不一定有引申关系，且 Cb 在目标语中出现了较多的用例，这个过程我们便认为发生了语义移植(遇笑容等，2010 : 324)。如汉语中的"宫殿"原本只有"建筑物"的意思，但是其在佛经中却有"天车"的意思。例句有："尔时舍卫国有一女子……于是命终，生于三十三天，即乘宫殿，至善法堂。"(吉迦夜、昙曜，《杂宝藏经》)据朱庆之(1995)的研究可知，译经中的"宫殿"实际上对应的是梵文中的"vimāna"一词，而梵文词"vimāna"的确有"天车"和"宫殿"两个意思，译师便把"天车"一义也强加在汉语的"宫殿"一词上。而随着俄源词不断进入汉语，也发生了这类语义移植现象，主要表现在如下两个方面。

(一)影响汉语部分名词语义

俄源词进入汉语后首先对汉语中的部分名词进行了语义移植。如汉语中的"工读"原指"用本人劳动的收入来供自己读书"(《汉语大词典》)。例句如下。

"念一年书后，工读自助。"(周恩来《别李愚如并示述弟》，1920)

现在的"工读"有两个义项：①用本人劳动的收入来供自己读书，如工读生；②指工读教育(中国社会科学院语言研究所词典编辑室，2016 : 448)。工读教育主要指"对有较轻违法犯罪行为的青少年进行改造、挽救的教育"(郭伏良，2006 : 112)。这一语义的变化，与俄源词的引进关系密切。20 世纪 50 年代，为了挽救和教育当时在社会流浪且的处于犯罪边缘的青少年，借鉴苏联教育家 Макаренко 的理论和实践经验，我国政府在全国各大城市建立了"工读学校"，在俄语中叫作"трудовая колония"（徐来娣，2008）。这样一来，汉语中的"工读"也就产生了新的语义。现在汉语中的"工读学校"只剩下了"对有违法和轻微犯罪行为的未成年青少年进行专门教育的学校"这一个义项。例句如下。

（1）在教育惩戒方面，要视情节严重程度分别施予"批评处分""邀请公安机关予以训诫""转送专门（工读）学校"等惩戒。（《人民日报》2018-08-10）

（2）屡教不改或者情节恶劣的严重欺凌事件，必要时可将实施欺凌学生转送专门（工读）学校进行教育；涉及违反治安管理或者涉嫌犯罪的学生欺凌事件，处置以公安机关、人民法院、人民检察院为主。（《人民日报》2017-12-28）

但是在记录历史事件时，该词还继续保留着原义。如：

（3）曹渊，原名俊宽，字薄泉。1920年，曹渊考入安徽芜湖工读学校，被推选为校学生代表，参加安徽芜湖学联并成为领导成员之一。（《人民日报》2018-04-25）

（4）1924年，王平章加入中国共产主义青年团，同年参加陈潭秋创办的进步团体"湖北人民通讯社"，并在党领导的"启明工读学校"和"汉江印刷社"从事印刷革命书刊的工作。（《人民日报》2018-08-23）

例句（3）、（4）中的"工读学校"显然是汉语的原意。而例句（1）、（2）中的"工读学校"则是受俄语影响而产生的新义项。

类似的还有很多：随着俄源词"文化宫"（дворец культуры）的引进，汉语固有词"宫"增加了"群众文化活动或娱乐用的房屋的名称"这个义项，产生了"科技宫""少年宫""体育宫""艺术宫"等词；随着俄源词"列宁角"（ленинский уголок）的引进，汉语固有词"角"在原义的基础上增加了"进行政治文化等活动的地方"这个义项，产生了"英语角""集邮角""法律角""戏曲角""书画角""雕刻角""家电角""餐饮角""轮椅角""集报角""邮卡角"等词；随着俄源词"计划经济"（плановая экономика）、"计划供应"（плановое снабжение）的引进，汉语中原有的日源词"计划"增加了"按照国家统一计划管理"这个义项，产生了"计划粮""计划油""计划烟""计划生产""计划生育""计划商品""计划分配"等词；随着俄源词"先进工作者"（передовик）的引进，汉语固有词"先进"增加了"在工作中超越他人并取得最优秀成绩的人或集体"这个义项，产生了"先进人物""先进个人""先进事迹""先进单位""先进典型""先进性""先进党组织""先进团组织"等词；随着俄源词"斯普特尼克"（人造卫星）（спутник）的引进，汉语固有词"卫星"增加了"人造卫星"这个义项等（徐来娣，2008）。

（二）影响汉语部分颜色词的语义

俄源词还使汉语中固有的颜色词产生了语义移植现象。汉语中的颜色词"红""白""黑"均受到俄源词引进的影响产生了新的、与俄语同样的政治象征意义，并且在汉语中获得了长足的发展。如汉语"红"象征"革命、先进"的政治意义是随着俄源词"红军""红十月""红旗""红星""红色首都""红色政权"等的引进而逐渐产生的。20世纪20年代，随着仿译型俄源词或词组"白军""白区""白俄""白匪""白色恐怖""白卫军""白卫军分子""白匪军官"的引进，汉语中的"白"也开始有了象征"反动、保守、落后"的政治意义。汉语中的"黑"也随着"黑色百人团""黑帮"和"黑色百人团分子""黑帮分子"的借入，产生了象征"反动、反革命"的政治意义（徐来娣，2007：149–161）。

综上，俄源词进入汉语后主要通过音义相兼，改变词汇、语法和语用意义，影响汉语固有词的词义这几种方式实现表意本土化。其在实现表意本土化的同时也对汉语产生了影响，这主要体现在以下方面。（1）填补汉语的语义空缺。很多表示新事物、新现象的俄源词进入汉语后填补了汉语相关领域的语义空缺。（2）影响汉语的词汇意义。随着俄源词的引进，汉语中的一些固有词在俄源词的影响下增加了新的义项。（3）影响汉语词汇的语用意义。这主要体现在汉语颜色词受俄语影响，在汉语中产生了新的表达。如汉语中的颜色词"红"受俄语影响增加了象征"革命、先进"的政治意义，产生了"红五类"[先是指履历表上出身填写为革命军人、革命干部、工人、贫农（雇农、佃农）、下中农等的一大批人，后来也泛化到指称他们的子女出生家庭成分]。"黑"受俄语影响，增加了象征"反动、反革命"的政治意义，在汉语中出现了"黑五类"[中国"文革"中指地主、富农、反革命分子、坏分子、右派分子五种人（多用来指人的家庭出身），与红五类相对]。（4）带来汉语语义关系的重新调整。如俄源词"列巴"在与汉语原有的意译词"面包"的竞争中分担了其语义场的部分语义，成为其下属的一个子语义场，促使汉语中原有的"面包"一词被迫对其语义场进行重新分割，并重新调整语义场内部成员之间的语义关系。

第四节　俄源词词汇本土化的主要动因

从上文的分析情况来看，俄源词进入汉语后不仅在结构上发生了不少变化，在具体的表意方面也发生了诸多变化，这正是其适应汉语语言系统实现本土化的集中体现。那么促使俄源词发生词汇本土化的动因有哪些呢？本书通过对语料的分析，认为主要有如下原因。

一、对汉语语言系统的适应

前文分别从结构和表意两个方面分析了俄源词进入汉语后发生的系列变化。其在结构方面的变化主要体现为，产生了多种特殊的构词形式以及出现了不同构词形式竞争的情况；其在表意方面的变化主要表现为，通过巧妙择字实现了部分音译词的音义相兼，通过改变词汇意义、语法意义和语用意义实现了对汉语表意系统的适应，以及通过对汉语固有词进行语义移植从而影响了汉语固有词的语义。本书认为，适应汉语语言系统是其发生这些变化并实现本土化的一个重要原因，具体分析如下。

（一）适应汉语复合式构词为主的语言特点

前文详细对比了汉俄两种语言在构词结构上的差异，"词根＋词缀"的派生式构词是俄语构词的主要方式，而"词根＋词根"的复合式构词是汉语构词的主要方式。本书通过对303个汉俄混合词内部结构的分析，发现复合式合成词有223个，占到了总数的73.6%；派生式合成词有80个，占总数的26.4%。从这个数据来看，复合式合成词是汉俄混合式构词的主力军。据本书对这223个复合式合成词各词根语素之间的结构关系的分析情况来看，其以偏正式为主。如苏联、门捷列夫周期律、维特铁、托尔斯泰哲学、塔斯社、真理报、马林果、达克斯狗、伏尔加河、巴卡拉玻璃、托加喜剧、莱茵舞、莫罗堪教、苏泊汤、芬卡帽、东干人、基利尔字母等。不过，据本书分析，在这类词中，文化艺术领域的词占有相当比例。如艾特纳舞、爱匹配舞、奥白尔塔斯舞、奥苏奥海舞、彼尔胡里舞、采鲁里舞、康康舞、莱茵舞、勒兹舞等舞蹈名称有 49 个；查奴里琴、禅格琴、昌吉琴、楚尼利琴、基法拉琴、加曼察琴、九丝列琴、堪涅勒琴、科穆兹琴等琴的名称有 28 个；巴尔卡波祖克笛、富路雅笛、库莱笛、库维契基笛、奇木波笛、契博尼笛、秋伊久克笛、沙尔特什笛、沙赫里查笛等笛的名称有 15 个；还有各类舞曲、歌剧，其他乐器等的名称数十个。这类文化艺术领域的词就占了偏正式合成词的一半以上。像这类汉语中没有的新鲜事物进入汉语后，为了能更好地适应汉语的语言体系，为汉语母语者所接受，演变为复合式合成词无疑是最方便的手段。

（二）适应汉语"见字生意"的语言特点

在汉语"见字生意"语言特点的影响下，俄源词发生了不少适应这种语言特点的变化。比如，俄源词进入汉语后，出现了同一个词的音译形式与意译形式竞争的情况，这其实也体现出了其进入汉语后对汉语"见字生意"语言特点的趋同。音译形式中的汉字只是充当记音符号，汉字的表意特点被最大限度地削弱，这显然不符合汉语语言特点。音译形式往往在引进初期比较方便，但随着时间的推移，绝大多数音译词都会被其相应的意译词所取代。事实证明，意译形式更符合中国人的表达习惯，也更能在汉语中生根流行，因为"汉字不仅是音节的符号，而且是意义的标记，当新词出现时，人们习惯性地期待这一词语应有一定的理据，或者说，人们习惯地从组成这一词语的汉字来揣度、理解它的含义"（李英，1992：167）。从汉语本身来看，汉字具有相当强的表意性，具有意化词语中每个字的倾向，而音译形式所选汉字只记音不表意的特点与汉字本身的表意性相违背，意译形式才能更好地迎合汉字的表意特点。比如，意译词"共青团"就比音译词"康沙模尔"更能迎合汉字的表意特点。所以，汉语"见字生意"的语言特点是促使俄源词进入汉语后出现音译形式与意译形式竞争的重要原因。

事实上，前文讨论过的汉俄混合词很大程度上是受到了汉语"见字生意"语言特点的推动。为了实现更强的表意性，很多俄源词在引进之初就会刻意加入汉语中的一些固有语素来对原词语义进行提示，如"沙皇"（царь）中的"皇"、"克里姆林宫"（Кремль）中的"宫"、"马林果"（малина）中的"果"等均是汉语中表示某个概念种属的语素，将其附加在音译词后，可以起到很好的提示语义的作用。此外，俄源词进入汉语后在音译词的择字方面也煞费苦心，通过谐音对译、音义兼顾、字形意化、改变个别汉字等方式尽可能择出合适的字，音义相兼更是在这一因素影响下发生的最显著的变化。

二、社会、使用频次、心理等因素的促动

从前文的分析中可以看到，俄源词除在进入汉语之初发生了与原词不同的各类演变外，进入汉语的语言系统后还在继续发生演变。具体表现为：有些俄源词出现了音译形式与意译形式竞争的情况；有些俄源词出现了音译形式语素化并产生构词能力，从而参与构成汉语新词的情况；有些俄源词进入汉语后搭配能力很强，表现出了对汉语的强大适应力。笔者认为，俄源词进入汉语后发生词汇本土化除了与上文所说的适应汉语语言系统的内部因素有关，还与社会、使用频次、心理等因素有关。下面对这三个因素进行具体分析。

（一）社会特点促使俄源词词义发生变化

据笔者考察，有些俄源词进入汉语后，在汉语的具体语境中出现了所指范围不断变化的情况。举例如下。

俄语"совет"在"Толковый словарь русского языка С.И. Ожегова"（《奥热果夫俄语详解词典》）中的义项有：①建议；②讨论；③各类集体机构的名称；④用作年轻人生活幸福的祝福语；⑤苏维埃政权。《现代汉语词典（第 7 版）》对其音译形式"苏维埃"的解释为："1917 年俄国革命建立的政权名。我国第二次国内革命战争时期曾把当时的工农民主政权组织也叫苏维埃。"（中国社会科学院语言研究所词典编辑室，2016：1246）可见，该词进入汉语后的所指出现了

偏离，既可以指俄国 1917 年建立的革命政权，也可以指我国工农民主政权，其所指范围扩大。而且"苏维埃"一词在汉语的具体语境中也出现了所指变化的情况。

"苏维埃"一词在引进汉语之初主要是指"一种无产阶级专政的政权形式"。如 1920 年 8 月，蔡和森在给毛泽东的信中表示：苏维埃是"无产阶级革命后的政治组织"，是无产阶级专政的组织形式与重要手段（蔡和森，1980：50）。11 月，陈独秀使用"无产的劳动阶级专政"一词来表达对"苏维埃"的理解（陈独秀，1984：49）。可见，"苏维埃"一开始指的是无产阶级专政的政权形式，是无产阶级专政的象征。但是，随着整个社会和革命形势的变化，该词的所指范围有所扩大，除了指"无产阶级专政"外，还可以指"工农民主专政的政权"形式。如中东铁路事件（指 1929 年中国为收回苏联在中国东北铁路的特权而发生的中苏军事冲突）后，中国共产党不得不重新调整对"苏维埃"的认识，以中华苏维埃共和国与国民政府的长期二元对立取代速胜论。这个阶段的"苏维埃"被定义为长期的、稳定的工农民主专政。据此，共产国际也改变了对"苏维埃"的定义，指出苏维埃不仅是无产阶级专政的政权形式，而且是工农民主专政的政权形式（周家彬，2018）。到了中华苏维埃共和国成立后，"苏维埃"已经成为一种长期存在的、稳定的工农民主专政的政权形式（王学东等，2013：76）。可见，"苏维埃"一词进入汉语社会后其所指发生了适应汉语表达需求的变化。所以笔者认为，社会环境的变化也是促使俄源词实现本土化的一个重要原因。

（二）使用频次影响构词、组合能力

外源词的构词能力虽与其形态结构和同化程度有关，但是在新的语言环境里，使用的频次（使用越广泛，构词能力越强）也是重要的因素之一。也就是说，功能因素往往大于结构因素。А. И. Дьяков（2012）指出，若干因素会影响一个词的构词潜能，其中包括语言外的因素，如概念或现象是否有称名必要，社会是否有意愿去接受新的外源词，并运用其作为构词语素产生新词等。使用频率高的借词往往会成为一个词族的中心词，那些处于社会关注焦点、在大众传媒和日常交际中出现较为频繁的词，其构词潜能要比那些较少使用的词高得多（克雷欣，2011：33）。

从对俄源词的考察结果来看，俄源词进入汉语后出现了两个比较特殊的情况：一是从音译词中提取部分音节作为构词语素参与构成汉语新词；二是其进入汉语后拥有很强的组合能力，能与汉语中的多个固有词组合构成多个词组。就俄源词语素参与构词的情况来看，只有从"苏维埃"中提取的"苏"和从"布尔什维克"中提取的"布"成为汉语新进的构词语素。仔细分析就会发现，这两个词进入汉语后曾在一定历史时期使用特别频繁。因为其出现的场合多，也就促成了汉语对其本土化的需求度更高，于是，按照汉语的构词规则进行简缩并参与构成新词就显得十分必要。就俄源词与汉语固有词组合的情况来看，"列巴""嘎斯""马神""扫盲""墙报""工分""劳模""劳改""劳教""马林果"等词在汉语中的组合能力是比较强的。如"列巴"（面包的一种）参与构成了"列巴馕""列巴干""列巴圈""列巴炉""列巴花""列巴房""列巴坊""列巴店""列巴节""列巴郎""列巴文化"等多个词组（刘定慧，2020）。"嘎斯"参与构成了"嘎斯匠""嘎斯罐""嘎斯枪""嘎斯费""嘎斯弹""嘎斯灯""嘎斯表""嘎斯管"等多个词组。"扫盲"参与构成了"扫盲班""扫盲队""扫盲团""扫盲课""扫盲日""扫盲月""扫盲年""扫盲站""扫盲吧""扫盲网""扫盲奖""扫盲中心"等多个词组。"墙报"参与构成了"墙报栏""墙报稿""墙报展""墙报板""墙报委""板墙报""电子墙报"等多个词组。"工分"参与构成了"工分制""工分本""工分簿""工分册""工分榜""工分表""工分票""工分账""工分值""日工分""月工分""年工分""全工分""半工分""工分员"等多个词组。而这些词均有一个共同特点，即均属于某一历史时期日常生活领域中的常用词。而其他俄源词之所以没有产生这些用法，与其使用频次不够高密切相关。可见，使用是否频繁也会在一定程度上对俄源词的本土化产生影响。

（三）求简心理使部分俄源词进入汉语后结构简化

前文说到，汉俄混合词中除大部分是复合式合成词外，还有80个是派生式合成词。从本书对这部分俄源词的分析情况来看，汉语中的"–主义""–分子""–派"等是这构词用得最多的后缀。而这些后缀主要源于对俄语原词的意译。比如，俄语原词中的后缀"-изм"进入汉语后常常被译成

"–主义"，如"акмеизм"→"阿克梅主义"、"большевизм"→"布尔什维主义"、"кропоткинизм"→"克鲁泡特金主义"、"ленизм"→"列宁主义"、"махизм"→"马赫主义"、"макрсизм-ленизм"→"马克思列宁主义"等。俄语"-ец"的单数形式进入汉语后有时候被译成"–主义者"，如"ленинец"→"列宁主义者"、"деборинец"→"德波林主义者"、"толстовец"→"托尔斯泰主义者"等；有时候被译成"–分子"，如"бухаринец"→"布哈林分子"、"антимичуринец"→"反米丘林分子"等。其复数形式"-цы"则常常被译成"–派"，如"бухаринцы"→"布哈林派"、"деборинцы"→"德波林派"、"плехановцы"→"普列汉诺夫派"。这类构词形式最典型的特征是词根部分为俄语音译，词缀部分则为俄语原词中相关词缀形式的意译。这种保留原词固有词根加词缀的方式省去了从汉语中重新选取构词语素构造新词的复杂过程，同时又起到了很好的表词达意作用，正是汉民族求简心理的一种体现。此外，前文还说到，进入汉语中的俄源词很多都是多音节的，这些多音节词进入汉语后出现了按照汉语构词规则简缩的情况，这其实也是受到汉民族求简心理影响而产生的。

（四）汉语母语者的主观心理促使俄源结构和词义变化

汉语母语者的主观心理会促使部分俄源词进入汉语后在构词结构和词义方面发生变化，这也是俄源词词汇本土化的一个影响因素。前文提到过，俄源词进入汉语后会产生"借俄重组式"这种比较特殊的构词方式。事实上，这种构词方式正是为了适应汉语母语者的主观心理才产生的。"借俄重组式"构词并没有按照原词的结构形式强译、硬译，而是按照汉语母语者的思维习惯将俄源词调整为更符合汉语特点的组合模式。

此外，俄源词进入汉语后发生的与原词不同的词义色彩变化，正是汉语母语者主观心理的具体体现。尤其是在中东铁路修筑时期，通过哈尔滨汉俄混合语进入哈尔滨方言的不少俄源词都带上了那一时期相关的感情色彩。如"машина"（机器、汽车等）被音译为汉语"马神"之后就增加了"速度快"这样的褒义感情色彩、"солдат"（士兵）被音译为"骚达子"后就无形中夹带了"厌恶"之类的贬义色彩。

（五）民族文化心理促使俄源词只有本土化才能被接受

语言是一种民族现象，一定的民族语言总是与一定的民族性和文化特征相维系。一个民族的语言文化心理是指，由于某一民族所处文化环境和所使用语言的特质，以该语言为母语的人所形成的有关语言的集体心理习惯和定势。它包括一个民族的语言观、语言感情以及该民族对待语言中的"异己分子"的态度、容忍度和接受程度等（赵晓华、刘焱，2007）。语言间的相互渗透和影响是一种普遍现象，但一种语言如何对待外来成分则与使用该语言的民族文化心理有着必然的联系。为了适应自身的发展和表达的需要，汉语往往要对外源词进行再处理，将其改造为更符合汉语语言结构的形式，这样其才能有更大的接受度。所以民族文化心理也是俄源词进入汉语后发生词汇本土化的一个重要原因。

综上，俄源词进入汉语后发生词汇本土化，既有语内因素的制约，也有语外因素的促动。从语内因素来看，俄源词进入汉语后产生了为数众多的复合式合成词，这与俄语中派生式合成词占优势的情况不同，却与汉语复合式合成词占优势的情况趋同，这正体现出俄源词对汉语复合式合成词占优势的构词体系的适应。俄源词在音译词择字时的音义相兼、进入汉语后音译形式与其他（意译）形式的竞争以及产生对原词语义有所提示的汉俄混合式合成词等都是为了适应汉语"见字生意"的语言特点。从语外因素来看，社会、使用频次、心理等因素的促动也是俄源词发生词汇本土化的重要原因。据本书对俄源词的分析情况来看，一些俄源词的词义发生变化，正是因为其所处的社会环境发生了变化。可见，社会因素会在一定程度上促成俄源词的本土化。同时，使用频次也会在一定程度上对俄源词的本土化产生影响。此外，汉民族的心理等因素也是促使俄源词本土化不可忽略的外部因素。一些俄源词进入汉语后发生的结构调整、词义色彩变化的情况，就是因为受到了汉语母语者的主观心理影响。汉民族的求简心理促使音节结构冗长的俄源词只有按照汉语的规则进行简缩才能为汉语母语者所接受。而外源词进入汉语后只有经过更符合汉语结构和表达的各类改造才能被拥有特定民族文化心理的汉语母语者所接受，这就在无形中促使不符合汉语规则的异质结构俄源词会进行本土化。

本章小结

　　本章结合汉俄两种语言的大型语料库及各类网络资源，对俄源词进入汉语后在结构和表意两方面的本土化方式和特点进行了分析，并分别从语内和语外两方面对俄源词词汇本土化的动因进行了研究。几种特殊构词方式的产生是俄源词进入汉语实现结构本土化的主要方式。而在汉语语言环境中产生的不同结构方式的竞争则是其在结构上进一步实现本土化的集中体现。俄源词结构本土化一方面为汉语带来了全新的构词语素、构词模式，另一方面也将特殊构词所蕴含的俄罗斯民族特有的心理特征、认知成果、文化背景等带到了汉语中，从而对汉语产生影响。音义相兼、词汇意义和语用意义变化以及影响汉语固有词词义等方式是俄源词实现表意本土化的主要方式。其在表意方面的本土化一方面丰富了汉语的语义表达，填补了汉语的语义空缺，另一方面则对汉语固有词的词义系统产生影响，带来了汉语语义体系内部的重新调整，从而对汉语产生了语义层面的深层影响。通过对语料的具体分析，本书认为，俄源词进入汉语后词汇本土化的原因既有适应汉语语言系统的语言内部原因，也有社会、心理及文化因素等语言外部的原因。正是这些因素的共同作用促成了俄源词的词汇本土化。

第五章

俄源词在汉语中的活力

汉俄语言接触的历史有多长，俄源词进入汉语的历史就有多长。如果从有迹可循的恰克图混合语时期开始算起，那俄源词进入汉语的历史已近三百年。经过几百年的风云变幻，通过不同方式进入汉语中的俄源词在经过一系列本土化适应后在汉语中的活力情况怎样？哪些俄源词在汉语中已经失去了活力？哪些俄源词在当代汉语中还继续存有活力？影响其活力的主要因素是什么？本章拟对这些问题进行研究。

第一节　俄源词在汉语中的总体活力

为了更好地研究已有俄源词在汉语中的总体活力情况，本书将以俄源词在"晚清、民国期刊全文数据库""BCC 语料库"和"CCL 语料库"中的分布情况为依据，判定其是否存有活力。这里需要对本书数据库的选取年代做一个说明，对于"晚清、民国期刊全文数据库"，本书主要参考该数据库从 1883—1949 年这段时间的统计结果。这个统计结果可以帮助本书判别俄源词在 1949 年以前的使用情况。对于"BCC 语料库"，本书主要参考其从 1946—2015 年的历时统计结果。为了避免统计结果的偏差，本书还参考了"CCL 语料库"的分布情况，该语料库主要收录 1949 年至今的报刊、翻译作品、文学作品、网络语料、电视电影、学术文献、口语等语料，可以在一定程度上对"BCC 语料库"的结果进行补充。如果选定的俄源词在本书选取的任意一个语料库中出现用例，并且用例达到一定的数量，本书就认为，这个俄源词在汉语中不仅存在，而且还具有一定的活力，反之则认为其失去活力。

在人工排除不具备代表意义的人名、地名后，本书选定了906个俄源词作为考察对象。其在各领域的分布情况如表5-1所示。

表5-1　各领域俄源词分布情况

所属领域	词数	总词数	占比 / %
社会政治	396		43.71
文化艺术	143		15.78
日常生活	140		15.45
化工	57		6.29
经济	35		3.86
军事	28	906	3.09
自然	26		2.87
教育体育	23		2.54
医药	23		2.54
农业	18		1.99
宗教	10		1.10
科技	7		0.77

从表5-1中可以直观地看到，社会政治领域的俄源词数量最多，占到了总词数的近一半，其次是文化艺术领域和日常生活领域，其他领域的俄源词则很少。可见，从分布领域来看，汉语主要引进了社会政治领域的俄源词。下面本书将根据这些俄源词在选定的三大语料库中的分布情况，对其在汉语中的总体活力情况做一个大致的分类说明。

一、失去活力俄源词的分布

本书经过对906个俄源词的考察后发现，有536个俄源词在本书选定的语料库中均无分布，可见其在汉语中已经基本失去活力。根据其所属领域的不同，笔者绘制了表5-2。

表5-2　不同领域失去活力俄源词的占比情况

所属领域	词数	总词数	占比/%
文化艺术	140		26.12
社会政治	117		21.83
日常生活	111		20.71
化工	55		10.26
经济	31		5.78
自然	26	536	4.85
医药	23		4.29
军事	11		2.05
农业	5		0.93
宗教	10		1.87
教育体育	5		0.93
科技	2		0.37

从表5-2中可以看到，文化艺术领域俄源词失去活力的情况最突出，比如：（1）表示某种文化、文学流派、诗体的：卡拉苏克文化、塔加尔文化、特里波里文化、阿克梅主义、托加喜剧、安诺文化、玛佳玛体诗等；（2）表示某种乐器的：巴尔卡波祖克笛、巴扬、查奴里琴、禅格琴、昌吉琴、昌科步兹琴、楚尼利琴、基法拉琴、加曼察琴、九丝列琴、堪涅勒琴、坎克列斯琴、科穆兹琴、科培兹琴、库奥克列琴、库贝兹琴、里文式手风琴、库穆兹琴、库莱笛、库维契基笛、富路雅笛、卡尔那号、艾米利通、奥罗裴拉、巴拉莱卡、扳都拉、杜塔尔、多木拉、福列塔、弗列克萨顿、赫罗姆卡、喀马林、柯布札、拉切密、腊博勃、里拉、乌兹辽等；（3）表示某种舞蹈的：彼尔胡里舞、采鲁里舞、艾特纳舞、爱匹配舞、奥白尔塔斯舞、奥白列克舞、奥苏奥海舞、弗尔兰纳舞、哥巴克舞、哥洛梅卡舞、霍拉舞、霍鲁密舞、霍罗舞、卡巴尔达舞、卡尔图里舞、康康舞、莱茵舞、勒兹舞、里斯图比亚利舞、里斯图孔德拉舞、连接雅舞、列兹金卡舞、鲁察维提斯舞等；（4）表示某种乐曲的：利车尔卡塔曲、利车尔卡曲、密切里查舞曲等。这样的词共计140个。

社会政治领域失去活力的俄源词有：艾费勃（古希腊受军事训练并在哲学学校学习的年龄在18—20岁的青年）、巴立克（拜占庭时代的农奴）、别什凯什

（礼物，一套以发给奖金、略施小恩小惠，引诱工人脱离政治斗争、分裂工人运动的办法）、勒拉特（走私人门路，走后门）、普罗奋团（赤色职工国际）、斯巴达克派、半无产者分子、非共产主义党派、工人事业派、火星派分子、警察社会主义、区联派、真理派、人民社会主义者、少先队营地、拉布分子、米丘林信徒、什弥克主义、反列宁主义分子、反米丘林分子、司徒卢威主义、阿克梅分子、博罗提巴分子、沙宁主义者、祖巴托夫分子、祖巴托夫主义、祖巴托夫组织、萨夫火支（集体农庄音译）、高士泼林（国家计划委员会音译）等。这样的词共计 117 个。

　　日常生活领域失去活力的俄源词有：（1）饮食类：布留克（洋大头菜）、稀米旦（酸奶油）、毕康酒、玛祖卡饼、比其尼（饼干）、比瓦（啤酒）、布尔达、布渣（一种饮料）、楚赤贺拉（一种甜品）、搭巴克（烟草）、福尔什马克、哈尔娃、赫列夫、吉克斯、吉协力、里道斯、蒙巴谢、排雅克、派腻唏达、萨拉玛塔、沙一克、酥哈利、稀米旦、谢麻籽、波特文牙汤、博尔食汤、核列斯酒、布尔冈红酒、基兹利亚尔酒、卡戈尔酒、堪地勒苹果、勒涅特喀苹果、罗马涅酒、切斯特干酪、萨皮尚卡梨、维尔木特酒；（2）日常用品：按把尔（粮仓）、巴拉窝子（火车头）、壁里砌（一种火炉）、波金克（皮鞋的跟）、叶拉拿西（一种纸牌游戏）、咋喔特（工厂）、扎布兰（俱乐部）、毡疙瘩、戈兰（水龙头）、格林斯本（一种斜纹布）、八杂市儿（集市）、本子油（汽油）、伊兹巴（木屋）、沙莫瓦尔（茶炊音译）、波利瓦帽、博克式头、芬卡帽、德拉德达姆呢、杜阿登诺尔布、戈兰尼托皮、卡巴尔达式长袍、里昂布、维霜绸、翁查木船、沃里塔布、马雅布麻纱、贝科夫车刀、波尔特阔维契车刀等；（3）称呼：戈斯帕京（先生）、麻细儿（师傅）、玛达姆（太太）、杜拉克（傻瓜）、干伴尼儿（伙伴）、胡里干（流氓）、留基（人）、马神克（骗子）、老脖带（工人）、戈比旦（军官）、新巴结儿（相好的人）等。这样的词共计 111 个。

　　化工领域失去活力的俄源词有：阿留米特、阿札林、卡尔道克斯、诺列斯、维洛西特、康秉纳、达那猛、里欧洗箱、奥克索尔油、席乐夫钻头、西拉尔铁、西尔赫洛姆铁、焙结纳克斯胶、德纳立脱炸药、沙尔苏林碱、维特铁、察庞漆等。这样的词共计 55 个。

经济领域失去活力的俄源词有:(1)表示长度的:阿尔申、斯提赫、呼多、半俄尺、半俄寸、半俄里;(2)表示容量的:奥西米那、半俄升、拉斯特、萨仁、半维德罗、什卡利克、什托夫、什米茨、维尔勺克、维尔斯特等;(3)表示重量的:半俄磅、半俄石、贝尔科维次、赤特维里克、分特、康塔里、拉罗;(4)表示货币名称的:诺加塔、半戈比、半卢布、索里德、格罗什等;(5)表示体积的:古磅等。这样的词共计31个。

自然领域失去活力的俄源词有:阿法林(海豚)、普罗康苏耳(人猿名称)、塔尔羊、阿尔康(飓风)、阿耳发草、加里哥宇群落、马列尔樱桃、契利亚加葡萄、比曲格马、泊列考斯羊、达克斯狗、费兰德兔、霍尔特狗、拉嘛人猿、堪纳羚羊、马克寻鱼、马拉豚鼠、曼台斯牛、诺萨里鱼、帕拉列比斯鱼、品捷狗、奇尔鱼等。这样的词共计26个。

医药领域失去活力的俄源词主要是药品名称,比如:阿克利亨、比奥熙诺尔、德荷林、替盼、非那丁、盖克塞纳、盖帕龙、卡博霍林、奎耶塔尔、玛立尔、米阿塞诺尔、朴罗纳尔康、普罗美、萨科利津、桑布塔尔、斯锑普锑轻、梯朋、乌罗丹、谢卡连、希度拿、谢朴托弗拉文、伊查菲宁等。这样的词共计23个。

军事领域失去活力的俄源词有:波加的尔(勇士)、骚达子(〈方言〉士兵)、托其卡(火力点)、乌拉(胜利的欢呼)、阿格尔尺、巴拉贝伦枪、别旦式枪、高福炮、盖达马克匪帮等。这样的词共计11个。

农业领域失去活力的俄源词有:科尔火支(集体农庄)、赫洛福斯(农药名)、萨夫火支(国营农场)、协同经营、打而盖(〈方言〉指能支着行进的爬犁)等。这样的词共计5个。

教育体育领域的如:帕西林果阿、五级分、古斯拉夫语词、少先队营地、基利尔字母等。这样的词共计5个。

宗教领域失去活力的俄源词有:博和(上帝)、莫罗堪教、呼特巴(伊斯兰教古尔邦节的祷告)、伊万-古巴拉(①斯拉夫民族等对夏至日的民间叫法;②古代农事节日)、雅赫维(犹太教的上帝,即耶和华)、斯特罗衣查节、尤里耶夫节等。这样的词共计10个。

　　科技领域失去活力的俄源词有：蓝威斯曼（飞机在高空中急转180度）、雷电欧（一种高压电阻）。这样的词共计2个。

　　可见，失去活力的俄源词在多个领域均有分布。这些俄源词主要有两个特点。（1）集中分布于文化艺术、社会政治和日常生活领域。从表5-2中可以明显地看到，失去活力的俄源词在文化艺术、社会政治和日常生活领域占有很大比例。而且根据本书的考察结果，宗教和医药领域进入汉语中的所有俄源词在本书选定的几大语料库中都没有出现用例，也就是说，这两个领域的俄源词失去活力的情况达到了100%。文化艺术、经济和化工领域的俄源词失去活力的比例也在90%以上。（2）音译词、音义兼译词在失去活力的俄源词中占有相当比重。据本书对536个失去活力俄源词借用类别的分析结果来看，音译词有236个，音义兼译词有243个，占到了总词数的90%左右，意译词有57个，约占总数的10%。

二、有活力俄源词的分布

　　在本书的考察结果中，906个俄源词中有370个俄源词在选定的语料库中出现或多或少的用例，其在各领域的具体分布情况如表5-3所示。

表5-3　语料库中有用例的俄源词领域分布情况

所属领域	词数	总词数	占比/%
社会政治	279	370	75.41
日常生活	29	370	7.84
教育体育	18	370	4.86
军事	17	370	4.59
农业	13	370	3.51
科技	5	370	1.35
经济	4	370	1.08
文化艺术	3	370	0.81
化工	2	370	0.54

　　从表5-3中可以很直观地看到，绝大多数有用例的俄源词属于社会政治领域，日常生活、教育体育、军事、农业、科技这些领域则有少量分布。据本书

的分析情况来看，宗教、医药和自然领域引进的俄源词在本书选定的三大语料库中均没有出现用例。下面本书对有用例的俄源词作一些列举。

社会政治领域的俄源词主要有：苏联、耐普曼、狄纳摩、生产队、社会主义建设、政治工作、五年计划、塔斯社、阶级敌人、革命化、社会主义制度、思想教育、社会主义阵营、宣传队、思想教育、真理报、突击队、集体农庄、宣传员、政治教育、独联体、先进工作者、思想改造、文化革命、国有化、劳动英雄、社会主义、工业化、计划外、剥削者、先进分子、集体化、计划指标、国家计划委员会、工农速成中学、集体农场、肃反、组织性、经互会、骨干分子、生产指标、社会主义竞赛、革命积极性、全民性、共产主义教育、联共（布）、斯大林主义、前进派、经济主义、计划供应、反革命罪行、劳动大军、阶级路线、新经济政策、革命警惕性、社会主义现实主义、富农分子、破坏分子、个人崇拜、地主分子、反法西斯的、生产定额、关门主义、宣传车、红色政权、政治工作人员、英雄城、社会主义劳动英雄、反党分子、配给制、公开性、职工国际、专门化、敌对分子、劳卫制、异己分子、布尔什维主义、记工员、半社会主义、人民公敌、集体性、少数派、少先队辅导员、革命分子、东干人、政治积极性、阶级异己分子、经验批判主义、右倾投降主义、政治常识、宣传片、无产阶级化、青年近卫军、冬宫、一长制、宣传站、尾巴主义、马赫主义、工农通讯员、前进报、工学团、政治警惕性、集体农庄制、劳动知识分子、群氓、解放社、信号系统、取消主义、民粹派、列宁主义者、黑帮分子、火星报、全国电气化、两面派、取消派、星期六义务劳动、职业革命家、赤色分子、阶级成分、红色专家、十二月党人、战时共产主义、大俄罗斯沙文主义、实际主义、社会沙文主义、斯达哈诺夫运动、托匪（托洛茨基派）、技术革新者、资产阶级化、义务劳动日、沙文主义者、劳动后备军、大清洗、克鲁泡特金主义、革命纪律性、俄罗斯化、斯达哈诺夫工作者、半无产阶级、极左派、暗害分子、贫农会、"左"派幼稚病、红色恐怖、布哈林分子、肃反委员会、政治委员制、经济派、右倾分子、团结性、计划调配、百科全书派、青年共产国际、工农通讯员运动、影子经济、共产主义星期六义务劳动、赤色职工国际、斯大林主义者、孟什维主义、虚无主义者、计划工作者、飞行集会①、赤色工会、非党工人、游击主义、罗曼诺夫王朝、伯恩施坦派、半无产者、政治学习小组、农民国际、"左"倾教条主义、耐普曼（新经济政策的支持者）、贫农委员会、工人反对派、"左"倾幼稚病、自流主义、布哈林主义、"左"派共产主义者、扫盲工作者、五分制、伯恩施坦主义、政治学习日、召回派、政治觉悟性、小组习气、劳动派、德波林派、布哈林派、崩得分子、突击队运动、"左"派社会革命党、托洛斯基主义、条件反应、阿芙乐尔号巡洋舰、右倾投降主义者、德波林主义、星期六义务劳动日、斯巴达克派、票证供应制、经验批判主义者、召回主义、托尔斯泰哲学、肃反工作人员、军事反对派、非无产者阶层、非社会主义者、反集体主义、造神派、蜕化变节分子、欺骗分子等。这样的词共计279 个。

日常生活领域的俄源词主要有：列巴（俄语"面包"的音译）、茶炊（俄罗斯特有的铜制茶汤壶）、软座、硬卧、硬座、软卧、布拉吉（连衣裙）、文化宫、街道委员会、马林果、套娃、马合烟、苏伯汤、劳卫操、工间操、广播体操等。这样的词共计 29 个。

教育体育领域的俄源词主要有：习明纳尔（课堂讨论）、教学大纲、副博士、专业、专家、知识分子、共青团、少先队、红领巾、教研室、墙报、夏令营、课间操、标准语、冬令营、教学大纲、五分制、狄纳摩（苏联体育运动团体名称）等。这样的词共计 18 个。

军事领域的俄源词主要有：红军战士、突击队、突击手、赤卫队、突击队员、政治指导员、赤卫队员、喀秋莎(火箭炮)、导弹、政治教导员、米格式(战斗机)、红海军、青年近卫军、红军、指战员、政委、列兵等。这样的词共计 17 个。

农业领域的俄源词主要有：农机站、谷物康拜因、拖拉机、康拜因（联合收割机）、贫农、中农、富农、合作化、自留地、农业集体化、生产队、集体农庄（集体农场）、生产指标等。这样的词共计 13 个。

---

① 指能迅速集合又能迅速分散的集会游行。源俄 летучее собрани（*The study of lexical borrowing from Russian in modern Chinese*, 2002 : 81 ）。

文化艺术领域的俄源词主要有：斯坦尼斯拉夫斯基体系、套中人、解冻文学。这样的词共计 3 个。

经济领域的俄源词主要有：卢布、戈比、普特、影子经济。这样的词共计 4 个。

科技领域的俄源词主要有：斯普特尼克（人造卫星）、宇航员、航天站、条件反射、宇宙飞船。这样的词共计 5 个。

化工领域的俄源词主要有：元素周期律（门捷列夫周期律）、卡波立（磺烃酚醛塑料）。这样的词共计 2 个。

为了更直观地反映俄源词在汉语中的整体活力情况，本书绘制了图 5-1。

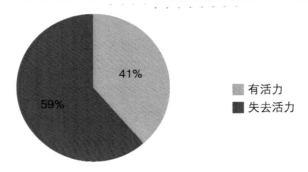

图 5-1　汉语俄源词整体活力情况分布

从图 5-1 中可以直观地看到，本书选定的 906 个俄源词中，有 536 个俄源词已经失去活力，占到样本总数的 59%；有活力的俄源词有 370 个，占到样本总数的 41%；可见俄源词在汉语中失去活力的情况较为严重。

第二节　有活力俄源词的特点

基于前文的分析，目前共有 370 个俄源词依然在汉语中存有活力，其中有 101 个俄源词更是被最新版《现代汉语词典（第 7 版）》所收录。主要有：

杜马、克格勃、戈比、卢布、布拉吉、康拜因、布尔什维克、苏维埃、孟什维克、马克思列宁主义、拖拉机、列宁主义、法西斯主义、沙文主义、专业、共产主义、专家、知识分子、红军、殖民主义、知识青年、右倾、右倾机会主义、社会主义革命、贫农、导弹、指战员、劳模（劳动模范）、共青团（共产主义青年团）、积极分子、官僚主义、自我批评、党性、反革命分子、中农、右派分子、政委（政治委员）、富农、合作化、指导员、工分、意识形态、十月革命、计划经济、党代表、少先队（少年先锋队）、托儿所、劳动日、半殖民地、全民所有制、扫盲、战争贩子、红星、工农联盟、集体主义、电气化、少先队员、辩证唯物主义、历史唯物主义、平均主义、半封建、自留地、人造卫星、红领巾、劳教（劳动教养）、阶级性、教研室、工农红军、劳改（劳动改造）、文化宫、宇航员、经济核算制、"左"倾、墙报、人造地球卫星、黑帮、宇宙飞船、夏令营、唯物史观、农业集体化、技术革新运动、火箭炮、自由竞争、广播体操、虚无主义、工读学校、硬座、街区、光荣榜、保育院、条件反射、硬卧、列兵、软卧、工间操、无政府主义、课间操、标准语、航天站、"左"倾机会主义、冬令营等。

作为目前影响最大、声誉最高的汉语语文词典，相比其他专科词典、百科词典或外来词词典，《现代汉语词典》所收录的外来词更具规范性、科学性和权威性（刘荣、潘贵生，2019）。被《现代汉语词典（第 7 版）》收录的这些俄源词自然也更具备这些特点。因此，本书选定了这些词作为考察样本，以"人民日报图文数据库"为依托，对这些俄源词近五年（2015—2019）在汉语中的活力特点进行了考察。在这里需要说明的是，本书选择《人民日报》作为语料来源，主要是鉴于俄源词中有活力的词主要集中于政治领域，这样的考察具有合理性。

一、活力程度

本书首先将样本中的 101 个俄源词依次输入"人民日报图文数据库"中，将检索时间限定为 2015 年 1 月 1 日到 2019 年 12 月 31 日，对每一个词在 2015—2019 年不同年份的使用频次进行了检索。需要说明的是，本书在具体检索的过程中经过了较为细致的人工筛选，排除了不具有研究意义的人名、地名等的音译。如"戈比"一词是俄语"копейка"的音译，指的是俄罗斯的辅助货币，本书在数据统计的时候排除了与其同字形的人名、地名的音译。本书通过这样的检索方法，最终得出了较为客观的数据。由于篇幅所限，本部分仅展示出现总词频在 500 以上的俄源词。具体分布如表 5-4 所示。

表 5-4　俄源词在《人民日报》（2015—2019 年）中的使用频次

词例	2015 年	2016 年	2017 年	2018 年	2019 年	总频次
专业	4143	4285	4291	4406	3330	20455
专家	4190	3978	3786	3972	2735	18661
红军	292	674	342	340	496	2144
党性	381	442	410	295	264	1792
意识形态	306	323	360	277	235	1501
共产主义	172	265	237	320	227	1221
共青团	235	206	212	215	258	1126
官僚主义	75	79	145	333	491	1123
知识分子	225	206	243	189	156	1019
导弹	142	192	226	160	160	880
政委	189	168	150	156	166	829
指导员	140	113	163	131	195	742
马克思列宁主义	93	134	179	170	94	670
劳动模范	142	88	108	100	136	574
无产阶级	115	108	84	138	98	543

　　根据本书的统计结果，样本中出现频次超过 10000 次的只有"专业"和"专家" 2 个。出现频次在 1000 到 10000 之间的词有："红军""党性""意识形态""共产主义""共青团""官僚主义""知识分子"。这样的词共计 7 个。出现频次在 100 到 1000 之间的词有："马克思列宁主义""导弹""政委""指导员""劳动模范""无产阶级""自我批评""计划经济""拖拉机""历史唯物主义""工农红军""辩证唯物主义""夏令营"等。这样的词共计 36 个。出现频次在 10 到 100 之间的词有："托儿所""共产国际""右倾""平均主义""法西斯主义""工农联盟""工分""联合收割机""冬令营""扫盲""硬座""劳动教养""自由竞争""全民所有制""软卧""合作化""列兵""贫农""条件反射""布尔什维克"等。这样的词共计 37 个。出现频次在 10 以下的词有："列宁主义""反革命分子""劳动日""富农""工间操""沙文主义""农业集体

化""标准语""航天站""战争贩子""布拉吉""康拜因""经济核算制""克格勃""戈比""孟什维克"等。这样的词共计 16 个。

　　根据俄源词在《人民日报》（2015—2019 年）中出现的频次情况，笔者绘制了图 5-2。

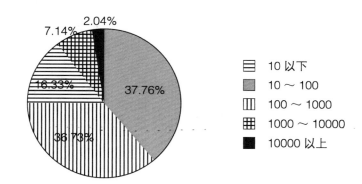

图 5-2　俄源词在《人民日报》（2015—2019 年）中的使用频次分布

　　从图 5-2 中可以看到，在《人民日报》（2015—2019 年）中的出现频次为 10~1000 的俄源词占到了很大比例。但是考虑到本书选定的语料主要为《人民日报》，其使用的语言具有标准性、规范性，并且以宣传党和政府的政策主张、记录我国社会的变化、报道我国正在发生的变革为主要内容。鉴于其收录内容的局限性，政治领域以外其他领域中的词，如"硬座""硬卧""托儿所""扫盲""光荣榜""冬令营""夏令营""少先队""标准语""合作化"等在报道中出现的机会不多，也就造成了这些词在本书的统计中出现词频不高的情况。不过，仅从本书的统计数据来看，使用频次超过 10000 的情况仅占 2%，使用频次在 100 以下的情况占到了一半多。可见，俄源词在汉语中的整体活力程度是比较低的。

二、活力特征

　　为了进一步考察样本中的俄源词在汉语中的活力情况，本书基于对《人民日报》（2015—2019 年）语料的分析整理发现，这些俄源词不仅在活力程度方面存在差异，在其他方面也存在不少差异，具体表现为以下几方面。

（一）单义词多，多义词少

笔者通过对《现代汉语词典（第7版）》的逐词查阅，对样本在其中的义项收录情况进行了考察，发现样本中有的俄源词基本义项在4个以上，如"专业"；有的为2个义项，如"专家""列兵""红军""共产主义""'左'倾""党性"等；有的则只有一个义项，如"马克思列宁主义""列宁主义""法西斯主义""沙文主义""伏特加""卢布""人造卫星""硬座""软卧""硬卧""墙报""工间操""航天站""布拉吉""康拜因""戈比""政委""教研室""文化宫""杜马""保育院""工读学校""克格勃""知识分子""无产阶级""工农红军""社会主义革命""苏维埃""条件反射""阶级性""标准语"等。总体看来，样本中绝大多数词都是单义词，多义词只占很小的比例。下面试举几例。

"专业"一词的俄语原词"специальность"在俄文中有7个义项：①（领域）专业，如 избрать своей специальностью историю（把历史选为自己的专业）；②职业，он по специальности врач（他的职业是医生）；③专门性，专业性，Этот журнал，несмотря на свою специальность，может быть доступен всем и каждому（这本杂志尽管专业性很强，但所有人都能看懂）；④专业知识，专业技能，У него две специальности（他有两种专业知识）；⑤〈口语〉（某人的）拿手本领，Идёт вопрос о свадьбе，это уж их（женщин）специальность.（谈起办婚事问题，这可是妇女们的拿手本领）；⑥专门，высшее специальное учебное заведение（с 3-5-годичным сроком обучения）（专门学院）；⑦本行，это не моя специальность（这不是我的本行）。其进入汉语被意译为"专业"后虽然义项有所减少，但还是有4个：①高等学校的一个系里或中等专业学校里，根据科学分工或生产部门的分工把学业分成的门类，专业课，如中文系汉语专业；②产业部门中根据产品生产的不同过程而分成的各业务部分，如专业化、专业生产；③属性词，专门从事某种工作或职业的，如专业户、专业文艺工作者；④（形）具有专业水平和知识，如他的解说很专业。这就决定了其在具体使用中至少可以出现在以下4种情况中。

①高等学校的一个系里或中等专业学校里，根据科学分工或生产部门的分工把学业分成的门类。例句如下：

武汉大学新闻与传播学院学生张静表示，在选择新闻专业之前，觉得记者这个职业是充满荣耀、带有光环的。（2015-12-26）

②产业部门中根据产品生产的不同过程而分成的各业务部分。例句如下：

在朱台镇农机站干了 30 多年的杨士前，再次披挂上阵，领办农机专业合作社。一开始，因为经验不足、机械动力小，进展并不顺利。（2015-12-27）。

③属性词，专门从事某种工作或职业。例句如下：

许多地方老是那几个编导排节目，下面又总是固定的团队，这些人早成了获奖专业户。（2015-12-30）

④（形）具有专业水平和知识。例句如下：

献爱心也可以很专业。今年 3 月，致力于促进志愿者的自我了解、自我发掘、自我管理、自我成长的专门学院——珠海公益学院即将开学。（2017-09-06）

"专家"一词在俄语中的对应词"специалист"被《奥热果夫俄语大词典》收录的基本义项有 2 个：①在某方面（科学、技术、艺术等领域）拥有专业技能的人，如 специалист в области литературы и искусства（文艺理论专家）；②某方面的内行人，如 Он специалист на все руки（他样样在行）。其进入汉语的义项主要为：①对某一门学问有专门研究的人；②擅长某项技术的人。这就决定了其至少可以在以下两种情况中被使用。

①对某一门学问有专门研究的人。例句如下：

朱日和沙场点兵彰显我国武器装备优质战斗力等新闻事件被评选为国防科技工业十大新闻；导弹武器专家朱坤、高分专项成果转化任务团队等被评选为国防科技工业十大创新人物（团队）。（2018-01-12）

②擅长某项技术的人。例句如下：

在一次体检中，老郑夫妇联系到了厦门中医院糖尿病科专家蔡川海。他在社区出诊，为两位老人做了中医体质辨识，量身定制中医调理方案，并指导饮食。（2017-11-27）

"知识分子"在俄语中的对应词"интеллигенция"被《奥热果夫俄语词典》收录的义项只有 1 个：专业从事脑力劳动并拥有科学、技术和文化各个领域的工作所需知识的群体或个人。其进入汉语后的义项也只有这一个：具有较高科学文化水平、从事脑力劳动的人，如科技工作者、教师、医生、记者、工程师等。（中国社会科学院语言研究所词典编辑室，2016：1678）这种单一语义决定了其只能作为一个义项被使用。例句如下：

黄大年先进事迹宣讲团还受邀赴中国石油大学、华中农业大学等单位巡回宣讲，用黄大年精神鼓舞新时代知识分子创业担当。（2019-11-19）

（二）语义不变化的多，产生引申义的少

笔者通过对具体语料的考察，发现有一些俄源词在具体语境中产生了新的语境义。比如：

"自留地"的原意为"农民保留的少量土地"，主要用于农业领域。但是其在最新的语料中被用于社会政治、互联网、教育等多个领域。例句如下：

（1）某地进行行政审批改革，想将分散的审批权集中起来，既方便群众办事，也便于监督管理。人人都想有块自留地，改革怎么推下去？（2015-08-18）

（2）自贸区是国家试验田非上海自留地（声音）。以贸易便利化为重点的贸易监管制度有效运行。以资本项目可兑换和金融服务开放为目标的金融创新制度有序推进。自贸区的关键是成为制度创新"高地"，绝不能成为优惠政策"洼地"。（2014-09-29）

（3）有的人认为网络是"语言的自留地，种什么自己说了算"，于是把自身的忌恨、愤怒等情绪，以粗鄙、任性甚至撒泼的语言加以发泄。（2015-10-22）

（4）网络不是个别粉丝的"自留地"，而是数亿网民的"公地"，公认的文化认知、共同的道德操守、一致的运行规则、严格的约束机制，才能让狂热降温、让理性回归。（2015-05-26）

在上述的用例中，"自留地"不仅被用在了除农业领域之外的其他语域，还衍生出了"自己保留的范围，小圈子"这个语境义。

"托儿所"的原意为"在父母工作期间负责托管小孩子的教育和保健机构"主要用于日常生活领域，但是其在最新的语料中还被用于农业领域。例句如下：

这段日子，江苏省射阳县沿海滩涂上的"蟹苗托儿所"，迎来了一拨拨的省

内外客商。安徽省宣城市水阳镇后兵蟹苗合作社的李后兵一次就订购了 5000 千克，问及老李为何如此青睐射阳的蟹苗，他说，"托儿所"里培育出的蟹苗，不仅规格齐整，成活率也高。（2016-06-05）

在上述的用例中，"托儿所"被用在了农业领域，衍生出"可供精心照顾、养护的场所"这个语境义。而且近年来还出现了"老人托儿所"的用法。例句如下：

据台湾媒体报道，南投泰安家庭托顾站成立"老人托儿所"，子女上班时将父母送到托顾站，下班时接回。托顾站除安排老人参加社区活动、学习新知，还相互照应。（2016-03-31）

类似的还有，"拖拉机"在日常口语中产生了表示速度慢的比喻义；"计划经济"产生了表示商品匮乏、民生凋零、落后这样的贬义色彩义；"马克思列宁主义"被缩写为"马列主义"后，在具体的使用中产生了"比喻严格按原则来办事"的语境义；等等。不过，从笔者的考察情况来看，样本中如上述词一样产生新的临时语境义的情况并不多。

（三）组合、搭配能力强的较多，独立使用的较少

笔者发现，样本中有的俄源词拥有很强的组合能力，能与汉语中的词缀、类词缀或其他词组合构成多个词或词组。有的俄源词组合能力虽然不够强，但是却拥有很强的搭配能力，可以被汉语中的多个词修饰。还有的俄源词拥有较强的句法功能，可以在不同的语境中拥有不同的语法类别。而有的俄源词组合、搭配能力都很弱，只能单独使用。

1. 与汉语词缀或类词缀组合构成新词的俄源词

样本中有一些俄源词拥有很强的组合能力，能够与汉语中的"–者""–员""–手""–队""–化""–性""–型"等多个词缀或类词缀组合构成多个新词。比如：

"共产主义＋者"构成了"共产主义者"，"虚无主义＋者"构成了"虚无主义者"，"殖民主义＋者"构成了"殖民主义者"等。例句如下：

（1）用 5 个圆圈代指"共产主义者"。发端于上海石库门的"全国共产主义

者之招"，吸引了无数优秀中华儿女义无反顾投身党的事业，矢志不渝为共产主义奋斗终身。（2018-02-26）

（2）周代之鼎，上面的文字是铭记祖先之德业，而今天一些历史虚无主义者，对于革命烈士、英雄的否定，泛娱乐化对历史的消解，无疑是在蚕食历史之"鼎"。（2019-01-30）

（3）当时正处于清朝封建统治濒临崩溃、西方殖民主义者加紧向我国侵略扩张的动荡年代。西方殖民主义者大肆向中国走私鸦片，不仅改变了贸易的正常格局……（2018-10-17）

"共青团＋员"构成了"共青团员"，"少先队＋员"构成了"少先队员"等。例句如下：

（1）22日，共青团中央召开全团"学习总书记讲话 做合格共青团员"教育实践动员部署电视电话会议。（2017-02-23）

（2）由家长亲手为孩子戴上红领巾，并让孩子们用绘本记录成为少先队员的感受，就可以帮助孩子们更深刻地懂得五星红旗和红领巾的含义，体悟成为一名少先队员的自豪，在他们心中种下爱国主义的种子。（2019-11-24）

"拖拉机＋队"构成了"拖拉机队"，"扫盲＋队"构成了"扫盲队"等。例句如下：

（1）陈会华原是红明农场拖拉机队队长，1992年因拖拉机队解散下了岗，四处打散工。（2018-12-10）

（2）新中国成立之初，学文化、搞教育迫在眉睫，一支支以青年为主力的扫盲队、扫盲班如雨后春笋冒了出来。（2019-05-04）

"专业＋化"构成了"专业化"，"右倾＋化"构成了"右倾化"，"布尔什维克＋化"构成了"布尔什维克化"，例句如下：

（1）面对日益专业化的审判趋势，有必要为法官配备相应的技术顾问。为了更好地实现司法公正，只能从服务于司法公正而非单纯方便司法的角度来设计这一制度。（2017-05-24）

（2）在日本外国记者俱乐部举行的记者会上，村上批评了党内的右倾化，并称如果安倍违背民意强行通过安保法将会"掏空"日本宪法，使其名存实亡。

（2015-07-01）

（3）1939年，毛泽东在《〈共产党人〉发刊词》中，就将建设一个布尔什维克化的中国共产党称为"伟大的工程"。（2017-11-07）

"火箭炮+手"构成了"火箭炮手"，"拖拉机+手"构成了"拖拉机手"等。例句如下：

（1）曾经两次出国参加军事比赛并取得优异成绩的"杨根思连"火箭炮手陆亚东说，是"三个不相信精神"激励鼓舞自己，才最终战胜了一切困难和对手。（2017-08-31）

（2）1948年，18岁的梁军在黑龙江北安参加拖拉机手培训班，是班上70多名学员中唯一的女学员。为了学好驾驶技术，她咬牙搬起几十斤重的拖拉机零件，令其他男学员刮目相看。（2018-12-16）

"专业+性"构成了"专业性"，"专家+型"构成了"专家型"等。例句如下：

（1）对专业性、技术性较强的决策事项，应当组织专家、专业机构进行论证。选择论证专家要注重专业性、代表性、均衡性，支持其独立开展工作，逐步实行专家信息。（2015-12-28）

（2）同时，要不断提高社会治理工作人员的专业素质，把培养一批专家型社会治理工作干部作为重要任务，用科学态度、先进理念、专业知识去加强和创新社会治理，不断创新社会治理方案。（2018-10-23）

根据本书结合具体语料对样本的考察结果，相比于前文中所列的加后缀的情况，加前缀的情况不多，主要有"非-""反-"两类。比如：

"非+专业"构成了"非专业"等。例句如下：

此外，分红情况还是普通投资者鉴别优质企业的重要标准，非专业投资者很难通过财务分析来鉴别公司的质量，如果一家公司连续几年都保持高分红，非专业投资者会认为其是优质企业。（2018-04-02）

"反+右倾"构成了"反右倾"，"反+导弹"构成了"反导弹"等。例句如下：

（1）在1959年七八月间召开的庐山会议后期，又错误地批判了彭德怀等

人，随后开始了"反右倾"斗争，造成整个形势的逆转。（2019-09-19）

（2）俄罗斯南部军区和北方舰队分别进行防空和反潜演习，俄一枚反导导弹试射成功。（2015-06-16）

2. 与汉语固有词组合构成新词组的俄源词

样本中还有一些俄源词组合能力很强，能与汉语中的固有词组合，构成多个词组，如"导弹""苏维埃""无产阶级""共产国际""扫盲""官僚主义""计划经济"等，其构成的新词组举例如下：

"导弹"参与构成了"导弹旅""导弹阵地""导弹系统""导弹部队""导弹领域""导弹武器""导弹战""导弹零件"等。例句如下：

（1）前不久受邀参加庆祝新中国成立 70 周年阅兵观礼之后，63 岁的火箭军某导弹旅高级工程师谭清泉又开始忙碌起来，巡查座座导弹阵地。（2019-12-04）

（2）俄国防部表示，其中一个团的 S-400 防空导弹系统将列装驻扎在莫斯科附近的防空部队，另 3 个团的设备将装备其他军区部队。（2016-01-10）

（3）这是载入中国战略导弹部队历史的重大时刻！（2016-01-10）

（4）他参与了我国三代防空导弹的设计研制，是我国防空导弹领域的专家。（2015-06-06）

（5）弹上电缆是导弹武器的"血管"，担负着导弹上信息传输的任务。如果电缆发生故障，轻则影响导弹功能，重则导致飞行试验的失败。中国航天科工集团公司利用互联网思维攻克技术难题。（2016-11-21）

（6）近日，火箭军多支新型导弹旅驱车仗剑挺进戈壁大漠、东北密林，打响一场场"导弹战"。（2018-05-30）

（7）舰队安全，S-300 防空导弹连已到达叙利亚。（2016-10-06）

（8）苏联 1990 年为纪念《中导条约》签署和联合国成立 45 周年特地赠送给联合国的，由销毁的苏联和美国导弹零件铸成。（2019-08-07）

"苏维埃"参与构成了"苏维埃政权""苏维埃共和国""苏维埃主席""苏维埃人民代表""苏维埃政府""苏维埃根据地""苏维埃代表大会"等。例句如下：

（1）该书主要收录了中共中央有关中华苏维埃政权建设及中华苏维埃全国代表大会（含全国苏维埃区域代表大会）的文件和相关文献，共184篇，反映了中国共产党领导革命根据地人民创建中华苏维埃政权、实行苏维埃代表大会制度、建立中华苏维埃共和国的历史进程、创造性实践及基本经验。（2019-10-28）

（2）纳扎尔巴耶夫曾担任哈萨克苏维埃社会主义共和国部长会议主席、哈共中央第一书记、哈萨克苏维埃社会主义共和国最高苏维埃主席、哈萨克苏维埃社会主义共和国总统等职务。（2018-06-06）

（3）1990年当选塔吉克苏维埃社会主义共和国最高苏维埃人民代表，1992年担任库利亚布州人民代表苏维埃执委会主席，同年11月19日当选塔吉克斯坦共和国最高苏维埃主席。（2017-08-31）

（4）中华苏维埃临时中央政府号召各级苏维埃政府"动员一切力量支援革命战争"。一些县、乡苏维埃政府的干部片面强调"中心任务"，支前工作虽然很努力，成效却不大，而兴国苏维埃政府的工作却有声有色。（2019-06-16）

（5）7月7日，红七军团由瑞金出发执行中央关于"到敌人深远后方，进行广大的游击活动，与在敌人最受威胁的地区，建立新的苏维埃根据地，七军团应在中国红军抗日先遣队的旗帜下，经过福建而到浙皖赣边行动"的北上任务。（2016-10-23）

（6）1934年2月，周建屏参加第二次全国苏维埃代表大会，当选为中央执行委员。（2018-11-08）

"无产阶级"参与构成了"无产阶级专政""无产阶级革命""无产阶级运动""无产阶级思想""无产阶级事业""无产阶级政党"等。例句如下：

（1）例如，马克思、恩格斯曾经设想，从资本主义社会到社会主义社会的过渡时期应坚持无产阶级专政；社会主义社会消灭了一切阶级和阶级差别，是无阶级社会。（2018-04-24）

（2）在梁漱溟看来，中国的无产阶级革命只能"从心出发"而不能"从身出发"，革命要获得成功就必须唤醒人心、团结人心。（2015-05-18）

（3）马克思主义政治经济学既深入揭示资本主义经济关系及其运行规律，

又致力于指导无产阶级运动，以改变旧世界、建立劳动人民当家作主的幸福美好的新世界。（2018-05-07）

（4）毛泽东同志在古田会议上创造性地提出着重从思想上建党，通过思想教育实现以无产阶级思想改造各种非无产阶级思想，使党员不仅在组织上入党，更从思想上入党。（2017-11-16）

（5）谢士炎在入党申请书中曾经这样写道："愿为无产阶级事业流尽最后一滴血。"他用自己的生命，践行了这一庄重誓言。（2019-06-10）

（6）这次大会提出许多重要思想观点，尤其是关于无产阶级政党必须依靠人民群众、扩大党的群众基础，推动中国革命的发展，在党的群众路线发展历程中占有至关重要的位置。（2015-01-20）

"共产国际"参与构成了"共产国际代表团""共产国际档案""共产国际总书记""共产国际代表""共产国际委员会""共产国际总部""共产国际党校"等。例句如下：

（1）1931 年 1 月被选为团中央委员，随后被中共驻共产国际代表团派往符拉迪沃斯托克，任太平洋职工会中国部主任。1933 年受中共驻共产国际代表团指派，负责处理满洲问题，参与东北地区党的领导工作。（2019-02-19）

（2）文章以共产国际档案为依据，提出中共一大开幕的时间应该是 7 月 23 日。改革开放后，我国党史部门和有关学者对一大开幕时间也进行了研究。（2016-06-26）

（3）从苏联回国的王稼祥向中央政治局传达共产国际总书记季米特洛夫的意见"（共产）国际认为中共的政治路线是正确的，中共在复杂的环境及困难条件下真正运用了马列主义"。（2015-03-24）

（4）（陈潭秋）1935 年 8 月赴莫斯科参加共产国际第七次代表大会。后参加中国共产党驻共产国际代表团的工作。（2019-03-27）

（5）鲜红的党旗就在左手，正面有 13 位中共一大代表和两位共产国际代表的巨大半身浮雕，以中共一大会议最重要成果之一的《中国共产党第一个纲领》内容为背景衬托。（2016-08-06）

（6）1935 年，武胡景奉党中央之命赴莫斯科学习，并出席共产国际第七次

代表大会，被选为共产国际监察委员会委员。（2018-10-13）

（7）不行，当时的中国共产党是共产国际的一个分部，共产国际总部在苏联，实际上就是苏联布尔什维克党在领导着共产国际，叫什么是由共产国际决定的。（2016-04-11）

（8）（寨先任）二十六岁带着刚刚出生的女儿参加长征，而后到延安抗日军政大学学习工作，后被派赴莫斯科共产国际党校工作学习，在返回延安途中，在新疆被国民党反动当局扣押长达一年之久，后经党组织营救，脱离虎口。（2016-10-13）

（9）其中还有一段时长6分钟的裸眼3D幻影成像微话剧，再现庄严的共产国际讲坛上第一次响起中国共产党党员声音的历史时刻。（2018-10-18）

"扫盲"参与构成了"扫盲班""扫盲队""扫盲运动""扫盲工具书"等。例句如下：

（1）从1950年开始，一场遍及全国的识字扫盲运动轰轰烈烈地展开了。识字班、扫盲班如雨后春笋般兴起。北京师范大学资深教授、语言学家王宁曾在青海从事农村扫盲，农民对文化的渴求给她留下了深刻的印象。（2019-09-25）

（2）新中国成立后推出一系列扫盲工具书，成就了《新华字典》《现代汉语词典》这样响当当的民族品牌。（2017-06-04）

（3）新中国成立之初，学文化、搞教育迫在眉睫，一支支以青年为主力的扫盲队、扫盲班如雨后春笋冒了出来。（2019-05-04）

"官僚主义"作形容词时，构成了"官僚主义思想""官僚主义问题""官僚主义作风""官僚主义表现""官僚主义行为"。例句如下：

（1）只有讲得多，写得多，才显得工作受重视、有力度。归根到底还是形式主义、官僚主义思想作祟。（2019-02-14）

（2）与此同时，一些隐蔽的、难以量化的形式主义和官僚主义问题仍须引起重视。（2019-10-09）

（3）这一现象看似偶然，实则反映出部分机关在社会治理中简单化、"一刀切"的思维惯性和倨傲的官僚主义作风。正是因为缺乏对权力的敬畏，对规则的敬畏，以及对人民群众利益的敬畏，文件才会显得如此"任性"（2017-

02—14）

（4）对部队改进作风情况进行监督检查，着力查纠搞口头落实、面上留痕等形式主义官僚主义表现，微信红包、快递送礼等"四风"隐形变异，以及基层"微腐败"、涉网络违规违纪和不收敛不收手。（2019—09—12）

（5）增加对贯彻党中央决策部署只表态不落实、热衷于搞舆论造势等形式主义、官僚主义行为的处分规定……这些举措，进一步扎紧了制度篱笆，亮出了不可触碰的底线，应成为每一名党员干部检视自我、警示自我的依据。（2019—07—30）

"计划经济"参与构成了"计划经济时代""计划经济体制""计划经济系""计划经济模式""计划经济色彩"。例句如下：

（1）供销社是60后、70后们的记忆，计划经济年代，它几乎包揽了农副产品和农资的购销。没想到，市场经济大门打开后，"曾经的宠儿"供销社却有些无所适从，甚至日趋萎缩。（2015—09—25）

（2）党的十一届三中全会以来，我国完成了从计划经济体制向社会主义市场经济体制的转型，经济发展取得了举世瞩目的伟大成就。（2017—04—17）

（3）萧灼基，广东汕头人，1933年12月出生。1953年至1959年在中国人民大学计划经济系本科、研究生就读。1959年毕业后，历任北京大学经济系助教、讲师、副教授、教授、博士生导师。（2018—01—08）

（4）学习当时苏联的发展模式，努力使整个国家从农业国向工业国转变是现实的选择。但是，苏联高度集中的计划经济模式具有较为严重的弊端，这些弊端在我国社会主义经济建设中不断暴露出来，成为国民经济发展的桎梏。（2019—08—22）

（5）军民融合涉及的领域特别是一些重点领域大多是在计划经济体制下形成、完善和发展起来的，浓厚的计划经济色彩，在我国市场经济不断完善的大背景下，已经显现诸多弊端。（2015—05—31）

此外还有，"墙报"参与构成了："墙报栏""墙报稿""墙报展""墙报板"等词；"工分"参与构成了"工分制""工分本""工分簿""工分册""工分榜""工分表""工分票""工分账""工分值""工分员"等；"劳模"参与构成了"劳模榜""劳模班"等。"劳改"参与构成了"劳改犯""劳改帮""劳改饭""劳改头""劳改服""劳改金""劳改期""劳改歌""劳改点""劳改队""劳改营""劳改场""劳改厂""劳改所""劳改局""劳改处""劳改分子""劳改犯人""劳改罪犯""劳改人员""劳改油子"等。"劳教"参与构成了"劳教队""劳教犯""劳教服""劳教者""劳教女""劳教委""劳教处""劳教局""劳教书""劳教期""劳教学员""劳教人员""劳教分子""劳教释放人员""劳教中心""劳教农场"等。"平均主义"参与构成了"平均主义色彩""平均主义分配方式""平均主义特征""平均主义倾向""平均主义现象""平均主义大锅饭""平均主义方式"等;"沙皇"参与构成了"沙皇俄国""沙皇统治""沙皇专政""沙皇政府""沙皇专制"等;"全民所有制"参与构成了"全民所有制企业""全民所有制经济""全民所有制工厂""全民所有制单位""全民所有制连队"等;"集体主义"参与构成了"集体主义教育""集体主义精神""集体主义思想""集体主义情怀""集体主义观念"等;"虚无主义"参与构成了"虚无主义态度""虚无主义言论""虚无主义倾向"等。

3 搭配范围广的俄源词

本书还发现样本中有一些俄源词搭配范围很广。如"拖拉机""专家""托儿所""连衣裙""导弹""意识形态""知识青年""知识分子""政委""指导员""火箭炮""合作化"等词可以与汉语中的多个词搭配,参与构成多个词组。比如:

"虚无主义"参与构成了"历史虚无主义""文化虚无主义""民族虚无主义""精神虚无主义""政治虚无主义""法治虚无主义"等。例句如下:

(1)对非马克思主义、反马克思主义的错误思潮,对宣扬西方"宪政民主"、"普世价值"、历史虚无主义等的错误观点,对否定歪曲党的领导和中国特色社会主义制度的错误言论,要旗帜鲜明、敢于斗争,有针对性。(2019-12-06)

(2)坚持不忘本来,要旗帜鲜明地反对文化虚无主义。习近平同志强调,"优秀传统文化是一个国家、一个民族传承和发展的根本,如果丢掉了,就割断了精神命脉"。(2019-07-08)

（3）在世界各种文化相互激荡较量中，有的文艺创作确如习近平同志一针见血揭示的那样，"以洋为尊、以洋为美、唯洋是从"，这些创作倾向典型地是受历史虚无主义与民族虚无主义的影响。（2019-02-15）

（4）学习的观点，那种认为学不学无所谓、不学照样干工作的态度，那种装点门面、附庸风雅的做法，都是"精神虚无主义"的表现。说到底，理论学习学的是一种根本性的认识论、方法论、价值论，是一种打根基、利长远的学习，不可或缺、至关重要。（2019-03-15）

（5）依法治国是制度化的主要治国方略。我们既要防止法治万能主义，也要警惕法治虚无主义，确保全面依法治国沿着正确方向推进。（2018-03-05）

（6）政治性是党内政治生活的灵魂，绝不能搞政治虚无主义。习近平总书记指出的无视政治纪律和政治规矩"七个有之"完全是有的放矢。（2017-01-17）

"意识形态"一词参与构成了"社会主义意识形态""新时期意识形态""高校意识形态""社会意识形态""主流意识形态""新疆（西方）意识形态"等。例句如下：

（1）不断增强社会主义意识形态凝聚力和引领力，打牢全党全国各族人民团结奋斗的思想文化基础，是做好新时代意识形态工作的根本任务。（2018-02-22）

（2）与会者认为，做好高校意识形态工作，对于落实高校立德树人根本任务，维护我国意识形态安全、政治安全和国家安全，具有十分重要的意义。（2019-07-04）

（3）核心价值观是社会意识形态的本质体现。社会意识形态不同于一般的社会意识，它的核心内容是阶级、政党、国家对自身根本利益和要求的深刻认识。（2017-08-11）

（4）当承载主流意识形态的经典作品、英雄烈士等都被恶搞，并且在"习惯"中变成"自然"，恶搞的负面政治效应就会慢慢显现出来。（2018-04-25）

（5）这些基本观点，为解决新疆意识形态领域特别是历史领域的现实问题提供了重要遵循，为统一新疆各族干部群众对若干历史问题的认识提供了重要

共识。（2017-09-14）

（6）从外部背景来看，主要是西方意识形态战略推广以及西方尤其是美国地缘战略争夺的结果。（2015-06-14）

"拖拉机"一词参与构成了"重型[大（中）型]拖拉机""履带（轮式）拖拉机""大（小）马力拖拉机""新（破）拖拉机""红（蓝）拖拉机""智能化（无人驾驶）拖拉机"等。例句如下：

（1）"我国第一台重型拖拉机——'红旗'八十号重型履带拖拉机，最近在鞍山市灵山农业机械厂诞生。"1958年6月16日，新华社发出这样一条消息。（2017-09-04）

（2）7月18日，景县河北宏力重工有限公司技术人员调试待出厂的大型拖拉机。（2018-07-19）

（3）在店里，既有农用三轮汽车、手扶拖拉机等传统产品，也有大中型拖拉机、玉米收获机、新能源汽车等新产品。（2016-01-08）

（4）新中国第一台履带拖拉机、第一台压路机等相继在这里产生。（2017-07-21）

（5）郭建军23岁的儿子郭涛，驾驶轮式拖拉机，满载油嫩的松苗在前面等候。（2019-10-23）

（6）需要更多"大个头"，小马力拖拉机等产品的需求基本满足，大马力农机、大型收割机等中高端产品存在供求缺口。（2017-11-19）

（7）万欣农民专业合作社社员高兴地开走大马力拖拉机。（2015-05-10）

（8）以前的我就像一辆超载的破拖拉机，行驶在大山里，不知猴年马月才能走出去。（2017-08-30）

（9）宗杰正欣喜地介绍，只见两台红色拖拉机拖着翻转犁也开进了他家的麦地，对收割完毕的田块深耕翻犁，完全没有重耕、漏耕现象，耕后地表平整无垄沟。（2015-06-28）

（10）比方，信息技术的应用日新月异，农产品电商、物联网、智能化拖拉机、无人驾驶飞机都在现实中广泛应用，相应的课程体系也应重新设计。（2015-04-26）

类似的还有，"连衣裙"一词参与构成了"粉色（红色、绿色）连衣裙""正品（冒牌）连衣裙""绣花（碎花）连衣裙""过膝（拖地、短款、背心）连衣裙""花布（丝料、蚕丝）连衣裙""时尚（传统）连衣裙""冬季（夏季）连衣裙"等；"托儿所"一词参与构成了"公办（厂办）托儿所""社区（员工）托儿所""寄宿制托儿所""农忙（战时）托儿所""老人托儿所"等；"知识分子"参与构成了"党外知识分子""高级知识分子""中国知识分子""爱国知识分子""老知识分子"等；"指导员"参与构成了"政治指导员""体育指导员""营养指导员"等；"殖民主义"参与构成了"西方（日本）殖民主义""后殖民主义""新殖民主义"等；"导弹"参与构成了"新型导弹""防空导弹""战略导弹""弹道导弹""远程导弹""常规导弹""巡航导弹""反导弹"等。

4. 组合搭配能力弱的俄源词

本书通过语料分析还发现，一些俄源词的组合能力很差，搭配范围也很窄，甚至只能独立使用，如"工农联盟""反革命分子""战争贩子""计划经济""劳动教养""贫农""自我批评""历史唯物主义""辩证唯物主义""唯物史观""半殖民地""半封建""阶级性""农业集体化""戈比""克格勃""经济核算制""孟什维克""富农""马克思列宁主义""列宁主义""条件反射"等。

这些俄源词中，有的是因为没有在最新的语料库中有用例，而呈现出搭配范围狭窄的特点，如"戈比""克格勃""经济核算制""孟什维克""富农"等；有的是因为用例过少，没有呈现更多形式，如"战争贩子"只在语料库中找到一条用例：

内部墙壁上，还保存着当时守卫者用红墨水书写的"我们捍卫和平，不惧怕威胁，时刻准备用武力回击战争贩子的挑衅"。目睹于此，依然振聋发聩。虽然我们看到的只是漫长防线之一角，但足以令人感悟到昔日战争之惨烈。（2017-05-21）

有的则是用例虽然不少，但是用法单一。如"历史唯物主义""辩证唯物主义""唯物史观""马克思列宁主义""列宁主义"这类词在语料库中出现的次数不少，但是其没有与其他词组合搭配的情况。例句如下：

（1）历史唯物主义是马克思的重大发现之一，在马克思主义理论体系中占有重要地位。新中国成立70年来，历史唯物主义研究在深度和广度上都有很大进展，取得了丰硕研究成果。（2019-10-21）

（2）辩证唯物主义认为，人类社会是在矛盾运动中不断前进的。社会主要矛盾在社会矛盾运动中居于主导地位，它的存在和发展影响着其他矛盾的存在和发展。（2019-08-22）

（3）新中国成立后，中国古代史研究确立唯物史观的指导地位，探讨中国历史上的重大问题，涌现出大量学术成果。（2018-09-23）

（4）习近平新时代中国特色社会主义思想，是对马克思列宁主义、毛泽东思想、邓小平理论、"三个代表"重要思想、科学发展观的继承和发展，是马克思主义中国化最新成果。（2019-05-31）

从上面的情况看来，样本中的俄源词大部分都拥有一定的组合、搭配能力，只有少部分词不具备这些功能。需要注意的是，在本书的考察中，我们还发现一些俄源词拥有较强的句法功能。比如：

"专业"一词同时拥有名词和形容词两种句法功能，其在具体的语句中还产生了副词的句法功能。例句如下：

（1）问题一：专业检测不"专业"。二手车交易平台往往宣称对二手车执行过百种专业检测，但很多并没有提及具体的检测项目和检测方法。（2017-12-29）（形容词）

（2）献爱心也可以很专业。今年3月，致力于促进志愿者的自我了解、自我发掘、自我管理、自我成长的专门学院——珠海公益学院即将开学。（2017-09-06）（形容词）

（3）关于快播案，目前网上已经有许许多多的专业讨论。有来自法律界的探讨，也有来自网络技术人士的分析，这是有益于法治进步和技术发展的正确态度。（2016-01-11）（副词）

（4）全民动手，专业反腐，香港的社会廉洁建设成效显著，廉署收到的贪污举报从5年前的每年近4000宗下降到近两年的2000宗。（2016-12-22）（副词）

"条件反射"一词基本的语法类别是名词，但是其在具体的语句中产生了副词、动词的句法功能。例句如下：

（1）当群众有难时，特勤队长吴俊条件反射一般挺身而出。这是因为人民警察的责任和担当早已融在血液中，为他点赞。（2016-04-08）（副词）

（2）女儿附在她身边喊了一句："组织上来人了！"老前辈听后，竟"腾"地站了起来，条件反射般地问："组织上有什么指示？"（2015-03-18）（副词）

（3）每次模拟飞行李浩都提前1个小时到位，坐在方舱内反复体会，最终练就了看屏幕数据就条件反射出飞机空中姿态的本领。（2017-05-24）（动词）

（4）只要一听到上面两首军歌的旋律，马上会立正，齐步走，昂首出发，这已经成为听到军歌的条件反射了。（2018-04-24）（动词）

"计划经济"一词基本的语法类别是名词，但是其在汉语的语言环境中产生了动词的句法功能。例句如下：

（1）1941年11月，在陕甘宁边区第二届参议会第一次会议上，李鼎铭等11人提出了《政府应彻底计划经济，实行精兵简政主义，避免入不敷出的经济紊乱之现象》议案。（2016-09-03）（动词）

（2）几十年的计划经济煤炭价格，造成大同市城市建设远远落后于很多同样规模城市，现在适当负债追赶建设一些，理应得到全社会的理解和支持。（2018-05-08）（动词）

不过，像上述列举的俄源词一样，样本中的大部分词在不同语境中拥有不同句法功能的情况并不多，句法功能很有限。

（四）语用范围单一的多，语用范围广的少

研究发现，有的俄源词语用范围很窄，只能用在单一领域，而有的俄源词语用范围非常广，涉及多个领域。下面予以具体分析。

1. 语用范围单一的俄源词

有一些俄源词的语用范围十分狭窄，只用于单一领域，主要情况如下。

（1）只用于社会政治领域

有的俄源词只在社会政治领域使用。如"共产主义""苏维埃""贫农""殖民主义""右倾""全民所有制""反革命分子""无产阶级""自我批评""辩证唯物主义""历史唯物主义""唯物史观""阶级性""杜马""克格勃""共产国际""中农""意识形态""法西斯主义""官僚主义""沙文主义""马克思列宁主义""列宁主义""孟什维克""社会主义革命""战争贩子""劳动教养""富农""工间操""右派分子""自由竞争""半殖民地""半封建""集体主义""虚无主义""平均主义""阶级性""党性"等。下面试举几例。

①我们党的旗帜是马克思列宁主义、毛泽东思想、邓小平理论、"三个代表"重要思想、科学发展观、习近平新时代中国特色社会主义思想。这是写入了《中国共产党章程》的。(2019-07-24)

②这些政党在反精英、反移民、反欧盟和福利沙文主义方面具有共性,但与具有强烈反民主和极端种族主义特征的旧的极右政党,如一些新法西斯政党并不完全相同。(2016-12-18)

③乌兰夫认真学习了《共产党宣言》《列宁主义基础》等著作后深刻感受到,只有中国共产党才能真正担负起民主革命的历史重任,从而实现真正的民族平等。(2016-08-16)

④历史和现实充分证明,我国现行宪法是在党的领导下,在深刻总结我国社会主义革命、建设、改革实践经验基础上制定和不断完善的,实现了党的主张和人民意志的高度统一,具有强大生命力。(2019-09-20)

⑤废止1957年8月1日第一届全国人民代表大会常务委员会第七十八次会议通过的《全国人民代表大会常务委员会批准国务院关于劳动教养问题的决定的决议》及《国务院关于劳动教养问题的决定》。(2013-02-19)

⑥"左"倾路线也亟待肃清,这一切都需要共产国际的支持。正在这时,11月中旬,一个自称"张浩"的黑瘦汉子找到了定边县党组织,要求面见党中央领导。他原名林育英,是共产国际派来与中共中央联络的特使。(2017-03-21)

(2)只用于日常生活领域

"伏特加""硬座""硬卧""软卧""布拉吉""连衣裙""文化宫"这几个俄源词只用于日常生活领域。具体用例如下:

①莫斯科的"大头娃娃"巧克力来到中国,中国的甜食爱好者们轻松下单,就能吃上伏特加口味的酒心巧克力。(2018-09-12)

②提前好几天也没买到硬卧票，只好买了硬座票。当时不是客运高峰，但车上还是有一些乘客没有座位。（2015-05-12）

③最近，有朋友找我抱怨：她在某二手交易平台上购买了一条连衣裙，因为是挂版清仓甩卖，所以价格较便宜；朋友没仔细检查就确认收货了，几天后才发现连衣裙内侧有一片很大的污渍，且难以清洗。（2017-03-30）

④中国文联、中国作协、北京市委共同主办的"奋进新时代 礼赞奋斗者"音乐诗歌咏唱会 23 日晚在北京民族文化宫大剧院举办。陈铎、徐涛、凯丽、濮存昕、瞿弦和等 40 多位文艺工作者献上精彩演出。（2019-12-24）

（3）只用于教育领域

"红领巾""少先队""课间操""教研室"这几个俄源词只用于教育领域。用例如下：

①由家长亲手为孩子戴上红领巾，并让孩子们用绘本记录成为少先队员的感受，就可以帮助孩子们更深刻地懂得五星红旗和红领巾的含义，体悟成为一名少先队员的自豪，在他们心中种下爱国主义的种子。（2019-11-24）

②近日，湖南长沙长郡中学的一段街舞课间操视频在网上走红。高中生们在大课间跳着活力四射的舞步，青春气息扑面而来。街舞元素的融入让学生们的精神面貌焕然一新，课间操不再是一种任务，而成为释放个性的舞台。（2019-12-02）

③（江流）1945 年 9 月起先后任烟台市青联宣传部部长，潍坊特别市青年团市委书记等。1950 年初起先后任山东省团工委委员、山东省团委秘书主任等。1961 年任中央高级党校马列主义基础教研室副主任，后兼任党校国际共产主义运动教研室副主任。（2017-04-03）

（4）只用于经济领域

"卢布""戈比"这两个俄源词只用于经济领域。用例如下：

俄总理梅德韦杰夫近日签署命令，今年将从联邦预算中划拨约 90 亿卢布（1 美元约合 52 卢布）用于农村地区发展。（2015-05-05）

（5）只用于军事领域

"列兵""火箭炮"等只用于军事领域。用例如下：

①一次，驻守国门附近的红其拉甫前哨班列兵杨建刚上岗时，发现路旁停放着一辆皮卡车。他透过车窗发现，车内空无一人，车座上放着几件军装。（2017-06-18）

②自行火炮方队：包括122毫米履带自行榴弹炮、155毫米履带自行加榴炮和300毫米轮式远程火箭炮，信息化程度高、火力反应速度快，作战群具有强大的火力压制能力。（2017-07-31）

（6）只用于航空航天领域

"宇航员""航天站"等只用于航空航天领域。用例如下：

①返回地面的3名宇航员分别是俄宇航员亚历山大·米苏尔金和两名美国宇航员马克·范德赫、乔·阿卡巴。（2018-03-01）

②美国建造永久载人航天站的计划是里根总统在1984年1月发表的国情咨文中提出来的。（2015-09-02）

（7）只用于农业领域

"联合收割机"等只用于农业领域，用例如下：

全国共投入64万台联合收割机抢收小麦，较去年增加1万台。老旧联合收割机逐渐退出跨区机收队伍，大喂入量收割机占比超过70%，单机收获效率提高30%以上。（2019-06-19）

2. 语用范围广的俄源词

在对样本的考察中，本书发现还有一些俄源词的语用范围非常广。像"条件反射""自留地""光荣榜""工分""专业""专家"这样的俄源词在社会政治、经济、文化艺术、日常生活、教育、体育、农业、军事、司法、互联网、医疗卫生、科技等多个领域均有分布。比如：

"条件反射"一词在社会政治、日常生活、教育、体育、军事、医疗卫生、生物等多个领域中使用。用例如下：

①对于这类"占便宜"的心态，有人曾将其归因为经历了物质紧缺的时代，不少国人对于物质还保留着条件反射式的"占有欲"。（2016-10-17）（社会政治）

②先生的姐夫是福建人，这首歌也成了我的条件反射——闽南腔的音乐

一起，耳朵里胀满闹闹的"艾饼再灰银"！方言确是一把打开故乡的钥匙。（2018-04-14）（日常生活）

③"学生苦读、老师苦教、家长苦帮"，当答题已训练成条件反射的动作，标准答案已滚瓜烂熟到自动书写，更多学生就得以通过高考进入名校，铸起名校神话。（2015-04-08）（教育领域）

④一个声音、一个词语或者一个动作，将比赛时成功的感觉凝缩成不同的信号，让运动员通过这个信号建立条件反射。（2019-11-15）（体育领域）

⑤"照顾病人比照顾小孩还要烦琐。"宋征佩坦言，病人生活自理能力差，需要不断督促，形成条件反射，才能改掉坏毛病。有个病人曾浑身长满虱子，一天得洗3次澡，连洗7天，才恢复常态。（2017-05-22）（医疗卫生领域）

⑥"雨水班的战士听见雷声就有'条件反射'。以前有位战士叫关延国，哪怕探亲休假，夜里一听打雷就本能地往屋外跑。"西沙某水警区后勤部部长代新说。（2015-12-28）（军事领域）

⑦不动用人类独特的领悟能力和逻辑思维能力，一切的试错只能像所有动物都具备的经验性条件反射一样，不仅意义有限，而且永无尽头。（2016-05-31）（生物领域）

"自留地"一词在社会政治、文化艺术、教育、农业、互联网等多个领域均有出现。用例如下：

①基层干部直接和老百姓打交道，解决他们的问题离不开群众的智慧，而促进公众参与是优化基层治理的必由之路。扎实抓好基层党建，充分发挥群众自治组织的作用，"既种好自留地、管好责任田，又唱好群英会、打好合力牌"，基层工作才能持续不断强动力、增活力。（2015-07-01）（社会政治领域）

②一个作家并非一辈子占据了一片"自留地"就万事大吉，因为这里既要生长"土特产"，还要接受人类文明的熏陶和营养。（2017-07-14）（文化艺术领域）

③早上7点不到，永顺县对山乡青龙村一组的肖维心老人便来到自留地忙活。老人已经82岁，但仍然做着力所能及的事，辛勤劳动换来了家门口坪场上晾晒的茶籽、屋里满缸的苞谷。（2019-03-31）（农业领域）

④当然，高校拿到更大的办学自主权之后，能否接得住、用得好、不走偏，才是判断这项改革是否成功的关键。扩展办学自主权，不意味着让高等教育成为随意摆弄的"自留地"，而是要促进高校成为推动国家发展和社会进步的创新高地。（2017-04-14）（教育领域）

⑤网络不是个别粉丝的"自留地"，而是数亿网民的"公地"，公认的文化认知、共同的道德操守、一致的运行规则、严格的约束机制，才能让狂热降温、让理性回归。（2015-05-26）（互联网领域）

⑥原来那些看似"浓眉大眼"的官方微博、微信公众号，有的竟然管理松散到被个别"小编"视为不受约束的自留地。（2018-01-10）（新媒体领域）

"光荣榜"一词在日常生活、教育、互联网等多个领域使用。用例如下：

①六角塘村村民蒋娟珍对记者说："垃圾分类后，村里变干净了，蚊子也没有了，还能上光荣榜，可开心了！"（2017-11-08）（日常生活）

②只有一个主题，就是庆祝女排姑娘夺冠。包括主教练袁伟民、队长孙晋芳在内的14名教练、队员上了光荣榜。在刊发的评论员文章《学习女排，振兴中华》中，《人民日报》第一次提出"向女排姑娘学习，在现代化建设中发扬女排精神，振兴中华"。（2016-08-22）（体育领域）

③30多天后，大队营房里的"擂台勇士"光荣榜，有了王瑞琪的名字：成绩34秒，排名前列。（2019-12-25）（军事领域）

④今天浏览网页，看了光荣榜内容，这些实实在在的身边事，不断拉近着警民关系，要继续弘扬这种爱民精神。（2018-09-26）（互联网）

"工分"一词在社会政治、日常生活、教育、医疗卫生等多个领域中使用。用例如下：

①其中在安徽凤阳县出现了比包产到户更彻底、更简便的包干到户的形式，即舍去包产到户中将劳动成果转换成"工分"进行分配的环节，农户将收成按规定直接完成上交任务后，剩余部分全部归己所有。（2019-12-12）（社会政治）

②"把快递送出去才有钱，不送达一分钱也拿不到，送晚了还可能被投诉。一次次爬上去五六楼还找不到人，又累又急不说，耽误我挣'工分'啊。"他表示非常期待北京市也出台第三次投递收费的规定。（2016-08-05）（日常生活）

③"小杨，我今天巡河了，你要记得把我的工分记上去。"浙江省丽水市景宁畲族自治县鸬鹚乡山下村的河长何振宝，对治水联络员小杨说。在看到自己的总工分排名进步了好几名后，何振宝这才放心了。（2018-08-18）（日常生活）

④为了完成年度考核、挣"SCI 论文"工分，一些科研人员专挑容易出论文的短平快课题。（2016-09-09）（教育领域）

⑤学术评价不是"记工分"，现有学术评价体系过于西化、过于强调量化指标，容易引发学术研究功利化，导致研究人员重量轻质、重载体轻内容、重应用学科轻基础学科、重短期效应轻长期效益。（2017-10-30）（教育领域）

⑥重庆荣昌区峰高街道东湖社区的村医陈远兰有一个厚厚的笔记本，上面记录着她直接随访服务的村里数百名群众的一系列体检指标，每一次检测都按着村民的红手印。这是荣昌探索村医"工分制"以来，陈远兰自己的"记账本"。（2015-11-14）（医疗领域）

⑦以"工分"的方式，计算医务人员的工作量、核定薪酬量，是因为三明市尤溪县医院院长杨孝灯觉得"三明医改"的初期版本，还有一些不太彻底性。（2017-01-19）（医疗领域）

除了上面列举的词外，语用范围广的俄源词还有"宇宙飞船"（社会政治、文化艺术、经济、航空航天）、"红军"（社会政治、日常生活、文化艺术、军事）、"标准语"（社会政治、日常生活、教育、军事）、"拖拉机"（农业、社会政治、日常生活）、"人造卫星"（政治、航空航天、文化）、"导弹"（军事、社会政治、文化）、"沙皇"（社会政治、文化、体育）、"工读学校"（社会政治、司法）、"合作化"（社会政治、经济、农业）、"知识青年"（社会政治、日常生活、教育）、"指导员"（军事、体育、日常生活）、"黑帮"（社会政治、文化）、"布尔什维克"（社会政治、文化）、"十月革命"（社会政治、文化）、"保育院"（社会政治、文化）、"工农联盟"（社会政治、司法）、"共青团"（社会政治、文化）、"劳动日"（社会政治、司法）、"广播体操"（日常生活、文化）、"指战员"（社会政治、军事）、"夏令营"（教育、日常生活）、"冬令营"（教育、日常生活）等。

（五）用于社会政治等领域的多，用于互联网等新领域的少

笔者发现，样本中的大部分俄源词都只在社会政治、文化艺术等领域使用，只有少部分俄源词被用在了人工智能、互联网、电子商务等新兴领域。主要情况有如下几种。

（1）有的俄源词随着新事物、新现象的出现，被用到了新领域。比如：

"指导员"一词在近年来参与构成了"体育指导员""党建指导员""营养指导员""滑雪指导员""网格指导员""社区康复指导员"等。用例如下：

①要让社会体育指导员在推动全民健身发展方面起到更大的作用，就需要满足他们不断学习、加强培训的需求。随着全民健身事业的深入发展，社会体育指导员的作用也更为突出。（2016-07-21）

②今年4月以来，徐州选派106名党建指导员党员，进驻非公企业和社会组织，建立党组织、开展党建工作。进园区、访企业、解难题……半年多来，党建指导员的身影活跃在生产一线。（2016-12-31）

③"每1万人配备1名营养指导员""在社区配备营养指导员"……近日出台的《健康中国行动（2019—2030年）》，提出要研究制定实施营养师制度。与在医疗卫生机构工作的注册营养师不同，营养指导员将深入社区，开展饮食指导。（2019-07-05）

④陕西东方登山队教练、滑雪登山运动员李芳建议，在条件允许的情况下，初学者尽量请滑雪指导员教学。（2015-01-31）

⑤明确网格书记由乡镇班子成员担任，每个二级网格至少配备1名网格指导员，建立网格任务交办、问题反馈等机制。（2019-07-15）

⑥吉林省将"助行圆梦"项目的14.4万件康复器材和辅助器具，配发到10余万残疾人家中。社区康复指导员等技术人员要到这些残疾人家中，为其制订个性化的康复训练计划，并及时检查执行进度，评估康复效果。（2017-02-13）

类似的还有，随着快递行业的兴起，"专家"参与构成了"快递行业专家"；随着互联网的普及，"共青团"参与构成了"网上共青团"；随着机器人产业的兴起，"宇航员"参与构成了"机器人宇航员"等。

（2）有的俄源词随着相关领域事业的开展，被用到了新的领域。比如：

为了适应社会建设方方面面的需要，"光荣榜"一词参与构成了"最美家庭光荣榜""水体治理光荣榜""诚实守信光荣榜"等。用例如下：

①各地涌现出 100 多万传承良好家风的"最美家庭"，28 万个"妇女之家"建起了城乡社区"最美家庭"光荣榜。（2015-02-09）

②"河湖长"制系统测评位列海南全省第一，美舍河荣登全国城市水体治理光荣榜，水环境治理在国务院第五次大督查中被列为典型经验通报表扬。（2019-04-22）

③广泛发动公众监督举报网上失信行为，开展诚信等级评价，动态发布诚实守信"光荣榜"和失信者"黑名单"，让诚实守信者受到尊重，令失信违约者处处受限。（2019-07-22）

随着互联网、电子信息技术的发展壮大，"扫盲"一词参与构成了"电子扫盲""信息扫盲"等。用例如下：

①此次喀拉拉邦计划的目的是进行电子扫盲，让那些接触不到互联网的人用上网络。该项电子扫盲计划早在 2000 年前就提出，而到 2016 年底，喀拉拉邦已经成为印度电子扫盲成绩最好的邦。（2017-04-07）

②实施信息扫盲行动计划，发挥博士服务团、大学生村官、大学生志愿服务西部计划，"三支一扶"等项目的作用。（2016-07-28）

类似的还有，随着社会治理的不断完善，出现了各类"积极分子"，如"见义勇为积极分子""治安积极分子"等；随着"绿化"事业的开展，产生了"绿化劳动模范"；随着高速铁路、智能大棚等的兴起，"电气化"在这些领域中被进一步使用，产生了"电气化高速铁路""电气化智能大棚"；随着电商贸易、人工智能等新兴产业的兴起，高等院校也开设了相关专业，如"电子商务专业""人工智能专业"等。不过样本中大部分俄源词没有出现被用在新领域的情况。

第三节　影响俄源词活力的因素

从上文的分析情况来看，俄源词在活力方面存在较大的差异。有的俄源词因为没有被继续使用而失去活力，有的俄源词虽然被使用，但是没有被权威词典收录，被权威词典收录的俄源词也在具体的使用中存在活力的差异。那么，影响俄源词活力的因素有哪些呢？本书认为可以从语言因素和社会因素两方面对其进行分析。

一、语言因素对俄源词活力的影响

从前文的分析结果可以看到，样本中的 98 个俄源词虽然都被《现代汉语词典（第 7 版）》收录，但是其在实际使用中呈现出了各种差异。这些差异无疑是影响其活力的一个重要方面，具体来说有如下几点。

（一）使用频次差异

根据选定样本在《人民日报》（2015—2019 年）中出现的频次情况，笔者绘制了表 5-5。

表 5-5　俄源词使用频次差异分布

使用频次	词例
10000 次以上	专业、专家
1000~10000	红军、党性、意识形态、共产主义、共青团、官僚主义、知识分子
100~1000	导弹、政委、指导员、马克思列宁主义、劳动模范、无产阶级、自我批评、计划经济、拖拉机、历史唯物主义、工农红军、辩证唯物主义、夏令营、社会主义革命、指战员、电气化、苏维埃、积极分子、虚无主义、少先队、教研室、十月革命、唯物史观、殖民主义、卢布、集体主义、半殖民地、半封建、文化宫、杜马、"左"倾、红领巾、宇航员、知识青年、人造卫星、自留地
10~100	托儿所、共产国际、右倾、平均主义、法西斯主义、工农联盟、工分、联合收割机、冬令营、扫盲、硬座、劳动教养、自由竞争、全民所有制、软卧、合作化、列兵、贫农、条件反射、布尔什维克、光荣榜、连衣裙、宇宙飞船、课间操、火箭炮、沙皇、黑帮、中农、劳动改造、硬卧、广播体操、伏特加、墙报、阶级性、保育院、右派分子、工读学校
10 以下	列宁主义、反革命分子、劳动日、富农、工间操、沙文主义、农业集体化、标准语、航天站、战争贩子、布拉吉、康拜因、经济核算制、克格勃、戈比、孟什维克

从表5-5中可以看到，"专业"和"专家"这两个俄源词使用频次很高，超过了10000次；而"列宁主义""反革命分子""劳动日""富农""工间操""沙文主义""农业集体化""标准语""航天站""战争贩子""布拉吉""康拜因"等词的使用频次则不足10次。相比于使用频次低的俄源词，使用频次更高的俄源词活力更强。

（二）语义表达差异

根据前文我们对样本中俄源词在语义上的分析情况来看，样本中单义项的词占大多数，自身语义内涵丰富、在汉语具体语境中产生引申义的情况则比较少。具体情况如表5-6所示。

表5-6　俄源词语义表达差异分布

类别	词例
语义内涵丰富	专业、专家、列兵、红军、共产主义、"左"倾、党性
产生临时语境义	自留地、托儿所、沙皇、知识青年、马列主义
语义单一	伏特加、卢布、人造卫星、硬座、软卧、硬卧、墙报、工间操、航天站、布拉吉、康拜因、戈比、政委、教研室、文化宫、杜马、保育院、克格勃、知识分子、无产阶级、工农红军、社会主义革命、苏维埃、少先队、十月革命、共产国际、贫农、中农、右派分子、反革命分子、富农、战争贩子、计划经济、劳动教养、全民所有制、布尔什维克、劳动改造、劳动日、农业集体化、经济核算制、孟什维克、意识形态、官僚主义、自我批评、历史唯物主义、辩证唯物主义、唯物史观、殖民主义、集体主义、半殖民地、半封建、右倾、自由竞争、条件反射、阶级性、标准语、列宁主义、沙文主义、法西斯主义、工农联盟、指导员、指战员、宇航员、沙皇、共青团、连衣裙、劳动模范、积极分子、光荣榜、扫盲、电气化、合作化等

结合前文的分析情况，我们可以看到，相比于语义单一的俄源词，自身语义内涵丰富的俄源词活力更强；产生临时语境义的俄源词比没有产生引申义的俄源词活力更强。

（三）语法功能差异

在前文中，我们对样本中的俄源词在具体语篇中的句法功能及其与汉语中其他词的组合、搭配情况进行了分析，最终的分析结果可以直观地表示为表5-7。

表5-7　俄源词语法功能差异分布

类别	词例
句法功能强	专业、电气化、条件反射、计划经济
组合能力强	专业、专家、共产主义、共青团、虚无主义、少先队、殖民主义、右倾、工分、布尔什维克、火箭炮、黑帮、拖拉机、专家、红军、官僚主义、知识分子、导弹、无产阶级、计划经济、辩证唯物主义、电气化、苏维埃、虚无主义、少先队、教研室、殖民主义、集体主义、"左"倾、人造卫星、托儿所、共产国际、右倾、平均主义、扫盲、硬卧、硬座、软卧、劳动、教养、全民所有制、合作化、贫农、宇宙飞船、沙皇、意识形态、拖拉机、党性、共产主义、官僚主义、伏特加、法西斯主义、杜马、卢布、列兵、劳动改造、
搭配能力强	拖拉机、导弹、托儿所、连衣裙、专家、火箭炮、指导员、政委、知识分子、知识青年、合作化、意识形态、联合收割机、光荣榜、宇航员、宇宙飞船、共青团、劳动模范、积极分子、伏特加、电气化、冬令营、专业、红军、虚无主义、文化宫、苏维埃、殖民主义、自留地、人造卫星、列兵、课间操、广播体操、沙皇、指战员、黑帮、夏令营、墙报、教研室、杜马、保育院、工分、无产阶级、中农、党性、共产主义、布尔什维克、集体主义、右倾、法西斯主义、沙文主义、红领巾、卢布、硬座、软卧、硬卧、工间操、航天站、戈比、扫盲、工读学校、工农红军、社会主义革命、少先队、十月革命、共产国际、平均主义、右派分子、"左"倾、全民所有制、劳动改造、劳动日、官僚主义、标准语
组合、搭配能力弱	布拉吉、康拜因、克格勃、工农联盟、反革命分子、战争贩子、计划经济、劳动教养、农业集体化、经济核算制、孟什维克、自我批评、历史唯物主义、辩证唯物主义、唯物史观、半殖民地、半封建、自由竞争、条件反射、阶级性、马克思列宁主义、列宁主义

从表5-7中可以看到，样本中的俄源词在语法功能上是存在差异的，相比于组合、搭配能力弱的俄源词，具有更强组合、搭配能力及更强句法功能的俄源词活力也更强。

（四）语用范围差异

本书根据样本在《人民日报》（2015—2019年）的具体使用情况，将俄源词的语用领域大体分为社会政治、经济、文化艺术、教育、科技、医疗卫生、互联网、人工智能、电子商务等。样本中的俄源词在具体的语用范围方面存在差异，具体情况如表5-8所示。

表5-8　俄源词语用范围差异分布

语用范围	词例
5个以上领域	专业、专家、条件反射、自留地、光荣榜
2～5个领域	工分、墙报、扫盲、知识分子、"左"倾、劳动改造、宇宙飞船、红军、标准语、人造卫星、导弹、工读学校、知识青年、指导员、布尔什维克、保育院、共青团、工农联盟、十月革命、黑帮、广播体操、指战员、夏令营、冬令营
单一领域	共产主义、苏维埃、贫农、殖民主义、右倾、全民所有制、反革命分子、无产阶级、自我批评、辩证唯物主义、历史唯物主义、唯物史观、阶级性、杜马、克格勃、共产国际、中农、意识形态、法西斯主义、右倾、官僚主义、沙文主义、马克思列宁主义、列宁主义、孟什维克、社会主义革命、战争贩子、劳动教养、富农、工间操、自由竞争、右派分子、半殖民地、半封建、集体主义、虚无主义、平均主义、阶级性、党性、伏特加、硬座、硬卧、软卧、布拉吉、连衣裙、文化宫、红领巾、少先队、课间操、教研室、卢布、戈比、列兵、火箭炮、宇航员、航天站、联合收割机

相比于语用领域单一的俄源词，语用领域更多的俄源词活力也就更强。

（五）语用领域差异

在前文中我们提到，样本中有一些俄源词出现在了人工智能、电子商务、互联网等新领域，相比于没有在这些领域出现的俄源词而言，其活力更强。其具体分布情况如表5-9所示。

表5-9　俄源词语用领域差异分布

语用领域	词例
人工智能、互联网等领域	指导员、专家、共青团、宇航员、光荣榜、扫盲、积极分子、电气化、劳动模范
社会政治、日常生活等领域	杜马、克格勃、戈比、卢布、布拉吉、康拜因、布尔什维克、苏维埃、孟什维克、马克思列宁主义、拖拉机、列宁主义、法西斯主义、沙文主义、专业、共产主义、知识分子、红军、殖民主义、知识青年、右倾、右倾机会主义、社会主义革命、贫农、导弹、指战员、官僚主义、自我批评、党性、反革命分子、中农、右派分子、政委（政治委员）、富农、合作化、工分、意识形态、十月革命、计划经济、党代表、少先队（少年先锋队）、托儿所、劳动日、半殖民地、全民所有制、战争贩子、红星、工农联盟、集体主义、少先队员、辩证唯物主义、历史唯物主义、平均主义、半封建、自留地、人造卫星、红领巾、劳教（劳动教养）、阶级性、教研室、工农红军、劳改（劳动改造）、文化宫、经济核算制、"左"倾、墙报、人造地球卫星、黑帮、宇宙飞船、夏令营、唯物史观、农业集体化、技术革新运动、火箭炮、自由竞争、广播体操、虚无主义、工读学校、硬座、街区、保育院、条件反射、硬卧、列兵、软卧、工间操、无政府主义、课间操、标准语、航天站、"左"倾机会主义、冬令营等

相比于只出现在社会政治、日常生活等领域的俄源词，能够随社会变化和发展出现在新领域的俄源词活力更强。

二、社会因素对俄源词活力的影响

除了前文中所说的语言因素会对俄源词的活力产生影响，社会因素也是影响俄源词活力的一个十分重要的因素。本书发现不少俄源词之所以活力降低，甚至失去活力，与社会因素的影响关系密切。

有不少俄源词失去活力，是因为其所指称的事物本身消失了。如政治领域引进的诸多表示某一政治派别的词，像"斯巴达克派""半无产者分子""非共产主义党派""区联派""真理派""拉布分子""米丘林信徒"等都成为历史词。"壁里砌"在东北人曾经的生活中是不可或缺的一部分，但是在现代社会，随着电暖气和空调的普及，其在人们的生活中出现得越来越少。而像"毡疙瘩"这样的事物，虽然在描写哈尔滨如何寒冷的文学作品中还能偶尔见到它的名字，但现实生活中它几乎很难见到了。① 还有一些俄源词则因为其所指称的事物不再被汉语所需要，从而失去活力。如经济领域引进的表示长度的"阿尔申""斯提赫"，表示容量的"奥西米那""半俄升""拉斯特"等，这些词曾在一定的历史时期被需要，但是随着时代的发展，其原有的交际价值消失，汉语对其的需求也消失了。

据本书对失去活力俄源词的分析情况来看，有一部分俄源词是曾经进入哈尔滨汉俄混合语中的方言词。如"打而盖"（〈方言〉指能支着行进的爬犁）、"戈斯帕京"（〈方言〉先生）、"麻细儿"（〈方言〉师傅）、"玛达姆"（〈方言〉太太）、"杜拉克"（〈方言〉傻瓜）、"胡里干"（〈方言〉流氓）、"马神克"（〈方言〉骗子）、"戈比旦"（〈方言〉军官）等，这些词是随着哈尔滨汉俄混合语的形成进入汉语中的，但是其也同样随着哈尔滨汉俄混合语的消失而逐渐失去活力。可见，这些词失去活力，是因为承载这些俄源词的载体消失了。

此外，笔者还发现，有一些俄源词虽然没有完全失去活力，但是其活力在

---

① 苏春梅，胡明志. 从哈尔滨方言中的俄语借词看俄语与汉语的相互影响 [J]. 黑龙江社会科学，2007（1）：32—35.

不断降低。有的俄源词活力降低与人们的语言观念变化关系密切。如在现代社会"喂得罗"常常被认为是到饭店后门拉剩菜剩饭的容器，而且说"喂得罗"会被认为是老土，从而降低说话者的文化档次。说去"八杂市儿"则常常被认为是去逛"破烂市"或"地摊"等。由于人们这一语言观念的影响，"喂得罗""八杂市儿"这类俄源词的活力不断降低。有的俄源词活力降低，甚至失去活力，则是因为汉语中出现了其他汉语词或外源词将其取而代之。如很多音译形式的俄源词都被意译词取代了：像"国营农场"取代了"萨夫火支"，"集体农庄"取代了"科尔火支"，"国家计划委员会"取代了"高士泼林"等。此外，还有一些俄源词则是被后来进入汉语中的其他外源词取代，从而活力降低。如从日语中转译来的"瓦斯"取代了原有的俄源词"嘎斯"，并被广泛使用，而原有的俄源词"嘎斯"只残留在点"嘎斯灯"的城市边缘地带的人们的嘴里。源自英语的"马达"作为"电动机的通称"取代了原有的俄源词"马神"，现在只能在市郊一部分中老年农民的口中还能隐约听到这个词（苏春梅、胡明志，2007）。

综上，从本书对俄源词活力状态的总体研究来看，超过半数的俄源词已经在汉语中失去了活力。而存有活力的俄源词又在活力程度和具体活力特征方面存在不少差异。为了探究影响俄源词活力的具体原因，本书分别从语言因素和社会因素两方面对这一问题进行了分析。正是这两种因素的共同作用，俄源词在汉语中才呈现出了不同的活力状态。

本章小结

本章对 906 个已有俄源词在几个大型语料库中的分布情况及俄源词在汉语中的总体活力情况进行了分析。分析结果表明，样本中的 536 个俄源词因为没有在选定的语料库中出现用例而失去活力，剩余的 370 个俄源词则在语料库中出现一定用例而继续在汉语中拥有活力。总体上看，俄源词进入汉语后失去活力的情况是比较严重的。为了进一步分析俄源词在汉语中的具体活力情况，本书从剩余有活力的 370 个俄源词中甄选出被《现代汉语词典（第 7 版）》收录的98 个俄源词作为具体的考察对象，对其在《人民日报》（2015—2019 年）中的具体使用情况进行了分析。研究发现，样本中的俄源词虽然都属于本书所界定的有活力状态，但其在活力程度和具体活力特征方面存在不少差异。本书对具体语料分析后认为，使用频次、语义表达、语法功能、语用范围及语用领域等语言因素及指称事物具体情况和语言观念变化等社会因素均会对汉语俄源词的活力状态产生影响。

第六章

结　语

　　语言接触是语言演变的根本动因。从语言接触的视角出发对汉语中的俄源词进行研究，对于揭示汉俄语言接触规律具有十分重要的意义。本书主要对不同历史时期俄源词的引进特点、俄源词在汉语中的本土化规律和动因，以及俄源词在当代汉语中的活力状态进行了研究。主要有以下结论。

　　（1）不同历史时期进入汉语中的俄源词在借用方式和分布领域方面呈现出的具体特征与相关时期汉俄语言接触的强度和规模关系密切。

　　恰克图边境贸易兴起时期，中俄两国虽然互为邻国，但是交往并不频繁，导致汉俄语言接触只局限在非常狭小的商贸领域，并且受当时交通条件所限，汉俄语言接触也只局限在与俄交往相对频繁的个别边境城市。因而进入汉语中的俄源词不仅数量少，而且也只是一些和商贸及俄特有事物有关的专有名词。到了中东铁路修筑时期，随着中东铁路的修筑和通车，大批俄侨聚集哈尔滨，客观上促进了汉俄语言的进一步接触，并以哈尔滨汉俄混合语的形成为标志。这一时期，由于汉俄语言接触范围扩大，进入汉语中的俄源词也由原来的商贸领域进一步延伸到日常生活领域。值得注意的是，这一时期汉俄语言接触依旧没能突破地域限制，接触范围十分有限，只是随着中东铁路的延伸而扩展到了沿线地区。因而汉俄语言接触依旧是局部的，这一时期的俄源词也主要是进入了东北方言，尤其是哈尔滨方言中。到了"五四"至解放前时期，随着俄国十月革命的胜利和马列主义思想的传播，更多的民众需要了解俄（苏）的相关情况，因而尽可能多地介绍俄国社会风貌及其发展变化成为这一时期文字翻译工作者的主要任务。随着报纸、杂志等纸质媒体的兴起，汉俄语言接触也逐渐突破了地域限制，通过批量俄（苏）作品的译介影响到了更多的普通民众。由于这一时期民众更多地表现出对俄苏社会政治生活的了解需求，也就出现了这一时期大量引进社会政治领域俄源词的情况。到了中苏友好时期，随着中苏全面友好关系的确立，中国开启了从政府到民间各行各业学习苏联的热潮，汉俄语言接触也随之扩展到了相关领域，因而进入汉语中的俄源词也就涉及社会政治、化工、日常生活、教育、科技和文化等多个领域。其中化工领域引进的俄源词占有相当比例，这与中苏两国在化工领域的合作交往密切有直接关系。这也反映出了这一时期汉俄语言接触的基本风貌。1991 年以后，随着苏联解体和我国改革开放政策实施，汉俄语言接触的情况也有了新的变化，和前几个时期俄语总是在汉俄语言接触中处于优势地位向汉语输出词汇的情况不同，随着中国经济的不断发展，汉语以其在经济上的相对优势逐渐在汉俄语言接触中占据优势地位并开始向俄语输出词汇。这是这一时期俄源词引进数量十分罕见的主要原因。

通过对不同历史时期俄源词引进特点与语言接触关系的研究，笔者发现，俄源词批量进入汉语主要集中在"'五四'至解放前时期"和"中苏友好时期"，这两个时期正是中俄（苏）两国交往最频繁的时期，汉俄语言接触也是在这两个时期尤其是在"中苏友好时期"达到了史无前例的高峰，俄源词的引进范围和规模也得到了扩大。然而，在两国交往不太密切的时期，汉俄语言接触的范围也就有所局限，俄源词引进的数量也很有限。可见，两国之间国际合作与交流的程度会对汉外语言接触产生影响，从而对外源词的借用产生影响。具体体现为，两国之间相互交往越密切，汉外语言接触就越密切，外源词的引进数量也就越多，反之亦然。所以，外源词的借用与国内民族语言的词汇借用有很大的不同。正是这种特殊性，决定了国内民族语言之间的接触规律并不能完全涵盖汉外语言的接触规律。所以，对于汉外语言的接触研究，我们还需付出更多艰辛的探索。

（2）俄源词进入汉语后发生语音本土化的情况十分普遍，汉俄语音差异和汉语母语者的认知是促使俄源词语音本土化的主要动因。

俄源词进入汉语后发生语音本土化的情况十分普遍，这主要体现在两个方面：一是俄语音节结构进入汉语后发生演变的情况十分常见。本书的研究结果表明，无论是俄语中有汉语没有的 C 类音节结构，还是汉俄语言共有的 A 类音节结构，其进入汉语后都发生了演变。增加音位和删减音位是其音节结构演变的主要方式。二是俄源词进入汉语后用汉语音系匹配俄语音系的情况十分常见，并且具有一定的规律性。本书的研究结果表明，用汉语声母匹配俄语词首辅音、用汉语韵母匹配俄语元音的情况在汉俄音系匹配中具有普遍性。但是在具体的分析中，本书还发现了用汉语韵母匹配俄语辅音的现象。综合来看，相似匹配和条件匹配是汉俄音系匹配的主要方式。对具体语言事实进行分析后，笔者发现，俄语音节进入汉语后发生结构演变，正是为了适应汉语音节结构的各种特点。而汉俄音系匹配中出现的一些特殊匹配的现象，则是为了适应汉语的音位组合特点。笔者认为，正是汉俄两种语言在语音方面的差异导致了这些现象的发生，这是俄源词语音本土化的一个重要原因。此外，词汇借用过程中的知觉映射促使分属不同语言类型的汉俄两种语言得以在音系上实现匹配，词汇借用过程中的音系知觉原则促使俄语原词中的不同音位特征在汉语中获得适应汉语语音体系的映射，则是汉语母语者认知因素影响俄源词语音本土化的重要体现。

（3）俄源词进入汉语后词汇本土化主要通过结构演变和表意变化两方面来实现，适应汉语语言环境的语言内部因素及社会、心理、文化等语言外部因素是俄源词发生词汇本土化的主要动因。

俄源词进入汉语后词汇本土化主要体现在两个方面：一是产生特殊构词方式，构词结构发生演变。俄源词在汉语中产生的音译语素组合构词、汉俄混合式构词、汉语简缩式构词、喻义仿造式构词、借俄重组式构词这几种比较特殊的构词形式，在助力俄源词更好地融入汉语语言系统，实现构词结构本土化的同时，也为汉语带来了全新的构词语素（"苏""布"等）和构词模式（人名＋后缀）。而且，这些特殊构词形式中所蕴含的俄罗斯民族所特有的心理特征、文化背景、认知方式等也在无形中被带到了汉语中。二是表意变化，适应汉语表意系统。俄源词进入汉语后主要通过实现音译词的音义相兼、改变词汇意义、语用意义以及影响汉语固有词词义实现表意本土化。其表意本土化一方面丰富了汉语的词汇系统，增强了汉语的语言表现力，另一方面则促使汉语词汇语义场内部语义关系重新调整，从而影响了汉语的语义系统。结合对语料的分析，笔者认为，俄源词词汇本土化既有适应汉语语言系统的语言内部原因，也有社会、心理及文化等方面的语言外部原因。

汉俄两种语言分属于不同的语系，在结构类型方面差异很大。这在客观上决定了俄语词进入汉语后只有按照汉语的语言规则发生演变才能被汉语母语者所接受。据本书分析，进入汉语中的音译俄源词在语音面貌上变化很大，很多词与俄语原词的语音偏离已经到了不可回溯的地步。对于不了解相关文化的俄罗斯人来讲，很难立刻分辨出汉语母语者说的"布拉吉"就是俄语中的"платье"。进入哈尔滨汉俄混合语中的音译词更是如此。但是，这恰恰是俄语进入汉语后语音本土化的最好体现。尽管汉俄语音之间差异很大，但是它们在具体的语音接触中也呈现出了一些具有倾向性的规律。如用汉语声母匹配俄语词首辅音，用汉语韵母匹配俄语元音，以及俄语中的软辅音和硬辅音的对立进入汉语后常常被忽略，俄语辅音的清浊对立被规律性地匹配为汉语辅音送气与不送气对立等，这些都具有较强的规律性。可见，汉俄两种语言在结构类型上的差异虽然较大，但是汉俄语言接触有一定的规律可循。笔者认为，对不同类型语言之间的语言接触进行研究，对于我们充分认识语言接触所引发的语言结构演变具有重要意义。据本书考察，进入汉语中的俄源词无一例外都发生了本土化，只是程度存在差异，但是却没有出现像日源词、英源词那样的借形词，原因是什么呢？笔者认为，这类问题还需要有更多研究才能进一步论证。可见，对于不同类型、非亲属语言的接触还有很多可以研究的内容。

（4）总体看来，俄源词在汉语中失去活力的情况比较严重，这是语言内部因素与社会因素共同作用的结果。

笔者根据对906个俄源词在几个大型语料库中的分布情况，对俄源词在汉语中的总体活力状态进行了考察。最终发现，有536个俄源词已经失去了活力，占到了样本总数的近 60%。可见，总体上，俄源词在汉语中失去活力的情况是比较严重的。为了进一步考察俄源词在当代汉语中的具体活力情况，本书从有活力的 370 个俄源词中甄选出其中已经被《现代汉语词典（第 7 版）》收录的 101 个俄源词作为考察样本，结合其在《人民日报》（2015—2019 年）中的使用情况，对其活力程度和活力特征进行了研究。研究结果表明，样本中的俄源词虽然都属于本书所界定的有活力状态，但是其在具体的活力程度方面存在差异。结合对语料的分析，笔者认为，使用频次、语义表达、语法功能、语用范围和语用领域这样的语言内部因素以及指称事物特性、语言观念等社会因素均会对俄源词的活力状态产生影响。外源词是汉外语言接触中最常见的一种语言现象，研究俄源词在汉语中的活力状态及其影响因素，对于拓展外源词的研究广度具有很好的借鉴意义。笔者相信，随着研究的不断深入，我们会对外源词在汉语中的演变规律有更多的认识。

本书的主要特色及价值体现在如下几个方面。

（1）国内汉外语言接触研究多关注汉英、汉日语言接触，对汉俄语言接触关注不够。本书以不同历史时期中俄（苏）交往的重要历史事件为线索，以汉语俄源词的引进背景为切入点，对恰克图边境贸易时期、中东铁路修筑时期、"五四"至解放前时期、中苏友好时期、苏联解体至今的新时期的汉俄语言接触情况进行了相关研究。本书的这项研究成果既充实了汉俄语言接触的研究成果，也对进一步探索不同语言类型之间的接触规律提供了参考。

（2）以往关于俄源词的研究成果比较零散，系统性研究的成果相对缺乏。本书在先学研究的基础上首次对俄源词进行了全面而系统的研究。本书不仅对不同历史时期汉语俄源词的引进特点进行了历时研究，还对俄源词在当代汉语中的活力状态进行了共时研究。通过本书的研究，我们对汉语俄源词有了更全面的认识。

（3）在已有的汉语俄源词研究成果中，充分利用大型数据库、网络等各类大数据资源进行研究的成果比较罕见。本书综合利用有关汉俄两种语言的大型语料库、网络电子资源，对不同历史时期俄源词的引进特点、俄源词在汉语中的本土化规律及其在当代汉语中的活力状态作了定性与定量相结合的考察。通过本书的研究，我们不仅对汉语中俄源词的特点有了更客观的认识，也进一步深化了词汇学的相关研究。

（4）已有的俄源词研究多集中于对汉语俄源词进行现象描述，而对俄源词进入汉语后的演变规律及动因等缺乏深入探讨。本书在汉俄语言对比的基础上，综合对比俄源词在汉俄两种语言大型数据库中的分布情况，对其进入汉语后的本土化规律和动因进行了研究，从而对汉语中的俄源词有了更深入的认识。

尽管本书已经十分努力地在现有的基础上对汉语俄源词进行了全面深入的研究，但是受水平和能力所限，仍存在一些不足和有待改进之处。

第一，俄源词进入汉语后的本土化研究还需进一步深入。本书对其进入汉语后的本土化现象进行了较为全面的分析考察，总结了其进入汉语后汉俄语言之间的一部分对应规律，但是笔者相信规律远不止本书所列的这些，比如，俄语的重音在汉俄语音接触过程中是否会对其进入汉语后的音系匹配产生影响，汉语声调是否也会对音系匹配产生影响等，这些问题都是需要继续研究的课题。

第二，对于俄源词在汉语中的活力状态的研究还需进一步扩展。本书结合大型语料库，根据俄源词分布情况，对其在汉语中的活力状态作了宏观的分类。但本书只是选取了被《现代汉语词典（第7版）》收录的部分俄源词，对其在当代汉语中的活力情况进行了研究。事实上，最理想的研究应该是对在语料库中还有分布的其他俄源词也进行详细研究，这样才能对俄源词在汉语中的活力状态有更全面的认识。以后，我们将在本书的研究基础上继续拓展相关层面的研究。

总之，汉语俄源词的研究任重道远，需要付出更多努力，才能对其在汉语中的发展演变规律和汉俄语言接触规律有更全面、深刻的认识。

参考文献

中文部分

[1] 安洋. 二十一世纪以来现代汉语中外来词的分析研究 [D]. 呼和浩特：内蒙古师范大学，2018.

[2] 奥丽佳. 汉俄语言接触研究 [D]. 哈尔滨：黑龙江大学，2012.

[3] 白萍. 从语言接触看中式俄语定语语序的变异 [J]. 中央民族大学学报（哲学社会科学版），2012（4）：137-142.

[4] 白萍. 语言接触与新疆俄罗斯族母语语序的变异 [J]. 中国社会语言学，2014（2）：9-15.

[5] 包萨仁. 从语言接触看东乡语和临夏话的语序变化 [J]. 西北第二民族学院学报（哲学社会科学版），2006（2）：35-39.

[6] 鲍里索夫. 苏中关系（1945—1980）[M]. 北京：生活·读书·新知三联书店，1982.

[7] 卞之琳，叶水夫，袁可嘉，等. 十年来的外国文学翻译和研究工作 [J]. 文学评论，1959（5）：41-77.

[8] 蔡和森. 蔡和森文集 [M]. 北京：人民出版社，1980.

[9] 车淑娅，周琼. 语言接触视角下的清末民初新加坡华文报章时点时间词研究 [J]. 中国语文，2018（4）：493-509.

[10] 陈保亚. 从核心词分布看汉语和侗台语的语源关系 [J]. 民族语文，1995

（5）：20-32.

[11] 陈保亚. 再论语言和文化精神的关系 [J]. 思想战线，1996（1）：35-41.

[12] 陈保亚. 论语言接触与语言联盟 ——汉越（侗台）语源关系的解释 [M]. 北京：语文出版社，1996.

[13] 陈保亚. 汉台关系词双向相对有阶分析 [J]. 语言研究，1998（2）：171-188.

[14] 陈保亚. 语言接触导致汉语方言分化的两种模式 [J]. 北京大学学报（哲学社会科学版），2005（2）：43-50.

[15] 陈保亚. 从语言接触看历史比较语言学 [J]. 北京大学学报（哲学社会科学版），2006（2）：30-34.

[16] 陈独秀. 陈独秀文章选编（中）[M]. 北京：生活·读书·新知三联书店，1984.

[17] 陈光磊主编. 改革开放中汉语词汇的发展 [M]. 上海：上海人民出版社，2008.

[18] 陈惠琼，陈佳荣主编. 香港会话手册 [M]. 北京：知识出版社；香港：麒麟书业有限公司，1997.

[19] 陈建华. 20 世纪中俄文学关系 [M]. 上海：学林出版社，1998.

[20] 陈丽湘. 从语言接触看拉祜语的结构变异现象 [J]. 长春大学学报，2009（11）：43-44.

[21] 陈胜利. 英语中的汉语借词研究 [D]. 苏州：苏州大学，2014.

[22] 陈世明. 维吾尔语汉语借词新探 [J]. 西北民族研究，2007（1）：176-180.

[23] 陈应楠. 两年多以来中苏书刊的交流 [N]. 人民日报. 1954-02-14.

[24] 陈原. 陈原语言学论著 [M]. 沈阳：辽宁教育出版社，1998.

[25] 程季华. 中国电影发展史 初稿 第 1 卷 [M]. 北京：中国电影出版社，1963.

[26] 戴庆厦. 论语言关系 [J]. 民族研究，1990（2）：11-15.

[27] 戴庆厦. 彝缅语鼻冠声母的来源及发展——兼论彝缅语语音演变的"整化"作用 [J]. 民族语文，1992（1）：42-48，51.

[28] 戴庆厦. 景颇语重叠式的特点及其成因 [J]. 语言研究，2000（1）: 120-127.

[29] 戴庆厦. 论语言对比 [J]. 中央民族大学学报，2004（1）: 102-105.

[30] 戴庆厦. 社会语言学概论 [M]. 北京：商务印书馆，2004.

[31] 戴庆厦. 语言竞争与语言和谐 [J]. 语言教学与研究，2006（2）: 1-6.

[32] 戴庆厦，杨再彪，余金枝. 语言接触与语言演变——小陂流苗语为例 [J]. 语言科学，2005（4）: 3-10.

[33] 戴庆厦，袁焱. 互补和竞争——语言接触的杠杆——以阿昌语的语言接触为例 [J]. 语言文字应用，2002（1）: 95-99.

[34] 党静鹏. 汉语英源外来词借用过程与机制 [D]. 北京：中国社会科学院研究生院，2017.

[35] 党静鹏. 外来词本土化过程的微观考察——外来词 "粉丝" 个案研究 [J]. 当代修辞学，2017（2）: 76-86.

[36] 杜兆金. 维汉接触中的母语干扰机制研究 [D]. 北京：北京大学，2013.

[37] 樊洪业. 中国科学院编年史（1949—1999）[M]. 上海：上海科技教育出版社，1999.

[38] 方欣欣. 语言接触问题三段两合论 [D]. 武汉：华中师范大学，2004.

[39] 方欣欣. 语言接触与借词研究的新视角——《语言接触与以色列希伯来语词汇扩充研究》介绍 [J]. 外语教学与研究，2004，36（1）: 71-72.

[40] 冯博. 18 和 19 世纪的边贸重镇恰克图 [J]. 兰台世界，2011（9）: 73-74.

[41] 冯公达. 延边双语现象初探 [J]. 东北师大学报，1983（6）: 29-33.

[42] 冯裕智. 汉语中日语借词刍议 [J]. 宁波工程学院学报，2010（1）: 12-16.

[43] 傅懋勣. 民族语言研究需要进一步加强的三个方面 [J]. 民族语文，1982（4）: 1-5.

[44] 高名凯，刘正埮. 现代汉语外来词研究 [M]. 北京：文字改革出版社，1958.

[45] 高燕. 汉语外来词的名实及其造词法与构词法 [D]. 延吉：延边大学，2000.

[46] 葛本仪. 现代汉语词汇学 [M]. 济南：山东人民出版社，2004.

[47] 顾江萍. 汉语中日语借词研究 [D]. 厦门：厦门大学，2007.

[48] 郭必之. 邵武话动态助词"度"的来源——兼论邵武话和闽语的关系 [J]. 中国语文，2008（2）：140-146.

[49] 郭伏良. 新中国成立以来汉语词汇发展变化研究 [M]. 石家庄：河北大学出版社，2006.

[50] 郭鸿杰. 二十年来现代汉语中的英语借词及其对汉语语法的影响 [J]. 解放军外国语学院学报，2002（5）：1-4.

[51] 郭艳. 从语言接触看英语借词对汉语词汇的影响 [J]. 怀化学院学报，2008，27（3）：88-89.

[52] 郭蕴深. 中东铁路与俄罗斯文化的传播 [J]. 学习与探索，1994（5）：139-142.

[53] 何洪峰. 英语借词语素化及其演变 [J]. 中文论坛，2017（2）：241-258.

[54] 何烨. 改革开放以来英语对汉语句法的影响 [J]. 四川外语学院学报，2004，20（3）：129-133.

[55] 何自然，吴东英. 内地与香港的语言变异和发展 [J]. 语言文字应用，1999（4）：82-87.

[56] 贺阳. 现代汉语 DV 结构的兴起及发展与省略——影响现代汉语欧化语法现象研究之一 [J]. 中国人民大学学报，2006，20（2）：136-142.

[57] 洪勇明. 论语言影响的若干规律——以新疆语言接触为例 [J]. 中央民族大学学报（哲学社会科学版），2007（3）：131-136.

[58] 胡敕瑞. 汉语负面排他标记的来源及其发展 [J]. 语言科学，2008，7（6）：561-572.

[59] 胡行之. 外来语词典 [M]. 上海：天马书店，1936.

[60] 胡兆云. 语言接触与英汉借词研究 [M]. 济南：山东大学出版社，2001.

[61] 黄春蕊. 汉语新词中俄源外来词本土化倾向研究 [J]. 湖北经济学院学报（人文社会科学版），2013（4）：113-114.

[62] 黄革. 语言接触对广西平果客家话词汇的影响 [J]. 百色学院学报，2016，

29（6）：44-50.

[63] 黄涛，陈泽平. 罗源畲话的"喊"字问句及其形成机制 [J]. 中国语文，2016（6）：678-685.

[64] 黄行，梅思德. 中国少数民族语言研究系列丛书 [M]. 北京：中央民族大学出版社，2000.

[65] 黄行. 语言接触与语言区域性特征 [J]. 民族语文，2005（3）：7-13.

[66] 江荻. 回辉语揭示的语言接触感染机制 [J]. 民族语文，2010（6）：19-26.

[67] 江蓝生. 从语言渗透看汉语比拟式的发展 [J]. 中国社会科学，1999（4）：169-179.

[68] 江苏中苏友好协会编辑部. 苏联教育专家在中国 [J]. 江苏教育，1957（21）：7-8.

[69] 姜焱. 汉语中英语借词的语义研究 [J]. 辽宁大学学报(哲学社会科学版)，2001，29（3）：27-29.

[70] 克雷欣. 社会语言学与现代俄语 [M]. 赵蓉晖，译. 北京：北京大学出版社，2011.

[71] 克里斯提娜. 汉语俄源外来词的形式与意义变化考察 [D]. 杭州：浙江大学，2015.

[72] 赖彦. 汉语借用英语外来词的特点及语用理据 [J]. 汉语学习，2008（3）：62-66.

[73] 李崇兴. 论元代蒙古语对汉语语法的影响 [J]. 语言研究，2005（3）：77-81.

[74] 李德滨. 黑龙江移民概要 [M]. 哈尔滨：黑龙江人民出版社，1987.

[75] 李方桂. 李方桂先生口述史 [M]. 北京：清华大学出版社，2008.

[76] 李锦芳，阳柳艳. 多语言接触下的隆林仡佬语变异研究 [J]. 民族语文，2014（5）：35-43.

[77] 李锦芳. 论壮侗语对粤语的影响 [J]. 贵州民族研究，1990（4）：60-65.

[78] 李兰兰. 语言接触中的声调特征和声调对应——以云南维西普米语为例 [J]. 昆明学院学报，2013，35（1）：139-143.

[79] 李明滨. 中国与俄苏文化交流志 [M]. 上海：上海人民出版社，1998.

[80] 李圃. 北方方言复数词尾"们"与维吾尔语省略法对比——北方汉语阿尔泰化又一例证 [J]. 语言与翻译，2017（2）：43-69.

[81] 李启群，鲁美艳. 湖南龙山他砂汉语的特殊语序 [J]. 语文研究，2011（1）：63-64，封3.

[82] 李荣，尹世超编纂. 哈尔滨方言词典 [M]. 南京：江苏教育出版社，1997.

[83] 李荣嵩. 谈外来词的汉化 [J]. 天津师范大学学报，1985（2）：94-97.

[84] 李如龙. 论语言接触的类型、方式和过程 [J]. 青海民族研究，2013（4）：163-166.

[85] 李素玲. 略论汉语对外来词的汉化作用 [J]. 广州大学学报（社会科学版），2003，2（4）：30-34.

[86] 李随安. 中苏文化交流史（1937—1949）[M]. 哈尔滨：哈尔滨出版社，2003.

[87] 李涛. 借鉴与发展：中苏教育关系研究（1949—1976）[M]. 杭州：浙江教育出版社，2006.

[88] 李艳，施春宏. 外来词语义的汉语化机制及深度汉语化问题 [J]. 汉语学习，2010（6）：59-68.

[89] 李艳. 现代汉语意译词语形义关系及相关问题研究 [D]. 北京：北京语言大学，2009.

[90] 李英. 汉英词语理据比较 [C]// 王福祥主编，对比语言学论文集，北京：外语教学与研究出版社，1992.

[91] 李云兵. 论语言接触对苗瑶语语序类型的影响 [J]. 民族语文，2005（3）：34-43.

[92] 李云兵. 语言接触对南方一些民族语言语序的影响 [J]. 民族语文，2008（5）：17-34.

[93] 力平，马芷荪，中共中央文献研究室等. 周恩来年谱（1949—1976）上 [M]. 北京：中央文献出版社，1997.

[94] 梁敏. 对语言类型变化的一些看法 [J]. 民族语文, 1995（6）: 53-57.

[95] 梁晓虹. 论梵汉合璧造新词 [J]. 福建师范大学学报（哲学社会科学版）, 1986（4）: 65-70.

[96] 刘定慧. 俄源词"列巴"在汉语中的发展演变研究 [J]. 哈尔滨学院学报, 2020（1）: 124-128.

[97] 刘定慧. 汉俄语言接触研究面临的现实困境与发展路径 [J]. 文学教育（下）, 2019（12）: 140-141.

[98] 刘定慧. 中俄交往背景下汉语俄源词的引进 [J]. 西伯利亚研究, 2019（3）: 80-85.

[99] 刘蔚. 现代汉语意译词研究 [D]. 哈尔滨: 黑龙江大学, 2012.

[100] 刘心武. 钟鼓楼 [M]. 北京: 人民文学出版社, 1985.

[101] 刘莹. 俄苏群众歌曲在中国的传播研究 [D]. 哈尔滨: 哈尔滨师范大学, 2010.

[102] 刘涌泉, 乔毅. 应用语言学 [M]. 上海: 上海外语教育出版社, 1991.

[103] 刘正埮, 高名凯, 麦永乾, 等. 汉语外来词词典 [M]. 上海: 上海辞书出版社, 1984.

[104] 龙国富. 从梵汉对勘看早期翻译对译经人称代词数的影响 [J]. 外语教学与研究, 2008, 40（3）: 218-223.

[105] 罗常培. 语言与文化 [M]. 北京: 语文出版社, 1989.

[106] 罗国英. 历史语言学方法论的新尝试——读《论语言接触与语言联盟》之后 [J]. 贵州民族学院学报（哲学社会科学版）, 2000（4）: 118-121.

[107] 洛夫. 我国实现社会主义工业化的有利条件和困难 [M]. 上海: 上海人民出版社, 1955.

[108] 罗美珍. 论族群互动中的语言接触 [J]. 语言研究, 2000（3）: 1-20.

[109] 骆晓会. "蜜月时期"的中苏友好文化交流 [J]. 益阳师专学报, 1991（2）: 34-37.

[110] 雒鹏. 河州话语法——语言接触的结果 [J]. 西北师大学报（社会科学版）, 2004, 41（4）: 30-32.

[111] 吕嵩崧. 靖西壮语方式副词、程度副词与谓语的语序模式及其历时动因 [J]. 民族语文, 2017 (4): 35-44.

[112] 吕文涛. 语言接触视阈下汉语中的日语借词研究 [D]. 武汉: 华中师范大学, 2019.

[113] 马菊红.《汉俄语言接触研究》评介 [J]. 中国俄语教学, 2009 (2): 95-96.

[114] 马娜. 语言接触与文化交融——20 世纪中期以前的中俄皮钦语研究 [D]. 兰州: 兰州大学, 2013.

[115] 马蔚云. 中东铁路与黑龙江文化——中俄 (苏) 关系中的中东铁路问题 [M]. 哈尔滨: 黑龙江大学出版社, 2010.

[116] 马小玲, 洪勇明. 新疆民汉语言接触影响圈层规律研究 [M]. 西安: 世界图书出版公司, 2012.

[117] 孟达来. 从核心关系词的分布看蒙古语和满通古斯诸语的词汇关系 [J]. 满语研究, 2001 (1): 50-57.

[118] 毛泽东. 建国以来毛泽东文稿 (第 4 册) 1953 年 1 月—1954 年 12 月 [M]. 北京: 中央文献出版社, 1990.

[119] 米镇波. 清代中俄恰克图边境贸易 [M]. 天津: 南开大学出版社, 2003.

[120] 闵爽, 沈利德. 新疆汉、维语言接触中部分语法现象探讨 [J]. 石河子大学学报 (哲学社会科学版), 2005 (2): 16-18.

[121] 潘润阁, 李激扬. 杂话哈尔滨 [M]. 沈阳: 辽宁画报出版社, 1996.

[122] 潘文国. 汉语音译词中的 "义溢出" 现象 [C]// 中国英汉语比较研究会第四次全国学术研讨会论文集. 厦门, 2000.

[123] 潘允中. 汉语词汇史概要 [M]. 上海: 上海古籍出版社, 1989.

[124] 彭明. 中苏友谊史 [M]. 北京: 人民出版社, 1957.

[125] 彭嬿. 语言接触研究述评 [J]. 新疆大学学报 (哲学人文社会科学版), 2007 (2): 140-143.

[126] 朴锦海. 从语言接触看汉语对朝鲜语的影响 [J]. 语文学刊 (外语教育与教学), 2010 (4): 16-18.

[127] 桥本万太郎. 语言地理类型学 [M]. 余志鸿，译. 北京：世界图书出版公司北京公司，2008.

[128] 邱采真. 词汇层面的语际借用及其成因 [J]. 海军工程大学学报，2002，14（5）：99-102.

[129] 瞿霭堂. 相关语言学构想 [J]. 民族语文，1992（4）：7-15.

[130] 瞿霭堂. 双语和双语研究 [J]. 民族语文，2000（3）：25-32.

[131] 荣洁. 俄侨与黑龙江文化：俄罗斯侨民对哈尔滨的影响 [M]. 哈尔滨：黑龙江大学出版社，2011.

[132] 荣洁. 中俄跨文化交际中的边缘语 [J]. 解放军外语学院学报，1998（1）：41-46.

[133] 邵大艳. 汉俄语言接触研究 [D]. 大连：辽宁师范大学，2012.

[134] 邵敬敏. 现代汉语通论（上）[M]. 3 版. 上海：上海教育出版社，2016.

[135] 申东月. 汉韩语言接触对韩语语音发展的影响 [J]. 民族语文，2005（6）：44-48.

[136] 沈志华. 俄罗斯解密档案选编：中苏关系（第8卷）[M]. 上海：东方出版中心，2015.

[137] 沈志华. 苏联专家在中国（1948—1960）[M]. 北京：中国国际广播出版社，2003.

[138] 石定栩，朱志瑜. 英语对香港书面汉语句法的影响——语言接触引起的语言变化 [J]. 外国语，1999（4）：2-11.

[139] 石方，刘爽，高凌. 哈尔滨俄侨史 [M]. 哈尔滨：黑龙江人民出版社，2003.

[140] 史春惠. 建国初期俄源外来词研究 [D]. 沈阳：辽宁师范大学，2014.

[141] 史有为. 迎接新世纪：语法研究的百年反思 [J]. 语言教学与研究，2000（1）：10-18.

[142] 史有为. 外来词——异文化的使者 [M]. 上海：上海辞书出版社，2004.

[143] 苏春梅，胡明志. 从哈尔滨方言中的俄语借词看俄语与汉语的相互影响 [J]. 黑龙江社会科学，2007（1）：32-35.

[144] 苏金智．语言接触中语言演变的连续体模式 [J]．新疆师范大学学报（哲学社会科学版），2015，36（1）：93-100，2.

[145] 苏金智．语言接触与语言借用——汉语借词消长研究 [C]// 语言文字应用研究论文集Ⅲ．2014.

[146] 苏金智．语言接触与语言借用——汉语借词消长研究 [J]．中国语言学报，2010（14）：73-83.

[147] 孙常叙．汉语词汇 [M]．长春：吉林人民出版社，1957.

[148] 孙宏开．试论我国的双语现象 [J]．民族研究，1983（6）：68-76.

[149] 孙宏开．论羌族双语制——兼谈汉语对羌语的影响 [J]．民族语文，1988（4）：55-65.

[150] 孙宏开．藏缅语族羌语支语言及语言学研讨会述评 [J]．当代语言学，2000（2）：121-123.

[151] 孙宏开．丝绸之路上的语言接触和文化扩散 [J]．西北民族研究，2009（3）：52-58.

[152] 孙其明．中苏关系始末 [M]．上海：上海人民出版社，2002.

[153] 孙维学，《新中国对外文化交流史略》编委会．新中国对外文化交流史略 [M]．北京：中国友谊出版公司，1999.

[154] 孙霞，陈国恩．1928 年至 1934 年文学论争与俄苏文学文论传播中的期刊 [J]．湘潭大学学报（哲学社会科学版），2008（3）：96-105.

[155] 谭晓平．湘南江永千家峒瑶汉语中的连读变调 [J]．三峡论坛（三峡文学·理论版），2012（2）：113-114.

[156] 唐贤清，汪哲．试论现代汉语外来词吸收方式的变化及原因 [J]．中南大学学报（社会科学版），2005，11（1）：132-136.

[157] 陶炼，贺国伟，陈光磊，等．改革开放中汉语词汇的发展 [M]．上海：上海人民出版社，2008.

[158] 万红．当代汉语的社会语言学观照——外来词进入汉语的第三次高潮和港台词语的北上（汉英对照）[M]．天津：南开大学出版社，2007.

[159] 王春玲．论语言接触对苗瑶语指示词的影响 [J]．贵州民族研究，2018

（3）：201-205.

[160] 王丛民．浅谈俄语中的汉语外来词 [J]．语文建设，2016（36）：90-91.

[161] 王翠．接触引发的演变——再谈介词"基于"的来源 [J]．语言研究，2017（1）：41-48.

[162] 王恩圩．源于俄语的汉语外来词 [J]．东北师大学报，1987（5）：88-93.

[163] 王国庆，宋媛．百余年俄罗斯文学著作在中国的传播及影响 [J]．出版发行研究，2016（3）：105-108.

[164] 王克非．翻译文化史论 [M]．上海：上海外语教育出版社，1997.

[165] 王世才．浅析中国东北与俄罗斯的文化交流 [J]．中俄关系的历史与现实，2009：675-690.

[166] 王世凯，杨立英．东北方言与文化 [M]．北京：中国国际广播出版社，2014.

[167] 王双成．西宁方言的差比句 [J]．中国语文，2009（3）：241-247.

[168] 王晓梅，何元建．从语言接触看马来西亚华语疑问句尾的"的"字 [J]．中国语文，2016（5）：621-629.

[169] 王旭．俄罗斯远东地区俄语汉源词研究 [J]．绥化学院学报，2017（8）：71-75.

[170] 王学东，戴隆斌，童建挺．国际共产主义运动历史文献（第 57 卷）[M]．北京：中央编译出版社，2013.

[171] 王扬帆．《语言借用与社会心理研究》评介 [J]．外语与外语教学，2006（8）：63.

[172] 王尧．源于俄语的汉语外来词在汉语中的发展变化探讨 [J]．语文建设，2016（36）：106-107.

[173] 王怡君．二十一世纪初俄语中英语借词的构词特点 [J]．俄国语文学报，2014（15）：25-42.

[174] 王玉新．汉字认知研究 [M]．济南：山东大学出版社，2000.

[175] 王远新．语言学教程 [M]．3 版．北京：中央民族大学出版社，2017.

[176] 王忠亮．哈尔滨地区使用的中俄洋泾浜 [J]．词库建设通讯（香港中国语

文学会），1995（6）：16.

[177] 文记东. 1949—1966年的中苏文化交流 [D]. 北京：中共中央党校，2009.

[178] 吴福祥. 关于语言接触引发的演变 [J]. 民族语文，2007（2）：3-23.

[179] 吴福祥. 结构重组与构式拷贝——语法结构复制的两种机制 [J]. 中国语文，2014（2）：99-109.

[180] 吴福祥. 南方民族语言关系小句结构式语序的省略——基于接触语言学和语言类型学的分析 [J]. 语言研究，2009（3）：72-85.

[181] 吴福祥. 南方语言正反问句的来源 [J]. 民族语文，2008（1）：3-18.

[182] 吴福祥. 语言接触与语法复制 [J]. 百色学院学报，2013（5）：40-50.

[183] 吴福祥. 语言接触与语法演变 [J]. 西南交通大学学报（社会科学版），2020，21（4）：23-33.

[184] 吴福祥. 语言接触与语义复制——关于接触引发的语义演变 [J]. 苏州大学学报（哲学社会科学版），2014（1）：113-119.

[185] 吴礼权. 汉语外来词音译的特点及其文化心态探究 [J]. 复旦学报（社会科学版），1994（3）：82-88.

[186] 吴小夏. 从英汉比对角度看英语对汉语句法的影响——以"被"字结构做定语为例 [J]. 文学界（理论版），2011（1）：105-106.

[187] 吴振刚. 论中俄东部边疆地区的文化交融与发展 [J]. 大庆社会科学，1998（6）：53-54.

[188] 谢丰帆. 借词音系学与汉语借词研究 [J]. 当代语言学，2014，16（3）：358-371.

[189] 谢晓安，华侃，张淑敏. 甘肃临夏汉语方言语法中的安多藏语现象 [J]. 中国语文，1996（4）：273-280.

[190] 徐大明. 语言变异与变化 [M]. 上海：上海教育出版社，2006.

[191] 徐江，郑莉. 英语外来词对现代汉语词义的影响 [J]. 语文学刊，2008（19）：77-80.

[192] 徐来娣. 汉俄语言接触研究 [M]. 哈尔滨：黑龙江人民出版社，2007.

[193] 徐来娣. 汉俄语言接触中俄语在语义层面对汉语的影响 [J]. 汉语学习，2008（5）：88-95.

[194] 徐来娣. 社会语言学视角下的汉俄词汇接触研究 [J]. 学海，2012（6）：202-207.

[195] 徐世璇. 从南部土家语的特殊构词看语言接触的深层影响 [J]. 东方语言学，2007（1）：167-176.

[196] 徐世璇. 土家语语音的接触性演变 [J]. 民族语文，2010（5）：3-10.

[197] 徐通锵. 语言论——语义型语言的结构原理和研究方法 [M]. 长春：东北师范大学出版社，1997.

[198] 徐通锵. 结合——语言理论研究的发展趋向 [J]. 语文研究，1991（2）：1-9.

[199] 薛才德. 安南水磨房汉语语法的接触变异 [J]. 云南民族大学学报（哲学社会科学版），2006，23（5）：224-228.

[200] 荀恩东，饶高琦，肖晓悦，等. 大数据背景下BCC语料库的研制 [J]. 语料库语言学，2016（1）：93-109.

[201] 闫海宁. 论英汉互借词中的意译词 [D]. 青岛：中国海洋大学，2005.

[202] 杨春宇，邵大艳. 华夷变态：东北俄式洋泾浜语的历史钩沉——东北亚语言接触与都市语言建设研究 [J]. 辽宁师范大学学报（社会科学版），2011（4）：100-104.

[203] 杨锡彭. 从汉语汉字的特点看音译词的特点 [J]. 语言研究，2007（4）：94-98.

[204] 杨锡彭. 汉语外来词研究 [M]. 上海：上海人民出版社，2007.

[205] 杨锡彭. 外来词的语音汉化 [J]. 北华大学学报（社会科学版），2007，8（4）：56-62.

[206] 姚雪椿. 论语言词汇中的借用与社会因素 [J]. 湖南商学院学报，2002（S1）：55-57.

[207] 易洪川. 从现代汉字字音看现代汉语语音的几个特点 [J]. 语言教学与研究，2001（5）：31-35.

[208] 意西微萨·阿错. 藏汉混合语"倒话"述略 [J]. 语言研究，2001（3）：109-126.

[209] 意西微萨·阿错，向洵. 五屯话的声调 [J]. 中国语文，2015（6）：483-497.

[210] 于辉. 汉语中英语来源借词增音现象的音系分析 [J]. 暨南大学华文学院学报，2008（1）：53-61.

[211] 于雪. 现代汉语音译加意译外来词研究 [D]. 济南：山东师范大学，2017.

[212] 游汝杰，邹嘉彦. 社会语言学教程 [M]. 上海：复旦大学出版社，2004.

[213] 郁洁. 俄语语音学概论 [M]. 北京：时代出版社，1955.

[214] 遇笑容，曹广顺，祖生利. 汉语史中的语言接触问题研究 [M]. 北京：语文出版社，2010.

[215] 喻世长. 应该重视语言互相影响的研究 [J]. 民族语文，1984（2）：1-9.

[216] 余志鸿. 语言接触与语言结构的变异 [J]. 民族语文，2000（4）：23-27.

[217] 臧仲伦. 中国翻译史话 [M]. 济南：山东教育出版社，1991.

[218] 张安生. 甘青河湟方言的差比句——类型学和接触语言学视角 [J]. 中国语文，2016（1）：3-19.

[219] 曾西萍. 日语借词对汉语的渗透和影响 [J]. 语文建设，2016（12）：93-94.

[220] 曾小燕，郑通涛. 语言生态学视角下汉语中日语外来词的借用演变 [J]. 海外华文教育，2016（2）：147-156.

[221] 曾小燕. 复杂动态系统理论下的现代汉语外来词研究 [M]. 广州：世界图书出版公司，2017.

[222] 曾晓渝. 论壮傣侗水语古汉语借词的调类对应、省略——兼论侗台语汉语的接触及语源关系 [J]. 民族语文，2003（1）：1-10.

[223] 曾晓渝. 略谈语音的演变 [J].达县师范高等专科学校学报，2004（1）：1-4，8.

[224] 张赪. 近代汉语使役句役事缺省现象研究——兼谈语言接触对结构形式

和语义的不同影响 [J]. 中国语文，2014（3）：236-246.

[225] 张海铭. 论现代汉语的词类活用 [J]. 甘肃高师学报，2002（6）：40-45.

[226] 张会森. 最新俄语语法 [M]. 北京：商务印书馆，2000.

[227] 张静庐. 中国现代出版史料·丁编（下）[M]. 北京：中华书局，1959.

[228] 张玲，茹克燕·肉孜，田海文. 从语言接触角度看维语中汉语借词的"本族化" [J]. 新疆职业大学学报，2011（4）：41-43.

[229] 张世禄编，王云五主编. 语言学原理 [M]. 上海：商务印书馆，1931.

[230] 张树铮. 语言学概论 [M]. 武汉：武汉大学出版社，2012.

[231] 张绥. 东正教和东正教在中国 [M]. 上海：学林出版社，1986.

[232] 张天宇，周桂君. 近现代中英语言接触与汉语词汇借用 [J]. 外语学刊，2016（1）：54-57.

[233] 张小平. 当代外来概念词对汉语词义的渗透 [J]. 世界汉语教学，2003（2）：48-51.

[234] 张兴权. 接触语言学 [M]. 北京：商务印书馆，2012.

[235] 张兴权. 接触语言学 [M]. 北京：商务印书馆，2013.

[236] 张谊生. 现代汉语副词探索 [M]. 上海：学林出版社，2004.

[237] 张英姿. 额尔古纳市俄罗斯族村落语言现状调查分析 [D]. 北京：中央民族大学，2010.

[238] 张志毅，张庆云. 词汇语义学 [M]. 北京：商务印书馆，2001.

[239] 赵春晶. 俄语语言学概论教程 [M]. 哈尔滨：黑龙江人民出版社，2009.

[240] 赵江民. 新疆民汉语言接触对世居汉族语言的影响 [M]. 北京：北京语言大学出版社，2013.

[241] 赵鲁臣. 哈尔滨中俄边缘语消亡探因 [J]. 哈尔滨商业大学学报（社会科学版），2004（4）：123-124.

[242] 赵晓华，刘焱. 从汉语外来词的译借方式看汉民族的语言文化心理 [J]. 肇庆学院学报，2007（6）：85-89.

[243] 郑武曦. 试论语言接触引发的羌语对当地汉语的干扰 [J]. 阿坝师范高等专科学校学报，2009（3）：82-84.

[244] 中国科学院. 科学院访苏代表团关于和苏方谈判经过以及其结果的汇报 [B]. 北京：中国科学院档案馆，1958-2-15-16.

[245] 中国社会科学院语言研究所词典编辑室. 现代汉语词典 [M]. 7 版. 北京：商务印书馆，2016.

[246] 中华人民共和国教育部. 共和国教育 50 年（1949—1999）[M]. 北京：北京师范大学出版社，1999.

[247] 钟吉娅. 汉语外源词 [D]. 上海：华东师范大学，2003.

[248] 周家彬. "苏维埃"内涵演变与中国革命经验国际化 [J]. 现代哲学，2018（4）：49-55.

[249] 周力，郑薇等. 中俄建交五十五周年（1949—2004）中俄文本 [M]. 北京：世界知识出版社，2004.

[250] 周士宏. 从类词缀"门"的产生看语言接触中外来语素的汉化 [J]. 黑龙江社会科学，2008（5）：140-142.

[251] 周一民. "超市""峰会"和仿译词 [J]. 语文建设，2001（5）：43.

[252] 周有斌. 制约音译外来词形式选择的原则 [J]. 语言研究，2009（3）：103-105.

[253] 朱冠明. 从中古佛典看"自己"的形成 [J]. 中国语文，2007（5）：402-411.

[254] 朱冠明. 中古佛典与汉语受事主语句的发展——兼谈佛经翻译影响汉语语法的模式 [J]. 中国语文，2011（2）：169-178.

[255] 朱庆之. 汉译佛典中的"所 V"式被动句及其来源 [J]. 古汉语研究，1995（1）：29-31，45.

[256] 朱庆之. 汉语名词和人称代词复数标记的产生与佛经翻译之关系 [J]. 中国语言学报，2014（1）：10-43.

[257] 朱一凡. 翻译与现代汉语的变迁（1905—1936）[M]. 北京：外语教学与研究出版社，2011.

[258] 朱一凡. 汉语对外来借词同化的机制和动因 [J]. 西安外国语大学学报，2011，19（1）：1-4.

[259]　诸葛苹. 汉俄语音对比实验研究 [M]. 南京：南京大学出版社，2001.

外文部分

[1]　Haugen E. The Analysis of Linguistic Borrowing [J] .Language, 1950, 26: 210-231.

[2]　Haugen E. Bilingualism in the Americas: a bibliographyand research guide[M]. Tuscaloosa: University of Alabama Press, 1956.

[3]　Hudson R A. Sociolinguistics Second Edition[M]. London: Cambridge University Press, 1996.

[4]　Steriade Donca. The phonology of perceptibility effects: The P-map and its consequences for constraint organization[Z]. Unpublished manuscript UCLA. 2002. http://www.linguistics.ucla.edu.

[5]　Iverson G, Lee A. Perceived syllable structure in the adaptation of loanwords in Korean.Unpublished Ms., University of Wisconsin, Milwaukee, 2004.

[6]　LaCharite D Paradis C. Addressing and disconfirming some predictions of phonetic approximation for loanword adaptation[J]. Langues et Linguistique 28, 2002:71-91

[7]　Li Suogui. The study of lexical borrowing from Russian in modern Chinese[D]. Sydney: University of Western Sydney (Australia), 2002.

[8]　Muysken Pieter. Bilingual Speech: A Typology of Code-Mixing, Cambridge: Cambridge University, 2000.

[9]　Thomason S & Kaufman G. Language contact, creolization and genetic linguistics[M]. Berkeley: University of California Press, 1987.

[10]　Thomason S. Language contact: an introduction[M]. Edinburgh: Edinburgh University Press, 2001.

[11]　Weinreich U. Languages in contact: findings and problems[M]. The Hague: Mouton, 1953.

[12]　Whitney W D. On Mixture in Language [J]. Transactions of the American

Philological Association(1869-1896) , 1881, 12: 5-26.

[13]   Zuckermann G. Camouflaged borrowing: Folk-Etymological nativization in the service of puristic language engineering[D]. London: University of Oxford, 2000.

[14]   Александровна О. Е. Русский язык в восточном зарубежье (на материале русской речи в Харбине)[D]. Томск: Амурский государственный университет, 2009.

[15]   Анна. Л. И. Русское *Морс* и его этимологические связи[J]. вестник томского государственного университета, 2014, 382(6): 24-28.

[16]   Анна. Ц. Г. Англоязычные заимствования в тексте рекламы: анализ актуализации и особенности функционирования[J]. известия российского государственного педагогического университета им. а.и. герцена, 2009(7): 203-206.

[17]   Бахтина С. И. Лексико-семантическая адаптация заимствований в русском языке XX начала XXI веков[J]. вестник чувашского университета, 2014(1): 89-96.

[18]   Борис Кузык и Михаил Титаренко. Китай-Россия: стратегия соразвития[M]. Москва: Институт экономических стратегий, 2006.

[19]   Виктория. В. В. Реальзация культурной специвики заимствований из тюрских языков [J]. филология и культура, 2011, 4(26): 168-172.

[20]   Гейдарова. Э. А. Иноязычная лексика в русском островном говоре Азербайджана[J]. вестник томского государственного университета , 2013, 371(9): 23-26.

[21]   Гиззатуллина Н. А. Заимствованные слова в сфере образования[J]. вестник казанского технологического университета, 2011(81): 294-297.

[22]   Дьяков А. И. Словообразовательный потенциал и словообразовательная активность англицизмов в русском языке[J]. Вестник науки Сибири.2012, 4(5): 252. http://sjs.tpu.ru

[23] Дьяков. А. И. Словообразовательный потенциал и словообразовательная активность англицизмов в русском языке[J/OL]. вестник науки сибири , 2012, 4(5): 252.

[24] Каданцева Г. И. Английские фразеологические заимствования в немецком языке[J]. известия российского государственного педагогического университета герцена, 2008(9): 136-139.

[25] Калинский. А. У. Основы теории взаимадействия языков[M]. Санкт-петерпург: Алма-ата, 1990.

[26] Конончук. И. Я. К вопросу о словообразовательной адаптации заимствованных слов в русском языке XVIII в [J]. вестник томского государственного университета , 2007(2): 8-10.

[27] Крысин. Л. П. Иноязычные слова в современном русском языке[M]. Санкт-петерпург: Статья представлена научной редакцией , 1968.

[28] Майнура. Б. А. О влиянии тюркских языков на славянские: слова и образы[J]. вестник сургутского государственного педагогического университета, 2013(9): 41-45.

[29] Наталья К. В. Проникновение иноязычных слов в русский язык[J]. омский научный вестник, 2011(6): 135-138.

[30] Рашидова. М. З. Взаимодействие русского и лакского языков и фонетическое освоениезаимствованной лексики лакским языком[J]. известия российского государственного педагогического университета им. а. и. герцена, 2008, 3(5): 147-152.

[31] Рыбушкина. С. В. Ассимиляция иноязычных неологизмов в современном русском языке под влиянием экстралингвистических факторов (на примере компьютерно-опосредованного образовательного дискурса)[J]. вестник томского государственного университета, 2015, 392(1): 34-38.

[32] Сергеевна. З. К. Языковые контакты: базовые понятия и их стратификация[J]. известия российского государственного педагогического университета им. а.

и. герцена, 2010(3): 165-170.

[33]   Сухина. Ю. С. Особенности интеграции буквенных слов в китайскую языковую систему[J]. слово: фольклорно-диалектологический альманах , 2010(7): 1-6.

[34]   Татьяна. И. В. Заимствование как результат и проявление взаимодействия культур[J]. гуманитарный вектор. серия: педагогика, психология, 2011, 1(25): 108-111.

[35]   Чжан Кэ. Понимание термина заимствованное слово в русской и китайской лингвистике[J]. вестник российского университета дружбы народов. серия: теория языка. семиотика. семантика, 2017, 8(3): 724-734.

[36]   Щитова. О. Г. Словообразовательная ассимиляция заимствований томской народно-разговорной речи XVII века[M]. Томск: Актуальные проблемы современного словообразования, 2006.

[37]   Ючекова. Е. Р. Некоторые облемы южноазиатского языкового союза[M]. Санкт-петерпург: Этнические контакты и языковые изменения (Отв.ред. М.А.Бородина, Ю.К.Кузыменко), 1995.

[38]   Янко. Т. Е. Конференция по языкознанию 2005 года поддержанные Российским Гуманитарным научным фондом[M]. Москва: Вопросы языкознания, 2006.

后 记

　　本书是在我博士论文《语言接触视角下汉语俄源词演变研究》基础上修改、扩充而成。

　　本书得以出版得到了不少师友的帮助，要感谢的人很多，但是最值得感谢的人就是我的恩师——黄玉花教授。从 2011 年认识恩师算起，到现在已经过去了十二个年头。硕士的时候，我虽然不是恩师的直系学生，但是仅仅是一年专业课的学习就已经让我对她十分敬仰。恩师不仅在专业领域有广博的学识，而且拥有十分丰富的实践教学经验，恩师传授给我的知识使我在后来的教学工作中受益匪浅。恩师的和蔼可亲更是我们这些学生喜欢她的直接原因。我想，我和恩师的缘分是足够深的，所以才会在 2015 年与她在乌鲁木齐意外相遇，所以才会在 2017 年成为她的直系弟子，所以才会在 2020 年成为她门下毕业的第一个博士。读博的这三年，我终于成为恩师门下的直系弟子，享受到了我硕士时候十分欣羡的只有做她的学生才能享受到的殊荣。

　　在恩师给我指导博士论文的过程中，我被她精益求精而又十分严谨的治学态度深深影响，不仅会在写作学术论文的过程中特别注重恩师传授于我的讲求条理、逻辑清晰，而且在写作文学散文的时候也受到了无形的影响。长达 20 万字的专著，几易其稿后终于画上了圆满的句号，个中滋味难以言说。已然记不清和恩师通过见面、微信语音的方式沟通过多少次关于论文的选题、思路和框架，记不清恩师在我几百页的论文里圈圈点点、写写画画过多少次，只知道终稿和初稿几乎是两个完全不同的版本。在恩师循序渐进的启发和引领下，我由一个语言接触领域的门外汉渐渐走进了这个于我而言全新而又充满乐趣和挑战的领域。读书写文的过程中，我常常将自己的一些或宏观或微观的想法通过微信的形式与恩师探讨，工作忙碌的她只要看见了就会及时为我答疑解惑。有时候是在万籁俱静的深夜，有时候是在阳光明媚的清晨，有时候语音长达两个小时也浑然不知。在和恩师交流的过程中，我对自己所从事的研究有了很多更高、更深、更新的认识。和恩师交流得越多，越会为她在学术上的见识所震撼；和恩师接触得越多，越会为她精益求精而又十分严谨的治学态度所折服；和恩师认识的时间越长，越会为她个人的人格魅力所吸引。恩师的治学和为人将是我辈弟子一生学习的榜样。已经是离别的时刻了，我的恩师，好想用我们曾觉得十分精妙的语言来表达我此刻对您的感激和感恩，可是，我发现再精妙的语言也无法准确传达我和您之间的这种师徒之情。唯有将这种情感一直珍藏，将其镌刻进我以后的生命里，将您传授于我们的这些宝贵的精神财富和治学经验薪火相传地接续下去。

除了我自己的恩师外，我还要特别感谢吉林大学文学院给我们上过专业课的柳英绿教授和吕明臣教授，在开题和预答辩过程中为我论文提出宝贵建议的战菊教授、岳辉教授和禹平教授。老师们对我的指导使我受益匪浅。尤其是吕老师，上他的专业课成为我思维训练的绝佳机会。老师所讲的内容逻辑性是很强的，并且是一环扣一环的，常常是如果我一直沉浸在他讲的上一个问题里，那么我便很快会错过他讲的下一个问题。所以上吕老师的课，不仅手速要快，还需脑速快。我渐渐养成了在他课上快速记下问题、课后思考琢磨的习惯，后来的事实证明这种训练对我的论文写作有很大帮助。

此外，还要特别感谢吉林大学外语学院的刘佐艳老师、郭秀丽老师和刘玮老师，吉林大学俄语中心的王志老师，大连理工大学的李艳春老师，南京大学的徐来娣老师，苏州大学的姜艳红老师，上海外国语大学的赵蓉晖老师，新疆大学的毕新惠老师、江秋丽老师，大连外国语学院的刘艳春师姐，中国石油大学的 Толмачева Гульнара，托木斯克理工大学的 Суваннолл Евгентя Сергеевна 等师友为我论文俄语语言学材料的查找和校对提供了很多帮助。还要特别感谢吉林大学东北亚研究院从事俄国史研究的张广翔教授和退休前曾担任过我国驻乌克兰经商参赞的栾春生先生。在和张广翔教授的交流探讨中，我对自己的研究对象有了很多不一样的认识，俄源词的历史分期研究正是得益于他的正确引导。多年从事外交工作、对苏联国家的历史和风土人情都十分了解的栾春生先生不仅为我提供了很多有价值的苏联、俄国方面的历史信息，更是帮我认真校对了不同历史时期俄源词引进情况的内容。众师友在俄语及历史方面为我提供了宝贵的资料和写作建议。这些建议一方面加强了我对这些知识的学习，另一方面也充实了专著的内容。

入职浙江理工大学以后，得缘结识诸多与我一样热爱教育事业的同行与同仁，他们也给予我诸多帮助，在此一并谢忱。感谢学院领导和同事在工作中对我的信任和帮助，感谢汉语国际教育系的诸位同仁对我生活和工作的关心与关爱。

最后，还要特别感谢浙江大学出版社的编辑赵静老师，感谢她为本书的出版付出的辛勤劳动。

本书为浙江理工大学科研启动基金项目"中俄边境城市语言竞争与语言和谐研究"（21122127-Y）的结项成果，得到了学校的相关资助，在此谨致谢忱。

刘定慧

2023 年 3 月于杭州浙江理工大学临平校区